1217 俱乐部 年度书系

杨早　萨支山　编

话题 2013

生活·讀書·新知 三联书店

图书在版编目（CIP）数据

话题 2013 / 杨早，萨支山编 . — 北京：生活·读书·
新知三联书店，2014.1
（1217俱乐部·年度书系）
ISBN 978-7-108-04820-2

Ⅰ . ①话… Ⅱ . ①杨… ②萨… Ⅲ . ①社会问题—研
究—中国— 2013 Ⅳ . ① D669

中国版本图书馆 CIP 数据核字 (2013) 第 289205 号

责任编辑　卫　纯
装帧设计　康　健
责任印制　郝德华
出版发行　生活·讀書·新知 三联书店
　　　　　（北京市东城区美术馆东街 22 号）
邮　　编　100010
网　　址　www.sdxjpc.com
经　　销　新华书店
印　　刷　北京隆昌伟业印刷有限公司
版　　次　2014 年 1 月北京第 1 版
　　　　　2014 年 1 月北京第 1 次印刷
开　　本　635 毫米 × 965 毫米　1/16　印张 19.75
字　　数　233 千字
印　　数　0,001 - 8,000 册
定　　价　34.00 元
（印装查询：01064002715；邮购查询：01084010542）

12.

1. 2011年12月15日，电影《金陵十三钗》上映，引发"是否情色爱国主义"争议，在北美市场遇冷，并在次年导致张艺谋与制片人张伟平这对老搭档分道扬镳。
2. 2011年12月21日，乌坎村民因村委会贱卖土地举行游行示威。
3. 2011年12月23日、24日、26日，韩寒发表《谈革命》、《要自由》和《说民主》，被称为"韩三篇"。

(1)

4. 2012年1月，韩寒和方舟子就"代笔门"进行网络笔战。
5. 2012年1月10日，求职节目主持人张绍刚和海归刘俐俐在节目中针锋相对，引发争议。
6. 2012年1月14日，台湾大选，马英九连任。
7. 2012年1月17日，在评论内地女童在香港地铁进食引发现场争论的视频时，孔庆东说"某些香港人是狗"。
8. 2012年1月18日，吴英因非法集资罪名，二审被判死刑。
9. 2012年1月26日，梁思成、林徽因故居被"维修性拆除"。

(2)

10. 2012年2月1日，为活熊插管取胆汁的归真堂药业遭到亚洲动物基金会和网友声讨。
11. 2012年2月，美籍华裔林书豪职业生涯头五场首发共得一百三十六分，为1974年之后NBA最佳，受国内媒体热捧。
12. 2012年2月8日，张妙家人前往药家鑫之父药庆卫住所讨要二十万赠款，引发肢体冲突。
13. 2012年2月24日，周岩家长披露十七岁安徽少女周岩被毁容一事。

(3)

14. 2012年3月，"雷锋精神"引发争论。
15. 2012年3月14日，温家宝召开十一届全国人大五次会议记者招待会。
16. 2012年3月18日，南京一名大学生"走饭"因忧郁症自杀，引起微博热烈关注。
17. 2012年3月，"杜甫很忙"的恶搞图片流行网络。
18. 2012年3月31日上午8时至4月3日上午8时，新浪、腾讯微博为加强管理关闭评论功能。
19. 2012年3月23日，十七岁患者李梦南持刀造成哈尔滨医科大学附属第一医院医务人员一死三伤。

(4)

20. 2012年4月25日香港特区政府正式宣布，公立医院于2013年起停收"双非"（夫妇皆非港人）孕妇。

(5)

21. 2012年5月，美国新任驻华大使骆家辉因其谦逊低调的态度与低廉消费行为受到中国媒体与网络好评，但也有人斥为"做秀"。
22. 2012年5月4日，网友爆料，湖南省高校教师职称评委名单刚刚确定，参评教师即开始给评委送钱。
23. 2012年5月8日，《人民日报》批评"宫斗剧"将"煽、色、腥"发挥到极致。
24. 2012年5月8日，一名外国男子在麦当劳门口与乞讨老人分享薯条、聊天，引发网友热议。
25. 2012年5月14日，北京交响乐团外籍大提琴手乘坐动车举止不文明并辱骂国人。
26. 2012年5月20日，加藤嘉一在南京签售活动中质疑南京大屠杀的真实性。10月30日，加藤嘉一因被日媒揭发履历造假，正式道歉。
27. 2012年5月，纪录片《舌尖上的中国》热播。

话题

28. 2013年7月17日湖南临武县城管局工作人员在执法过程中，与南强镇莲塘村村民邓正加发生争执并冲突，邓正加死亡。

29. 2013年7月13日，《南华早报》刊登马云采访内容，涉及敏感话题，引发风波。

30. 2013年7月20日，冀中星在北京首都国际机场引爆自制炸药。

31. 2013年7月27日，华人舞蹈队在纽约的日落公园排练，因噪音过大被警方传唤。

32. 2013年7月28日，《焦点访谈》揭秘江西"气功大师"王林。

33. 2013年8月22日，薄熙来案在济南市中级人民法院一审公开庭审理。2013年9月22日，法庭对被告人薄熙来以受贿罪、贪污罪、滥用职权罪依法判处无期徒刑。济南中院用新浪微博对庭审进行了直播。

34. 2013年8月25日，著名大使娼被警方依法行政拘留。

35. 2013年9月9日，新出台司法解释规定，同一诽谤信息实际被点击、浏览次数达到5000次以上，或者被转发次数达到500次以上，应当认定为"情节严重"，为诽谤罪设定了非常严格的量化入罪标准。

36. 2013年9月17日，甘肃张家川初三学生杨辉被事罪刑拘。2013年9月19日，《人民日报》刊文批评"甄嬛传"等宫斗剧。

37.

38. 2013年9月25日，个体商贩名城管致死以死刑

39. 2013年9月26日上午在北京市海淀区法院一审宣判：法院以强奸罪判处被告人李天一有期徒刑10年。

40. 2013年10月1日，11万人在天安门观看升旗仪式后，留下五吨垃圾。

41. 2013年10月16日，美国广播公司(ABC)深夜脱口秀节目"吉米鸡毛秀"中出现"杀光中国人"言论，引发在美华人抗议。

42. 2013年10月21日，北京市教委宣布2016年高考改革方案，英语从150分调到100分。

43. 2013年10月23日，北京大学解聘经济学院教授夏业良。

44. 2013年10月25日，浙江温岭第一人民医院三名医生被患者捅伤，一人死亡，两人重伤。

45. 2013年10月28日，北京天安门金水桥汽车冲撞事件造成五人死亡，警方认定这是为东伊运恐怖组织指使下的恐怖袭击事件。

46. 2013年10月30日，新快报记者陈永洲涉嫌商业损害罪被拘捕，新快报社进行全面整顿。

47. 2013年10月，媒体报道湖南，福建三名教师被抽调迁办工作，劝父母拆迁。

48. 2013年11月5日，台湾歌手张悬在英国演出时，将一面"青天白日满地红"旗帜拿上舞台，遭到某中国留学生抗议，并在网上引发争议。

49. 2013年11月6日，山西太原市委附近发生连环爆炸，犯罪嫌疑人丰志均供认蓄意报复社会。

50. 2013年11月9日，中共十八届三中全会开幕。

1. 2012年12月6日，黄 验违反了相 关规定、科
2. 2012年12月8日，15岁 中、高考4月力，其父且全喜在上海市人民广场被警方认涉 权力，
3. 2013年1月，北京多个监测点PM2.5实时浓度突破900微 微克/立方米，是中国有PM2.5监测数据以来最高的一次。
4. 2013年1月3组《南方 由宣传部门 强制删
5. 2013年1月4日，兰考县 故造成人死亡，其中包括 6名儿童、
6. 2013年1月 去十位政府高官和企业高 管的职务。
7. 2013年1月27日，《泰囧》在全国票房最终累 万人，创造国产电影票房 新高。
8. 2013年1月31日，北京警 方查证前神木县农村商 41套房产。
9. 2013年3月1日，香港特 区政府颁布的"限制婴 国五条"细则率发布。
10. 2013年3月1日，房市"
收。
11. 2013年3月4日， 月的小婴儿 被盗车者
12. 2013年3月10日，国务 革即将启动，组成部门将减少至25个。撤销广电总局。
13. 2013年4月11日，电影《被解放的姜戈》因片中出 14. 2013年4月16日，复旦大学硕士研究生黄洋中毒身亡，附，19年前性质相似的朱令铊中毒事件再 雅安发生7级地震。16. 2013年4月23日，新 及社区工作人员遭暴徒袭击。17. 2013年4月，H7N9病毒在中 18. 2013年5月24日，网友称在埃及卢克索神庙上刻有"丁锦昊 丁锦昊后被发现当时系南京市一名小学 19. 2013年5月8日，海南万宁第二小 学校长陈某 生： 省局工作人员冯某松带六名小学女生开房。叶海 商、李银河 鹏与该市房 20. 2013年6月5日，人保部在集中答复网友提问时明 确表示，延 、艾晓明等 人发声谴责。 然趋势，将适时提出弹性延迟领取基本养老金年龄 院机构改革方案公布，新一轮国务院机构改 迟退休年 21. 2013年 活不常看报刊，陈水总制 、新闻出版、卫生部、计生委，撤销铁道部。 龄已是一种必 车爆炸伤亡 22. 2013年6月16日，在主抢合肥， 现裸露镜头遭紧急停播。 泰国队；6月 足协官布主帅卡马乔下课并将付 警方查实系被投毒同学家中在饮水机内投毒。同 23. 2013年 京两名少女被左现家因饥饿死亡，母亲被判处 度理问，15. 2013年4月20日，四川 24. 2013年6 明电影处女作《小时代》上映，引发争议与骂战 巴慧晶发生严重暴力恐怖事件，15名警员 子女不常看望老人违法，要求家庭成员常回家看 国大陆多省 份传播。 民法院执行死刑。27. 2013年7月15 的罪名被判死刑的湖南企业家曾成杰，被长沙市 到此一 游"中文。 诉 日，"上访母亲"唐慧诉湖南永州劳教案终审

金大米事件调查情况通报称，此项转基因试 研究伦理和科研诚信，并为不良影响向公众致歉。
江西籍女孩占海特在微博上公开约辩，争取异地 赣拒绝公务带拘留。
克/立方米，西厦门北交通污染监测点最高达993
周某。"新年献词"中出现多处错误，传闻此事 改引起，引发网络热议。
普通妇女袁厉害的私人收养所发生火灾，事 24日，重庆政府因牵涉曝光的不雅视频，免
计票房12.6亿元人民币，影院观影人次突破3900 业银行副行长龚爱爱有多个户口，在京拥有
幼儿奶粉出境"规定正式生效。 重申二手房交易个人所得税按核价差额的20%征

吉林长春市一辆汽车被盗，车中一名出世仅两个 杀害。
院机构改革方案公布，新一轮国务院机构改 现裸露镜头遭紧急停播。
警方查实系被投毒同学家中在饮水机内投毒。同
报复社会，陈水总制
的政策建议 国足1：5惨败 天价违约的金 无期徒刑。 25. 2013年7 看者人。26. 中级人 胜

(6)

28. 2012年6月，为备战孩子高考，各地发生家长自发拦路、毒死青蛙等怪象。

29. 2012年6月5日，人社部公开宣称推迟退休年龄是一种必然趋势。

(7)

30. 2012年7月1日，四川什邡因宏达钼铜多金属资源深加工项目环境污染问题引发群体事件。

31. 2012年7月6日，女记者周燕在微博约架中国政法大学副教授吴法天，双方及支持者在朝阳公园南门发生冲突。

32. 2012年7月13日，北大校长周其凤赶回老家湖南为母亲90岁祝寿，跪母照遭到"做秀"质疑。

33. 2012年7月，多所高校为男、女生设置不同录取分数线，涉嫌性别歧视。

34. 2012年7月21日，北京遭受特大暴雨袭击，致七十九人死亡。

35. 2012年7月28日，伦敦奥运会开幕。国旗悬挂出错、中国女羽队员退赛、刘翔受伤、代表团向选手隐瞒亲人病、故等诸多事件引发热议。

(8)

36. 2012年8月2日，广电总局对电视剧创作提出多项要求。

37. 2012年8月，沈阳因风传打假专项检查导致大量店铺关门。

38. 2012年8月2日，湖南永州十一岁幼女被迫卖淫案中受害者母亲唐慧被处以劳教一年半，舆论大哗，10日，经复议撤销劳教决定。

39. 2012年8月，选秀节目"中国好声音"热播。

40. 2012年8月，中国多地发生抗议"日本国家购买钓鱼岛"示威大游行，部分城市发生骚乱。

41. 2012年8月，陕西安监局局长杨达才因车祸现场微笑照和不同场合佩戴多款名表，遭到网友质疑，后被免职。

42. 2012年8月29日，南方航空一名空姐称在合肥飞往广州的航班遭到广州市越秀区委常委方大国的殴打和辱骂。

(9)

43. 2012年9月，香港举行反对"国情手册教材"大游行。

44. 2012年9月18日，北航教授韩德强以"污辱开国领袖"为由掌掴老人。

(10)

45. 2012年10月7日，海南大学邀请司马南举办讲座，有学生扔鞋抗议。

46. 2012年10月11日，瑞典文学院宣布中国作家莫言获诺贝尔文学奖。

47. 2012年10月25日，宁波民众反对镇海炼化一体化项目。

48. 2012年10月，浙江温岭、山西太原等多地幼儿园被曝教师虐童事件。

(11)

49. 2012年11月7日，奥巴马连任美国总统。中国媒体与公众高度关注选战。

50. 2012年11月8日，中国共产党第十八届代表大会召开，习近平当选中共中央总书记。

话题2012》 大事记

作者简介

杨早 1973 年生于四川富顺，北京大学中国现当代文学博士。现任职于中国社会科学院文学研究所，近年主要关注中国近现代舆论史与文化史、当代文化研究等。著有《野史记：传说中的近代中国》、《清末民初北京舆论环境与新文化的登场》、《民国了》等著作。

萨支山 1966 年生于福建福州，北京大学中国现当代文学博士研究生结业。现任职于中国社会科学院文学研究所，从事中国现当代文学研究，关注左翼文学及 50—70 年代文学。著有《中国当代文学研究》(合著)。

施爱东 1968 年生于江西石城，中山大学文学博士。现任职于中国社会科学院文学研究所，研究方向为民俗学、民间文学、俗文学，著有《中国现代民俗学检讨》、《倡立一门新学科——中国现代民俗学的鼓吹、经营与中落》等。

贺照田 1967 年生于黑龙江省建三江农业管理局，现任职于中国社科院文学研究所，复旦大学思想史中心学术委员。曾在日本东京大学、台湾东海大学、清华大学等校客座。主要关注领域为中国近现代思想史和中国现当代文学。

王旭明 语文出版社社长，曾任教育部办公厅副主任兼新闻办公室主任、新闻发言人。多篇文章曾引发社会各界广泛关注和讨论。著有《为了公开——我当新闻发言人》《再对教育发言》等。

绿茶 1974 年生于浙江平阳。《绿茶书情》创办者。历任人民网读书频道主编、《新京报书评周刊》编辑、《文史参考》主编。现为《东方历史评论》执行主编。

颜浩 1975 年生于湖南株洲，北京大学中国现当代文学博士，现任职于中国传媒大学文学院。近年来主要关注中国近现代文学思潮、20 世纪中国女性文学与妇女生活、中国近现代文化史与日常生活史等多个研究领域。著有《民国元年：历史与文学中的日常生活》、《北京的舆论环境与文人团体：1920—1928》等。

黄永 1969 年生于北京，美国《时代》周刊前驻北京记者，现为资深外媒记者、影视制片。曾在《时代》周刊报道封面文章：*SARS——What Did Beijing Know？*、*SARS NATION* 等。

李芳 1981 年生于江西赣州。中山大学古典文献学博士。现任职于中国社会科学院文学研究所，研究方向为中国古典戏曲、俗文学。

张慧瑜 1980 年生于山东郓城，北京大学比较文学与世界文学博士。现任职于中国艺术研究院电影电视艺术研究所，从事中国电影史和当代中国大众文化研究，著有《视觉现代性：20 世纪中国的主体呈现》、《影像书写：大众文化的社会观察》、《墓碑与记忆：革命历史故事的偿还与重建》等。

张霖 1976 年生于北京，中山大学中国现当代文学博士。现任职于北京外国语大学中国语言文学学院，从事中国现当代文学和当代文化研究，关注 40—50 年代文学史。著有《中国当代文学》（合著）、译著《灰色上海：1937—1945 中国文人的隐退、反抗与合作》。

陶庆梅 1974 年生于安徽六安，北京师范大学文学博士，现任职于中国社会科学院文学所，近年来从事当代戏剧评论与戏剧研究工作。

陈均 1974 年生于湖北嘉鱼，北京大学文学博士，现任职于北京大学艺术学院。近年主要研究领域为中国现代诗歌、昆曲。著有《中国新诗批评观念之建构》、《空生岩畔花狼籍——京都聆曲录》、《也有空花来幻梦——京都聆曲录 II 》，小说《亨亨的奇妙旅程》，诗集《亮光集》等。

鲁竹 1969 年生于四川成都，北京大学中国古代文学博士。现任职于北京交通大学人文学院，主要研究方向为宋元明清词学。

目 录

2013：观弈

杨 早

波谲云诡的 2013 终于过去了。伤痕累累的 2013 终于过去了。暧昧难言的 2013，终于过去了。

《话题 2012》的年度关键词是"去魅"，有人说去魅是我们的主张，其实未必。隔着一年，补充解释一下：去魅是去年很多事件的共同指向，比如莫言获诺奖，本身是对诺贝尔文学奖的一种去魅；方韩大战，对两个人都意味着去魅；对于内地香港矛盾的争议，对于台湾想象的讨论，都是在争辩中实现了去魅……但这并不意味着去魅一定是正面的，没有魅化，哪儿来的去魅？而在一段时空之中，某个对象是被魅化还是被去魅，更有利于社会进步与个人福祉？正需要每个人独立思考与判断。

我们为 2013 总结的年度关键词是"观弈"。大家都知道"烂柯"的传说：晋时王质伐木入山，见数童子"棋而歌"。其中一位给了他一颗枣核，王质含着就不觉得饥饿。不一会儿，一个童子对他说：为啥还不走？王质回头一看，自己斧子的木柄都烂了。

王质就是咱们这些芸芸众生，拜现代传媒之福，仙人不再是《崂山道士》里月宫中朦胧的身影。走进深山，看见真身，现场感无比强烈，共同呼吸满天的雾霾。只是，他们下的棋，他们唱的歌，你都看见了听见了，你看懂了听懂了吗？你知道下一子走在哪里？你知道下一句歌词是啥？你就是那个傻傻的观弈者，嘴里含着他们给你的枣核。

"观弈2013"，我脑海里浮现出的，就是一群小人看两位高人对弈，又看不懂，又想看懂，惶恐得不得了，只好苦中作乐，去研究些边边角角：奸情啊，生肉啊，赖账啊，离婚啊，收钱啊，等等。

看不懂，还是要看，要说。这其间的纠结挣扎，是21世纪第13个年头应当记住的情绪。汉娜·阿伦特曾说："历史上有许多黑暗时代，在其中公共领域被遮蔽，而世界变得如此不确定，以至于人们不再过问政治，而只关心对他们的生命利益和私人自由来说值得考虑的问题。"2013不是黑暗时代，但"公共领域"或多或少地被遮蔽，或面临着被进一步遮蔽的危险，我们眼中的世界由此变得不确定，却是当下的真实感觉。人们仍然在过问政治，却大抵是以某种瞎子摸象的方式进行，因为……那是一盘看不懂的棋局。

官媒的复兴

前几年的舆论场给人的印象是：传统媒体（不仅仅是"官媒"）被以微博为代表的新媒体打得丢盔弃甲，毫无还手之力。新闻的发源、报道的推进、议题的设置、讨论的深入，都是新媒体在充当急先锋，而传统媒体往往只是跟在后头疲于奔命的跟班。

造成这种局面的原因，所谓自媒体盛行，催生出海量"公民记者"，只是一种幻象。或许这只是"信息上传方式的转换"：从前人们有苦要诉有冤要伸，会想法上访，会给报社电视台写信打电话，如今许多人则会直接发微博并@"大V"们——这样可以尽可能地绕开进入舆论场的门槛。可以想象，那些舆论场的"看门人"不会愿意看到这样的图景大量衍生、复制。传播学有句俗语"没有进入媒体的事实不是事实"，控制舆论场的关键还是控制媒体，重点自然是新媒体。

棋是一步一步下出来的。去年曾喧闹一时的"媒体人去V运动"已经伏下了清理自媒体的端倪。在自媒体与信息的海洋中，"加V"是增强信息源公信力的捷径，那么，要求从业人员不得以媒体认证身份发布信息，自然是消除舆论干扰的良方。

2013年1月的"《南方周末》新年献词事件"其实还是传统媒体内部的权力/权利之争（当然背后也是理念之争），然而借助新媒体的传播，这场争斗不再像从前那样只在内部发酵，而是迅速形成公共事件，并以"南周部分人员签名公开信"与"工作人员被迫交出官微密码"为引爆点，彻底将这种分裂曝光于天下，也将"官方解释"的权威性消解殆尽。

熟悉《南方周末》与中国报业生态环境的人都知道，凭恃长官意志的临时撤稿换稿，在中国媒体圈可谓司空见惯，但此次事件的外部性却超越过往：以是否刊发、如何刊发《环球时报》评"南周事件"的社论为分界，中国的报纸几乎进行了一次公开站队，其中如《新京报》的对抗未果成为将事件悲情化的又一推进力。正如人民网评论指出："这样的公开冲突在中国媒体中相当罕见。"

"南周献词事件"在幕后的博弈之下平静收场，然其"争夺舆论权"的符号意味已经展露无遗，"舆论斗争"这一说法也渐渐密集地出现在官方媒体上。迨至 9 月 2 日，《人民日报》发表评论文章《在意识形态领域领导干部要敢于亮剑》，同一天，《北京日报》发表评论文章《意识形态领域斗争要敢于亮剑》，敏感的人都感觉到了风雨欲来的气息，年末回顾，这场大戏仍然比预想中的更戏剧化。

薛蛮子嫖娼被捕、《新快报》头版呼吁"请放人"，无疑是这场大戏的华彩段落，而且都是同样的出人意料。与立二拆四、秦火火因造谣传谣被捕不同，薛蛮子因嫖娼被捕，却在央视上大谈"当'大 V'的感觉像皇上批奏折"；陈永洲被警方带走的理由是"损害商业信誉"，而他的央视自证只证明了他接受贿赂。说白了，惩治对象的供述内容与罪名明显分离，而且新闻媒体在庭审前如此深度介入是否合理，都有争议，然而，污名化的传统利器"作风问题"与"经济问题"，已经足以让舆论场的风向逆转。不知道这算不算是卓有成效的"敢于亮剑"？

"亮剑"或许还意味着官媒向新媒体进军的步伐加快，在这一年，《人民日报》、新华社的官微都一改往昔的高举高打，呈现出"接地气"的诸般情状，让习惯于官媒同声和调的受众颇为意外——很多人惯于将所有刊于官媒的言论都视为"官媒的声音"，但事实证明，在很多事件中，官媒的表达同样有歧见、有分别，即如有人奇怪于"《人民日报》"为何对《小时代》"又捧又打"，其实或许是官媒也在容纳某类观点的多元。看客也该换换脑筋了。

官媒的复兴，原因有权力的庇佑，也有自身的革新，舆论场的转眼颠覆，打破了许多人前两年的迷梦。或许结结巴巴地接受央视采访的"大 V"潘石屹说得对："左派右派，主张的都是旧的形态……互联网时代，一定会有新的政治形态、新的舆论场。"

当母亲的与当律师的

2013 年最走红的身份，无疑一是母亲，一是律师。一位位母亲，一名名律师，在各种案件与舆论的旋涡中，成了今年最鲜亮的标识符。

今年有那么多不知名却令人牵挂的母亲。那位长春被掐死男婴的母亲，那位北京被摔死女婴的母亲，那位山西被挖眼孩童的母亲，那些被校长带去开房的小学生母亲……她们在新闻中几乎是隐形的，不去打扰她们或许体现了媒体与公众的慈悲，但她们将迎来怎样的明天？将如何面对余下的岁月？有儿女无儿女的人都在震惊与同情中扪心自问，不寒而栗。

那些媒体与公众认为应当惭愧的母亲呢？南京任由两个女儿在家饿死的母亲乐某，佳木斯诱杀好心女孩的孕妇谭蓓蓓，还有沈阳"为培养女儿独立性"诈称自己是养母的申女士，浦江为儿子喝酒向省委组织部长求援的"楼晓芳"，人们以她们为例，在质问：她们这样做母亲对吗？我们究竟应该怎样做母亲？

上述这些母亲的形象，令人同情也好，痛恨也罢，其实是残缺不全的。我们并不了解她们的过往经历、生活图景与思维方式，我们只是经由新闻的猎奇细节知晓事实的一鳞半爪。我们愤怒，我们震惊，是因为这些信息碎片如同《地心引力》中的太空暴雨，击中我们为之忧虑已久的人伦关系，将其中血淋淋的一面暴露于公众眼前。

而那些举国知名的母亲，她们的形象要丰富、复杂得多，由此也引发了更巨大的争议。唐慧、张晶、梦鸽、谷开来，她们的案件引起舆论震荡，她们与各自儿女的故事，成为中国社会最强烈关注的亲子案例。正是在与法庭、与律师的往复博弈之中，她们的名字、形象，一次次登上媒体的头条，人们一次次谈起：她们对待儿女的态度，为儿女所做的事，会带给孩子什么样的影响？会昭告社会什么样的启示？

永州母亲唐慧因女儿被强奸案多次上访，被劳动教养一年半，她将永州劳教委告上法庭并获得胜诉。沈阳母亲张晶为求杀死两名城管的小贩丈夫夏俊峰免死，奔走数年，终于没能摆脱失去丈夫的悲剧结局。两案终篇看似一悲一喜，却很容易找到类比的要素：弱势，执著，社会力量的呼应，案件的典型意义。

对这两位母亲的评价，同情者固多，异议者亦夥。然而寄望于个案冲击制度的围观者必须意识到：弱势不代表道德高尚，执著更需要强大的心理支撑——换句话说，能搅出这么大动静的草根，一定是也必须是传统蔑称中所谓"刁民"，自古民怕官，但官也怕刁民，因为刁民才拥有捅破官官相护之潜规则的能量。一方面社会当鼓励"刁民"成为打破制度坚冰的先锋，另一方面社会也当宽容她们做出的利己选择，不应加之以道德枷锁——套一本书的名字，是要"容忍刁民不完美"。

"梦鸽救子记"具备了法庭伦理剧的一切要素。从坚称儿子"嫖娼"到指控酒吧勒索，梦鸽这种血战到底的信念，与李某某同案嫌犯律师（以李在珂为代表）比较现实的"两套辩护策略"（根据情势来选择是否为代理人选择无罪辩护）构成强烈的冲突，同时也在挑战大部分媒体与公众对此案的认知。虽然不乏旁人认为梦鸽爱子之情无可厚非，但她的选择是否明智，则争议大起。梦鸽顽强地选择无罪辩护，是完全相信儿子所言？还是家庭名誉输不起"嫖娼—强奸"的指控？她不被看好的孤军奋战，是为了儿子还是为了自己？

母亲们也是律师们走红的助燃剂。一年下来，很多人记不住大案要案中的辩护律师，但大家在反复的辩难与发布、争执与反目之间，记住了浦志强、陈有西、田参军与李在珂。

在上述诸事中，律师所起的作用自然不容小觑。基于中国社会的特情，律师不仅负责在法庭上折冲驳难，还直接参与到舆论场的互动之中。他们为当事人寻找舆论资源，为当事人设计公众形象，或自己担当发言人角色，他们的表现直接引导着舆论对于控辩双方的关注与观感，以致"律师斗法"成为舆论大戏的局面时有出现。这究竟意味着法治的进步还是法治的不成熟？律师们自己变成新闻焦点人物是不是一件好事？法学界对此颇有争议。但无论如何，律师在 2013 年舆论场中，构成了一股重要的博弈势力。

让人感慨的另一现象是"父亲的缺席"。已经去世的夏俊峰自然只能将守护儿子的全部责任留给妻子张晶；唐慧丈夫张辉似乎只是在唐慧身陷囹圄时，才出来接受零星的媒体采访；而父亲李双江，仅有一审判决后扔给媒体"身体还好，心情不好"的寥寥数语。是中国的父亲们认为儿女的事应该首选母亲应对？还是他们羞于承担教育失败的责任？从中我们似乎可以辨识出中国社会亲子关系一大特征：抚养教育孩子的责任严重向母亲一方倾斜，父亲则仅以挣钱养家光耀门庭为满足。

湖南卫视《爸爸去哪儿》的爆红也许能提供一个佐证，这个从韩国移植来的亲子秀节目以观看男性明星艰难照顾子女，以及两代之间的尴尬沟通为卖点，据说热心观众多为女性，这算是对亚洲父亲单一角色的一种自我解嘲与精神弥补吗？

"小时代"

毛泽东有句名言：战略上藐视敌人，战术上重视敌人。观察获得众多粉丝的《小时代》造成的传播现象，我的意见是反过来：技术上藐视之，意义上重视之。我认为，电影《小时代》上映后引发的争议，是一场亚文化对主流文化的战争，而在战火纷飞的背后，这个时代投影其上，它的部分轮廓由此清晰可见。这，还不重要吗？

正如有的网友说的"郭敬明占了一个好名字"，郭敬明很可能用这部电影本身，而非其中的内容，说出了时代的真相。查建英就敏锐地发现了"小时代"的英文译名不是"Small Times"而是"Tiny Times"，在郭敬明眼中，个人在时代的星云中，都渺小得如一颗尘埃。以尘埃之眼观世，世界会是什么样子？

陶子总是特立的，她是我周边唯一对《小时代》有好评的人："我觉得挺好的，它把上海拍成了一座新的城！"这话让我不禁莞尔，郭敬明"永远的敌人"韩寒的确说过《小时代》应该改名为《恒隆时代》（恒隆曾是上海浦西地区第一高楼，"集中了一批世界知名时尚品牌的旗舰店"），那也的确可算一个新上海——相比之下，贾樟柯为世博会拍的《上海传奇》总免不了落套地用弄堂与外滩开场，那些都是历史，新人类们谁在乎呢？

"不在乎历史"真的是"小时代"的一个最重要的特质。杨庆祥在他那篇影响颇大的《80后，怎么办？》中描述："这些历史似乎是外在于我们生活的，历史发生了，但是历史的发生并没有立即对个体的生活产生影响。也或许可以这么说，在80后的成长中，历史是历史，生活是生活。"历史不仅意味着过往的人事，还代表着遗产和债务，正如让人产生无力感的除了风云莫测的房价与股指，还有基于历史的各种"二代"。由此可以稍稍懂得为什么郭敬明的粉丝在为他辩护时，总是强调"你们不知道他有多努力"，因为没有先在的历史资产，郭敬明创造出的虚幻美景，以及他自己的商业成功，才值得广大草根粉丝用以寄托他们的欲望与想象。在个人努力的中产梦已经被普遍存在的"蚁族"、"房奴"击碎之后，《小时代》还为他们保留着最后的甜梦。

张悬在英国演唱会上张开青天白日旗，被内地留学生呛声"no politics today"，是一桩颇具寓意的个案。在呛声者与她的支持者看来，无须去清理与辨明青天白日旗与"台独"、"政治"之间的细微纹理，他们关心的只是自己能否获得"fun"，正如张晓舟在《小清新统一大中国》一文中指出的那样，"台湾"被这些"要乐趣不要政治"的拥趸们轻松而严重地符号化为"小清新"与凤梨酥了。他们无须深刻与沉重作为力量的来源，他们的力量源自群体，这也可以解释那位呛声者愤愤于现场的"同为内地留学生"为什么不出来支持她。

有意思的是，被认为对统一深怀疑惧的台湾，却对五星红旗的落地展示无所反应，李雪健用他领取金马奖时佩戴的徽章证明了这一点。或许两个场面的差异，显示了"去政治化的政治"与"非政治化的文化"之间的区别。

不知你是否留意到2013年的另一吊诡现象：《汉字英雄》、《汉字听写大会》等以生僻字词为卖点的电视节目走红一时，香港演员黄秋生却因为感叹内地少人识得繁体字、"华夏文明已死"而遭到大批网民围攻。景军在《神堂记忆》里研究判定："对复杂文体、繁体字及独特表达方式的综合使用，其实维护着人们共有的一种观念，即只有古奥、讲究、难懂、神秘的语言才可视为神圣的语言。"神圣语言是维护传统权威的隐秘符码，"将世俗世界挡在外边"。是啊，黄秋生的悲叹可能过于感性与简单，但那些认定"文字只是拿来用的，能沟通就好"的反驳者，是否就配得上他们如此自信的姿态？

在"小时代"里，历史是外在于生活的，但也是被生活自动放弃的。《致我们终将逝去的青春》也好，《中国合伙人》也罢，历史只是怀旧故事与励志传奇中零星的点缀。"小时代"里，每一代人都在重生，都活在当下，紧盯身边的现实。他们放弃了历史，也放弃了未来，放弃了丰富及丰富的痛苦。他们用"小时代"替换了"大时代"，把中国梦浓缩成中产梦。这不一定是坏事，但如果它被时代置顶为不容置疑的价值观，问题就凸显出来了。

在《旧制度与大革命》中，托克维尔写道："在这类社会中，没有什么东西是固定不变的，每个人都苦心焦虑，生怕地位下降，并拼命向上爬；金钱已成为贵贱尊卑的主要标志，还具有一种独特的流动性；它不断地易手，改变着个人的处境，使家庭地位升高或降低，因此几乎无人不拼命地攒钱或赚钱。不惜一切代价发财致富的欲望、对商业的嗜好、对物质利益的享受和追求，便成为最普遍的感情。这种感情轻而易举地散布在所有阶级之中，甚至深入到一切与此无缘的阶级中。"真正认同《小时代》的观众，主流群体恰恰是那些还未触及人世艰辛，还会为表面的光影与说教所惑者。然而年长一些的观众，他们追怀八九十年代，又何尝不是借往昔的"纯真"，来遮掩今日之市侩现实？郭敬明坚信："你教育小孩你一定是好好念书，考上一个好的大学，找一份好的工作，这样才能娶上好的媳妇儿。就算你不这样，我相信万千父母也是这样，对不对？"难道他没有说出这个社会的主流价值观？

自动放弃历史的，并不仅是《小时代》和它的粉丝们，也不仅仅是失去上升渠道的年轻人。关于"在商言商"的争议说明了什么？中国商人自近代以来，几乎从未摆脱过"官—商"的成功模式，官员离不开商人的合作与服务，但是不允许他们公开地分享政治权力。几乎每个听过中学历史课的人都知道：民族资产阶级是软弱的。1911 年的上海商团拥有远较当地政府为多的各类资源，但他们仍然不愿推出自己的代理人，拱手将自治权让给军政府。一部近代史里，如果没有外国势力撑腰，商人在政府面前总会显得卑微无力。

商人可以远离政治，政治却不会放过商人。如经济学家们的判断：当今中国，经济是最大的政治。一方面中国的经济实力是中国政府最丰厚的政治资源，另一方面经济的繁荣增长也是安抚民众最好的麻醉剂。十八届三中全会对经济问题的回应相当全面，对经济改革的力度也有承诺，却不曾提到商人有何渠道表达他们的诉求、争取他们的权利。这种"一条腿走路"是否真的可以纾解潜在的巨大冲突，维持商人对中国未来的信心与投入？不妨拭目以待。

幽暗的光

我愿意顶着一些不屑与猜疑的目光，再度提起张晖。于我个人而言，张晖的溘然辞世，是我在 2013 年经受最大震动的事件。因为此事，我首次从事了捐款号召者与收集人之一的陌生工作，同时也公开对中国学术体制进行了被认为是激烈的批判。

除去恶意的猜测与指责之外，我听到了一种反对的声音，如某前辈在微博上评论：这些事（经济压力、体制不公）私下说说可以，公开谈论，即不得体。于是我反复思量：为什么公开谈论被认为"不得体"？

中国"士"的传统是"君子忧道不忧贫"，是"明其道不计其功"。对于已经"沦为"以专业研究为职业的当今智识者而言，再坚持这样的要求，既不公平，也不现实。这样说并不是主张所有的智识者都戴上犬儒的面具，在官员与商家的手指缝里分一点残羹，相反，现代社会处于政治权力与资本权力的分割与麻醉之中，尤其需要智识者的批判以为制衡。而智识者的独立性，需要经济独立以为保障。若智识者阶层镇日谋食不辍，欲其明德求道，岂非求鱼于涸辙？

张晖生前孜孜于谋求古典文学研究与世相通之道，这是否急功近利之举？我以为不是。无论是否学人，智识者被召唤的使命，是参与建造人类的知识大厦，同时存续人类的智慧之光。所谓"文明"，词源里就含有"照料"之意，人类的精神生活需要文明的照料。智慧之光不是闪耀在图书馆与学术著作里的，而是在人心之中薪传不绝。当社会的功利、平庸、卑鄙与贪婪已经伤及智慧的根本，每个智识者都应尽己所能，为抵御"市侩主义对文化的挑战与侵蚀"出一分力发一分光。这种坚定与抵御，绝对是非功利的，立德立言，立心立命，能力有大有小，心性不可没失。

要之，我辈于张晖之逝，其所以深憾于心，外露于形者，非同病相怜于经济压力、体制不公——倘若只是如此，又与"小时代"中人何异？让我们泪如雨下的，是张晖的赍志以殁，令同道中人又弱一个。而那些经济压力、体制不公，只是妨碍有志之士求道济世的绊脚石，对之痛恨惋叹，理所当然，但并非一旦翻越这些障碍，智识者就可以心满意足了此余生。恰恰相反，牵挂羁绊除掉之后，才是智识者求智求道，发挥自身独特作用的起点。张晖有其才，怀其心，起步未久而中道崩殂，怎能不让人起颜回之叹？

你一定注意到了，我的文字在文白之间游移不定，这与我谈论的话题有关。现在我切换回白话模式，说说我们生活中的光明。我在微博上提过此问：2013 年有哪些正能量？网友的答案多半难以让我服气。比如说广州恒大队夺得亚冠联赛冠军，于积弱多年的中国足球肯定是好消息，而且商业足球取得的胜利，对执迷不悟的举国体制或许是重重一击。可是烧钱的搞法能否真正带来"全民足球"乃至"全民体育"的春天？恐怕没人敢做此乐观估测。如果不能，那么恒大夺亚冠，与莫言获诺奖差不多，都能制造惊涛拍岸的盛大气象，水落之后，暗礁依旧。

如果要写"《小时代》专题"，我会在其中讨论影评人对《小时代》的集体狙击。《小时代》代表着某种亚文化，但它完全没有通常我们指认的亚文化的边缘、叛逆等特性。它之所以还不能进入主流文化，是基于它过于幼稚、过于赤裸，缺乏主流文化需要的"政治正确"与技术水准。就商业电影的主流文化而言，哪怕导演制片人投资商想钱都快想疯了，在电影中也必须予主流价值"真、善、美"以足够的尊重，同时也需要服从行业评判标准。《小时代》倚靠资本与粉丝的力量，横空出世，在价值尺度与技术水准上，构成了对诸多电影从业者的双重冒犯。于是影评人出来扮演了"看门人"的角色，与《小时代》的粉丝们好一场恶斗。

这场恶斗并没有什么技术含量，因为粉丝们来来去去都是那么几招："你们老人根本不懂"，"你们不知道他有多努力"，"我喜欢就可以了，那么多人喜欢还不说明问题吗？"小说《小时代》属于亚文化，是因为这部小说的生产、消费、传播，基本上是在某个低龄人群中循环完成。但它拍成了电影，既成就了它的公共化，同时也无法不招致亚文化群以外的批评者。因为在当下中国，电影的重要性在于，它是唯一还能为社会所有阶层关心并共享的精神制品，它还没有像电视剧或文学作品那样掉进阶级分化的陷阱之中。故此，电影始终是这个时代最醒目的文化标志。

两部《小时代》仍然席卷了近八亿票房，第三部面世也指日可待。这倒反映了中国社会价值混乱的状况。我曾将《小时代》比喻为

"精神鸦片"，反对者驳我曰"那它为什么还能上映？"我一时没找到合适的话回应。后来看到《三联生活周刊》上一篇讨论洗衣粉的文章，倒得了启发。文章引述从业者的话说"中国的国家标准相当于为产品设定一个底线，不达标不准入市，但底线之上就不管了，全凭企业自觉"，这就好像一把横放的尺子，只管合格不合格，于是厂家竞相无限接近于底线，以谋求利润最大化（而且底线无法划定所有指标）。欧洲的做法相反，那里的评价体系像一把竖放的尺子，告诉消费者孰好孰坏，以便他们理性选择。

影评人们对《小时代》的批评，实质上是在寻求这么一把竖放的尺子，这才是他们与时代（而非粉丝）之间真正的博弈。电影与电影之间，正如奶粉与奶粉之间，药品与药品之间，小说与小说之间，论文与论文之间，看似品种相同，质量差距之大骇人听闻。而横放的尺子培养出来的受众，只会贪图便宜或爽快，如此劣币必将驱逐良币，没有一个行业可以幸免。我们呼唤了很久的"共同体标准"，必须从打造竖放的尺子做起，在这层意义上，我向周黎明、史航这些自讨苦吃的影评人致敬，他们证明了中国电影界还没有彻底沦为名利场与传销营。

同样能证明这点的，是一些少有人知的电影、电影人，也还在践行他们的热爱与追求。《大明劫》、《美姐》是今年我看到最有文化价值的国产电影。在影院中我走了一会儿神，想到了《话题》，也想到了未来。我设想，当后世的研究者检视 2013 年作为文化标志的电影们，如果他们只能看到《小时代》、《中国合伙人》、《致我们终将逝去的青春》，而没有《大明劫》、《美姐》，他们将如何描述这一年的精神生活？

或许，我能从今年众多的喧嚣与沉默中淘洗出来的，就是张晖所说"幽暗的光"。张晖这句话被好友维舟录入他的悼亡文字，为众多传媒转引，感动了无数的学界、非学界的读者。泪擦干了，坟建好了，生活仍将前行，但总有人会时时念着这句话，用它温暖自己与旁人：

　　我有时觉得这是个末法时代，可是你要好好做，把东西留下来，要相信会有人看得见，即便只是非常幽暗的光。

【专题】

爱并伤害着

——关于中国儿童的暗战

杨　早*

“儿童伤害年”

在我记忆中，2013，这是中国的儿童最受伤害的一年。

更准确地说，这是中国儿童被伤害曝光于媒体视野并引发公众关注与争议最多的一年。

长春婴儿被盗车贼掐死埋于雪中、南京两姐妹被锁在家里饿死、海南小学生被校长带去开房、山西六岁儿被伯母挖去双眼、北京两岁婴儿因为停车争执被摔死、林州一名婴儿被警察郭增喜摔成重伤、昆

---

* 杨早，为《话题》系列著有《安得广厦千万间——房产 PK 与百姓心态》(《话题 2005》)；《这一年》(《话题 2006》)；《三级片，“汉奸电影”——〈色，戒〉引发的文化震荡》、《学术规范还是传播法则？——我们该怎样评价于丹》(《话题 2007》)；《错位的想象——奥运：西方媒体报道 VS 中国民众心态》(与黄永、陈梦飞合著)(《话题 2008》)；《谁高兴？谁不高兴？——〈中国不高兴〉的故事新编》(《话题 2009》)；《为什么是汪晖？——“汪晖被指抄袭事件”的多层次解读》(《话题 2010》)；《辛卯年激辩辛亥——革命、立宪与“宣统控”》(《话题 2011》)；《最后的乡土，最后的莫言》(《话题 2012》)等。

明一名婴儿在车内被出车库的奥迪车夹死……如果扩大一点，我们还可以算上佳木斯参与谋杀"天使女孩"的孕妇谭蓓蓓，她当时怀着的小生命已经降生。别忘了，涉嫌强奸的李某某与他的同案犯，也大都是未成年人，他们在伤害别人的同时也伤害着自己。

好吧，这些都是太血腥暴力的个案，或许它们只是在媒体的追击中被放大了。来谈谈普遍的、隐形的儿童相关新闻？教育部宣布了它的小学生"减负十条"，并声称将与中高考改革形成"一揽子工程"；往前看，钟祥一中未能作弊的高考学生家长围堵考点，要求参与作弊的"公平"；再往前，湖北省教育厅采购了320册盗版的《新华字典》；再往前，香港特区政府限定内地游客每人在24小时内不得携带超过两罐奶粉离境，在此前后，上海一名15岁外省女孩就"异地高考"约辩沪籍人士，北京海淀区的学区房标出了十万元每平方米的天价，被称为"宇宙中心"……这些新闻充分提示了中国的儿童生长于一个什么样的社会环境之中。

可是，你能说现在的中国儿童，比起他们的先辈来，就生活得更悲惨、更无助、更可怜吗？去看看各小学校门前长长的车龙，去看看月嫂市场过万的月薪，再看看周边孩子的物质条件与被呵护程度，说有史以来这是儿童（至少在都市）最被宝爱的时代，亦不为过。那么究竟是什么让我们的孩子感觉总是在受伤？除了信息的传播度扩大、媒体的竞争剧烈之外，我们看待儿童的视角改变了多少？"儿童"在当下中国社会里扮演着一个什么样的角色？

人类学学者安·阿纳格诺斯特在1997发表的论文《中国儿童与国家超越性》中，指出一个现象：在中国语境下，中国民族主义的话语总是集中在"落后的农民"与"儿童"这两种身份之上，而将两者相联系的是有关"人民素质"这样的话题。究其原因，是儿童与农民同样具有的"不确定性"使他们总是成为讨论民族教育与民族未来的基点。儿童是希望，但儿童也带来恐惧，尤其是当他们不按预定的轨道发展时，对国家权威与家庭结构将带来威胁性的冲击。

我很欣赏阿纳格诺斯特提出的"恐惧"这个概念。当我们谈论儿童时，我们最担忧的是什么？儿童以及青少年，他们的生活，以什么形式，达何种程度，暴露在成人社会的视野之中？

儿童只是财产吗

在长春盗车杀婴案发生之后，腾讯网刊登了一篇分析文章，探讨人们为什么会爱护儿童。作者指出，婴儿有着明显的体貌体征，如皮肤嫩白、身体肥软、喜欢笑。在远古，由于喜爱婴儿的人会用更多精力来照顾婴儿，因此他们的婴儿更容易存活下来。进化的选择，让爱护儿童成为人类社会的共识。

这种说法有它的历史根据。古希腊"历史之父"希罗多德讲过一个故事：十个科林斯人奉命去杀一个小男孩，因为根据神谕，那孩子成人后会毁灭他们的城市。但男孩的母亲以为这些人来是友好的拜访，便将小男孩放入其中一人怀中，这时候小孩笑了。这笑容打动了那些人，他们离开了，没有执行他们可怕的任务。这个故事充分说明古代人已经意识到儿童作为极弱者，仍然有自我保护的能力，那就是"人同此心"的爱护（虽然这种爱护脆弱而且不确定）。

由此或许能够理解何以长春婴儿连同车一起被盗，会如此牵动全城人心，而北京、林州两起摔婴案又是多么地千夫所指。即使摔婴案的主角，面对媒体镜头，也一再强调他们是在醉酒状态下的冲动行为——北京的韩磊说他根本没想到车里是婴儿，林州民警郭增喜则说他认定摔的是个玩具。应该说，尽管这些案情显得匪夷所思，但从公众反应来看，爱护儿童的社会共识依然存在并且强大，没有理由因为这些被放大的特例而怀疑世道人心。

可是，如果我们仔细分析这些肇事者的心态，会发现肇事动机耐人寻味。长春盗车的周喜军，据他自己交代，下手掐死婴儿非常干脆，几乎没有犹疑的过程，以致完全可以判定他只是将婴儿视作他盗取财物的一个障碍。而摔婴的韩磊，自称他与婴儿母亲发生争执撕扯后，觉得周围那么多人，"打女的不合适"，于是想通过摔车来惩罚对方。不管他是否意识到他摔的是婴儿而非童车，韩磊的主观动机是想通过摔一样东西来达到损害成人对手之目的。

杀婴、摔婴可能是特例，但这种意识并不特殊，即将儿童物化，视其为父母的财产。林州被摔婴儿的父母，事发后接受了肇事者赔偿，从而让肇事民警只遭到禁闭 15 天的内部处理。无论婴儿父母是否情愿，这种处理方式反映了在某种话语系统中，"儿童只是财产"也是一种共识。

不只是个人会如此认为，长春法院一审判决受害婴儿家属获得的赔偿只有 1.7 万元，远低于国家收取的罚金五万元。这种认定本身对儿童性命的估值相当荒谬，引发极大争议，但它背后是铁的逻辑：儿童是财产，而且并非重要财产。因为被害儿童生命短暂，养育成本有限，但法律完全没有考虑儿童被害对父母、家属造成的巨大心理伤害。

如果从"儿童即财物"的逻辑出发，则北安一位父亲连续针扎自己女儿的行为就可以得到解释：既然这位父亲怀疑女儿并非自己亲生，那么女儿就不是自己的财产，反倒要消耗养育成本，因为下手残害女婴符合趋利避害的经济人理性。

纵观中外儿童发展史，会发现儿童被成人社会赋予过三种属性：一是父母家族的财产；一是国家或社会的共同财富；还有一种是独立完整的生命体。正是对儿童属性认知的不同，导致对待儿童态度的错位，大部分骇人听闻的伤害儿童事件，都可以应用这种认知错位来讨论其原因。

儿童的发现

周作人在他的名文《人的文学》里说：在欧洲"女人与小儿的发见，却迟至19世纪，才有萌芽"。就儿童而言，情况或许不像他说的那样糟糕。美国作家波兹曼在《童年的消逝》里称"童年作为一种社会结构和心理条件，与科学、单一民族的独立国家以及宗教自由一起，大约在16世纪产生，经过不断提炼和培育，延续到我们这个时代"。而法国学者阿利埃斯则指出，16世纪末，特别是17世纪，对儿童溺爱的情绪引起人们的批评，"肝火比较旺的人觉得那时人们给予儿童的关怀已经到令人难以忍受的地步"。蒙田就曾表示他无法接受把孩子"作为我们的消遣，就像逗猴子玩一样"，他也不接受和孩子玩"跺脚、游戏和讲幼稚的胡言乱语"（《儿童的世纪》）。

爱儿童，并不像很多人想象的那样，是人类社会自古就有的共识。事实上，不同的阶段，总有人以不同的理由担忧、厌恶甚至憎恨儿童。有的是因为儿童软弱、无法自立，有的是因为儿童缺乏"成人的理性"，有人则担心对儿童的溺爱会阻碍对他们的培养。这些观点大抵将儿童视为有缺陷的、微型的成人，阿利埃斯的书里记载，到16世纪末，儿童才拥有了"特别的服装"，让他们首先从形象上与成年人区分开来。在接下来的两个世纪里，西方对这种"忽视儿童"观念的清算渐趋严厉。当"五四"诸贤从欧洲盗来"文明的火种""煮自己的肉"时，历史已叙述成了这样：

小孩的委屈与女人的委屈，——这实在是人类文明上的大缺陷，大污点。从上古直到现在，还没有补偿的机缘，但是多谢学术思想的进步，理论上总算已经明白了。人类只有一个，里面却分作男女及小孩三种；他们各是人种之一，但男人是男人，女人是女人，小孩是小孩。他们身心上仍各有差别，不能强为统一。以前人们只承认男人是人……（周作人《小孩的委屈》）

一方面，儿童的特别性被标识得异常清晰，"他仍是完全的个人，有他自己内外两方面的生活"；另一方面，儿童的意义被拔高到了国家层面，他们象征着国家与社会的未来，而如何对待他们，则是文明的标志之一。如胡适所说："你要看一个国家的文明，只消考察三种事：第一，看他们怎样待小孩子；第二，看他们怎样待女人；第三，看他们怎样利用闲暇的时间。"（《慈幼的问题》）"怎样待小孩子"被认为是最高的标准，而恰恰在这一点，胡适认为"可以宣布我们这个国家是最野蛮的国家"。

那么，怎样对待儿童是"文明"的呢？按照"五四"诸贤的观点，热爱儿童，尊重儿童的特殊性，保护他们不受自然与社会的伤害，尤其是后者。鲁迅在《我们怎样做父亲》里呼吁"觉醒的父母，完全应该是义务的，利他的，牺牲的"，要求成人当"自己背着因袭的重担，肩住了黑暗的闸门，放他们到宽阔光明的地方去；此后幸福的度日，合理的做人"。

这些批判，这些希冀，针对的是启蒙者认定的中国社会、家庭的两大痼疾：长者本位与利己思想，也即将儿童视为父母、家族的私产。因为是私产，所以爱护起来固然不遗余力（对儿童的溺爱在中国倒是古已有之），伤害起来也无愧于心。那位在女儿内脏上扎三根针的父亲，和将六岁外甥的眼球挖掉的婶婶，思路是一样的。前者是通过伤害儿童来发泄自己的疑怨，后者是通过伤害儿童来报复儿童的父母。这听上去是如此愚昧恐怖，但这种心理在中国当下社会并不鲜见，只不过不一定用如此极端的方式表现出来而已。李某某的母亲梦鸽、因儿子醉酒而微博求助省委组织部长的楼晓芳、为"培养女儿独立性"而谎称自己是养母的沈阳某女士，都是以己度人、控制儿女、将儿女视为自己外延的典型案例。

宽严皆误

现代女作家萧红六岁时，想要一个皮球，听大人说街里有卖的，就一个人偷偷走出家门。之前她从未一个人上街，很快就迷路了。一位好心的车夫问明她父母的名字，用斗子车把她送回了家。快到家时，萧红一不小心从一米多高的车斗上跌落下来。又急又气的祖父，迁怒于送她回来的车夫，不但不说感谢的话，还不容分说打了车夫一个耳光，车钱也不给。萧红感到十分不快，问祖父为什么要打车夫，祖父说："有钱人家的孩子是不受什么气的。"（《蹲在牛车上》）

五四新文化运动批判旧家庭的罪恶，甚至喊出"家庭是万恶之原"，重点在于旧家庭制度对人性，尤其是晚辈人性的压抑。其后凡新派一点的父母，莫不以"民主家庭"自诩。改革开放以来，沐浴欧风美雨，"快乐教育"、"解放儿童"的观念更是深入人心。再加上计划生育制度，导致儿童成为相对稀缺的资源，造成上世纪 80 年代"小皇帝"一词不胫而走，"四二一"家庭模式成为社会主流，儿童无论在关注度上，还是家庭资源消耗方面，都成为重中之重。

问题是，我们回头看看，我们真的跳出了传统的窠臼吗？看看萧红的童年故事（那是 1917 年），你有没有觉得萧红祖父的态度，在你身边周街都是？"有钱人家的孩子是不受什么气的"，从梦鸽为儿子的辩护词，到大众对"富二代"形成的固有不良形象，再到种种对"熊孩子"的吐槽与共鸣，是否可以说，这种"孩子不受气"的思路，不仅从未停歇，甚至日渐下延，成为中国小康以上人家的主流教育模式？

鲁迅在《上海的儿童》里有一段描述："中国中流的家庭，教孩子大抵只有两种法。其一，是任其跋扈，一点也不管，骂人固可，打人亦无不可，在门内或门前是暴主，是霸王，但到外面，便如失了网的蜘蛛一般，立刻毫无能力。其二，是终日给以冷遇或呵斥，甚而至于打扑，使他畏葸退缩，仿佛一个奴才，一个傀儡，然而父母却美其名曰'听话'，自以为是教育的成功，待到放他到外面来，则如暂出樊笼的小禽，他决不会飞鸣，也不会跳跃。"

如果以李某某为个案来对照这段话，我们会惊奇地发现，他的成长历程几乎涵盖了这"两种法"。梦鸽面对媒体说出的那一串与公众认知大相径庭的形容词"淡定、真实、礼貌、懂事"、"内心干净、本真"，应该是她真实的认知，李某某在她面前，很可能是"一个奴才，一个傀儡"，而走出家门，立即"是暴主，是霸王"。这两种性格统一在一个少年身上，并非不可能，而梦鸽为儿子选择的辩护策略，仍然是"不受什么气"，似乎完全意识不到自己儿子行径对公众道德的冒犯有多大。

李某某自然是极端案例。而那些无处不在地在地铁上撒尿、在商场里喊叫、在电影院或机舱中用脚蹬踏椅背、到别人家中搞得乱七八糟的"熊孩子"，为什么他们的父母惘然无觉，甚至面对别人的指责只会反击？

清代赵藩的《武侯祠联》流传甚广："能攻心则反侧自消，从古知兵非好战；不审势即宽严皆误，后来治蜀要深思。"全联重点即在下联"不审势即宽严皆误"七字。这句话移用来谈中国的儿童教育，再合适不过了。"五四"以来，批评者基于人性解放的观点，更多地将批判焦点放在传统教育对儿童的桎梏与压抑上，更忽视了传统教育中同样亦有娇惯宠溺的一面。这一面与西方传入的某种教育观念相结合——西方教育观念并非无可反思，波兹曼就曾批评中产阶级对儿童的过度关注乃至"炫耀性消费"，酿成了今日中国社会对孩子的普遍溺爱，正如有不少声音为梦鸽辩护："作为母亲，她为儿子做什么都是应该的。"在很多案例中，整个家庭的重心都放在孩子身上，孩子出事，往往意味着家庭的破碎。这是否天经地义无可置疑？反思中国家庭教育，需要根本性地重新清理我们的家庭观念。

社会、国家都不给力

长春偷车杀婴案、佳木斯孕妇骗杀医院实习生、山西被伯母挖去双眼的儿童、北京被争吵中的男子摔死的婴儿……为什么我们听到看到这些新闻时，心中会产生莫名的巨大伤痛？生命的逝去固然可哀，新蕾初绽的凋零固然触目，但更令人神伤的还另有其因：

这些案件提醒我们，熟人社会正在坍塌。

在熟人社会中，任意两个人之间，一生中可能产生多次联系。因此，不把事情做得太绝，是社会运行的潜规则。我们预设周围的每个人都会评估自身行为的后果，不致因细小的利益而产生巨大的伤害。然而，为什么会因为一辆车掐死一名婴儿？为什么会因为"给丈夫一次补偿"而诱杀好心搀扶自己回家的女孩？为什么会因为养老争执挖去侄子的双眼？为什么会因为停车位的争议而摔死两岁大的孩子？

我们相信我们的邻人，才敢让孩子在家的附近玩耍嬉闹，我们相信这个社会，才敢让孩子穿过街道，走入城市。如果我们感觉到处是陌生人的社会杀机四伏，我们只能将孩子关在家中，或是全程接送。如果好心做好事会遭逢诱杀，我们要不要教育我们的孩子关爱他人，见义勇为？这些，都是上述诸案给予我们的焦虑与担忧。

说媒体的报道放大了这些事件，也对，也不对。说对，是因为从统计学意义上，这些恶性事件并非常态。说不对，是因为它们触发我们本来就有的忧虑：邻里关系日益疏离，社会价值观日趋单一，小利可生大恶，伦理再无底线。这是一个日渐空壳化的社会，我们靠什么来保障家人的日常安全？放大这些事件的，是我们的内心。

当社会变得不可靠，人们会想到国家与政府。"全能政府"是中国常被诟病的顽症，然而政府往往在民众需要时缺席。南京两名小女孩在家中被饿死，因为父亲在狱中，母亲出门吸毒不归。邻居不愿管，也不敢管。而街道办与警方，明明知晓那个家庭的情况与可能的恶果，仍然无所作为——这就不仅仅是个案了，它提醒我们每个人，当家庭出现断裂或突变，我们很可能既无法寻求人性的救援，也难以获得制度的保障。

很多人都听过周云蓬《中国孩子》，那首歌唱道："不要做成都人的孩子，吸毒的妈妈七天七夜不回家。"2003年6月4日，长年吸毒的成都妇女李桂芳因偷盗被抓，后被送去强制戒毒。然而，因办案民警玩忽职守，其家人及邻居都未接到通知，导致其三岁幼女李思怡被困家中活活饿死，直到6月21日才被人发现。事发之后，办案民警被停止执行职务。

十年前在成都，十年后在南京，都是一二线的大城市，是公权力完全可及的地域。十年后这次，并未有公务人员受到处罚。无论如何，十年的轮回，带给新闻受众的第一感受是：没进步啊。是的，十年以来，社会与儿童之间，国家与儿童之间，即使关系更为恶化，更为淡漠，也很难让人看到进步。校车、民办幼儿园资格、幼儿园安全……这一系列问题，并没有实质性的制度改观。十年前的儿童已快成年，十年后的父母与孩子，仍在忧虑中守望。

教育变成一场战争

如果我们将"儿童伤害"局限于家庭内外的肉体伤害，恐怕会低估中国儿童成长的困境。在我看来，更普遍、更长远的困境在于成年前长达十多年的学校生活。正如阿利埃斯在《儿童的世纪》里指出的那样："现代学院是复杂的机构，不仅进行教学，同时也负责对年轻人的监督和训导。"

父母向学校让渡了教育的权利，他们当然不能忍受孩子在学校受到肉体或精神的伤害。营口一位家长斥资千万买下女儿就读的幼儿园，似乎喻示这种家校之间的冲突已经紧张到何种程度（相信羡慕这位家长的父母不在少数），而这一新闻事件的背景墙上闪现的，是海南"校长带小学生开房"，还有各地各级教育机构层出不穷的虐待儿童、教师猥亵、学生自杀事件。

显然，这些事件与传闻，反过来会加剧中国家长对少量优良教育资源的争夺。从现实考虑，名校拥有更高的教学质量、更安全的校园环境与更优秀的生源；从未来思量，名校帮你的孩子拓展更高端的人脉，提供更多样的机会，以及更美好的出路。如果这些前提都成立，倾全家之力去购买一套学区房，或是将孩子送到国外去，又算得了什么？至于各种课外辅导、兴趣班，英语奥数，弹琴打鼓，更是不在话下。

现代社会，教育不再是孩子成长中的一个选项，而是变成一个必需的过程——这样说不仅是因为现代国家都规定义务教育，还在于教育是通向科层社会的必经入口，所谓"知识改变命运"，真实意涵是"学历改变命运"，知识的获得不再是平等的，合法（通过学校教育）地获得知识才是职场的入场券。

9月，语文出版社社长王旭明（大家提到他，还是喜欢加上"教育部前发言人"的头衔）连续发表微博与博客，呼吁"取消小学英语课，增加国学教育，取缔社会少儿英语班，解放孩子，救救汉语"。很多人对他的说法嗤之以鼻。其实，仔细研读王旭明的本意，就能明白他强调的是"学英语没有错，娃娃学英语也没有错，错就错在要求全国娃娃学英语，而且不断提高标准"。

总体而言，儿童教育受三种因素影响为大：一是家长意愿（含孩子自己愿望），二是社会环境，三是政府导向。在当下中国，三者重合度非常高，都是纯功利取向，而政府导向确实是关键所在。很多家长在接受采访时说自己是被迫接受功利化教育的，比如，是否让孩子在幼儿园接受英语教育？小孩能不能在六岁前说一点英语，或许并没有那么多家长在意，但很多人目光是盯着"小升初"、中考、高考，甚至大学四六级的教育硬性标准。

当下，教育资源的争夺在社会各个层面展开。打工子弟学校的存废、学区房价的高涨、择校费的显形隐形收取、出国游学或留学、高考造成的社会固化、毕业后的拼爹游戏……从父母到儿童，都在打一场漫长的全民教育战争。即使从国家功利主义的角度考虑，社会的大量资源用于进行这样一场少数人赢多数人输的游戏，是否值得？是否应当？郭敬明在《小时代》上映后接受采访时说："好好工作赚更多钱，我不相信哪个父母不会这样教育子女。"如果整个社会的教育目标就是"好好工作赚更多钱",这个社会是否能被认为是一个健康多元的社会?

不能说教育部门与教育机构对此无所察觉。2013 年,清华大学开始有意识地调整招生的城市/农村比例,教育部也于 8 月 22 日公布了《小学生减负十条规定》征求意见稿。然而,如果终极考核机制不改变,社会的价值导向不改善,仅仅调整某个环节,仍是杯水车薪。而且,正如台湾规定英语、珠心算、作文、速读班等都不能招收六岁以下幼儿,反被有的父母斥为"管太多",同样,教育部"减负十条"意见稿也引起不少家长反弹,认为硬性要求小学不布置作业只会促推课外辅导兴旺。家长与政府,都打着"为孩子好"的旗号,却在儿童教育方面产生如许的分歧,到底是什么地方出了问题?

每个孩子都是独立的个案

当父母带着儿女在小区玩耍时,他们总喜欢聊起自己对孩子的教育理念。我比较怕听到的一个问题是:你们喜欢哪种教育法?

虽然我甚至说不出两种以上的教育法,但我怕听到这种问题的原因在于,它听上去很像"你的手机是什么系统的?安卓还是苹果?"可是,如果说在身体成长方面,同人种的儿童们有高度共性,那么,在心灵成长方面,每个孩子,即使他们同属中国人,但都是独立的个案。而且,越成长,个性与歧异会越明显。

教育法的选择,或者还算是教育理念的研讨,而整个中国社会的症候,是模式化的思维盛行,而且是单一的、竞争性的模式。

经过多年的欧风美雨浸染,如今中国的父母一代对于"快乐童年"都不陌生。问题是,一旦碰到现实中的入学、升学与设计未来,能坚持"快乐童年"的父母就不太多了。大家宁愿把孩子塞进某一种教育模式之中，让他尽可能地接近"成功"——而中国社会当下对成功的定义，基本上是以金钱作为衡量器的。

为什么"快乐童年"、"因材施教"的教育理想一旦与现实相遇，就如此轻易地溃不成军？单独指责父母们急功近利，毫无意义，应当追问的是国家与社会"如何看待儿童"。

我在前面引述过美国学者阿纳格诺斯特的话："儿童是希望，但儿童也带来恐惧，尤其是当他们不按所预定的轨道发展时，对国家权威与家庭结构将带来威胁性的冲击。"关于儿童的公开宣传与讨论背后，总是暗含着某种民族主义话语，比如"少年强则中国强"，这句梁启超在一个世纪前时评中提出的口号，竟有着如此大的魅惑力，至今似乎已成不易之真理。问题是，什么才是"强"？"少年强"是否意味着每个少年都要按"预定的轨道"发展？

由于近代以来中国一直处于挨打与被压抑的位置，从政府到社会，都难以对自身的传统抱有足够的自信。这些年通过种种合理与不合理的手段，中国社会正在与"崇洋"、"重外"的思维定式进行不同层面的较量。而"崇洋"、"重外"反映到中国社会内部，就转变成"崇新"与"重少"，后者即某种青年崇拜。

"青年崇拜"由来已久，从梁启超到陈独秀、李大钊，都曾不遗余力地歌颂青年、赞美青春。百余年来，社会心理积淀相当深厚，这才是中国社会过度重视儿童教育的心理根源。从一名儿童的现状和未来，能够直接引申至整个民族的现状与未来，几乎是一种条件反射式的思维定式。李某某等被控轮奸案中，某位被告的辩护律师对媒体说：

"这个案件再次提醒我们，未成年人不仅是一个家庭的未来，也是我们国家与民族的未来，全社会都必须高度关注和重视未成年人的法制教育。"

将儿童视为父母个人或家族的私产，与将儿童视为国家、民族的希望所在，两者背后的逻辑是相通的，即从整体上否认儿童的独立性，赋予他们更多的附加意义。一名儿童没能就读家长心仪的小学，与一位成年儿女没有完成适龄婚配，以及一些青年拒绝表露他们的爱国情怀，会被视为等量的失败，对于不同主体来说，他们未能完成期待，也就对权威与主流构成了威胁。

这就难怪当教育部"减负十条"草稿出台后，网上那些振振有词的反驳，往往与美国的儿童教育状况联系起来，或说美国小学教材题目也很难的，或说美国能吸引全世界人才故能自由教育的，最后总是落到一个结论：这样放松，我们将来拿什么跟人家竞争？

这种大叙事的思路，与教育部强行规定大学毕业生必须通过四级英语考试类似，都是"国家功利主义"在背后作怪，这种功利主义的影响还包括高考的"一分定输赢"，绝不愿意将每个考生作为独立个体对待，除了管理者易于执行的懒政思维，强调"预定轨道"而非多元发展，才是整套教育制度的核心问题。

【讨论】中国孩子到底有多"受伤"

参与者：邱小石（读易洞书房店主）、周筠（IT 出版人）、滕威（华南师范大学文学院）、杨早

【邱小石】 作为一个 15 岁少年的父亲，看完杨早的这篇文章，有

种震撼的感觉。我突然意识到我的孩子在成长过程中也许也受到过很多伤害，这些伤害不像杨早文章中的案例那么显性，而被大人粗心或无可奈何地放过去了，但这些隐性的伤害同样非常地普遍，并且无法量化这种伤害的严重性。

说几件自己的亲历：

因为没有北京户口，只能在学校借读。由于不是正式的学籍编制，学校也知道你在中考前就要离开学校，你的成绩无关乎学校、老师的表现，我仅参加过几次家长会，都能体会到边缘的感觉，那每天都处于这个环境的孩子会受到怎样的心理影响呢？不敢想象。

由于教育资源的稀缺和家长的急迫性，社区里的孩子陆续搬迁四散，从最初搞一个生日会要为二三十人准备，到现在社区只有一两个老朋友的现状，这种变化无疑对儿童成长造成干扰，而细想背后的社会动荡，每一个家庭的折腾与付出，更令人欷歔。

前一阵，我儿子希望我以家长和社区业主的身份，给社区小学的校长写一封信，说服校长准许他们周末进学校踢球。因为校长认为他们已经毕业，就不应该再进学校踢球了。我理解学校的规则和校长的担忧，但我忧虑这种观念形成的土壤，它已经分辨不清一个学校应承担的责任和一个校长应有的使命。

或许，在更残酷的现实面前，我的这种感叹未免矫情。但这种种让人把问题忽略到以为正常的环境，有没有让孩子在社会中感觉到刻薄与孤单呢？长大的他们，会如何理解我们所处的世界？

【周筠】 我个人共鸣较深的，是"每个孩子都是独立的个案"，但我感到文中的观点似乎还局限于看到升学之后父母就难以在应试教育的压力之下坚持"快乐童年"的教育理念。而我则从自身经历认识到，即便身为一开始就坚持要实践"快乐童年"理念且不害怕应试压力的父母，倘若自身欠缺对一些流行教育理念的良好思辨能力，也同样会好心办坏事，给孩子造成伤害。

我的观点，简言之就是：内心压抑不快乐的父母，会把不快乐带给孩子，从而造成对孩子的伤害，且也伤害父母本身。这种不快乐，有源自杨早文中的种种，也有来自看到某种教育理念的好处，而缺乏对这种教育理念实践的全面分析，看不到实践中的陷阱，因而采用较为极端的方式坚持实施而忽略具体情况具体分析，从而没能根据自己的情况作出必要的调整，对孩子造成伤害却不易自知。

一个朋友在某育儿论坛里贴出一个帖子，标题是"我为什么现在不看育儿书了"。他在帖子中写道："初为人父的时候也看了不少书，老实说，看归看，一到实践就不管用了。然后自己觉得很失败。这样持续了三四年，最近两年慢慢意识到，迷信各种育儿经验其实很害人的。"

在育儿问题上，我也吃过迷信的亏。怀孕期间，常泡"摇篮网"，当时我是高龄孕妇，加上前次怀孕意外流产导致身体受损，让我看到缺乏知识的可怕，所以再次怀孕很怕因无知而再度受挫。"摇篮网"当时力推的明星妈妈，是生了一对混血宝宝的全职妈妈小巫，她毕业于北大，远嫁新西兰，是国际母乳会成员，她的一双儿女健康漂亮，全都是母乳喂养一年以上……小巫成为众多白领妈妈心目中的偶像，她和一双儿女光彩夺目的示范，让当时心怀忐忑缺乏自信的我也不知不觉成为"母乳教"的一员。我坚持了十个月单纯的母乳喂养（很少添加牛奶），但身体付出了不小的代价：严重缺乏睡眠导致情绪压抑，身体一度严重缺钙。很长时间里我都体会不到为人母的喜悦，而只是感到养育孩子实在是负担。这种内在快乐的严重缺失让我变得烦躁，但我当时意识不到这是单纯依赖他人知识、自己对知识缺乏思辨，因而取舍欠当，导致的不快乐。不快乐的母亲，自然会把烦躁传给孩子，给孩子造成伤害。

若让现在的我来看待母乳喂养，我会在保证好自己的睡眠不受严重影响的前提下坚持母乳喂养，会注意及时给自己补充钙质，会根据孩子的需要及时添加足够的牛奶。其实我自己就是牛奶养大的，我妈总是说我的体质是姐弟三个中最好的，虽然我小弟弟是母乳喂养两年。然而当时处在焦虑状态下的我，早就忘了这一茬。

【滕威】 正如杨早在文章中所描述的，"2013，这是中国的儿童最受伤害的一年"。对于中国社会而言，"儿童"确实成为本年度触目惊心的关键词，一个写于黑色背景上鲜血淋漓的字眼。显然不是此前中国的儿童从未经历伤害，而是在这一年"儿童伤害"占据了公众视野中心。这就变成一个颇具"症候性"的现象。与之相伴的话语，虽然众声喧哗，但有一些声音特别响亮，甚至有些刺耳。看看微博、微信朋友圈中流传甚广的"不到日本，不知道什么是素质教育；不和日本孩子一起吃饭，不知道什么是输在起跑线上"，"英国儿童十大宣言"，"为什么德国人拿走一半诺贝尔奖"，"令人震撼的美国教育"等许许多多故事，无不让人感到我们教育之"失败"，我们孩子成长环境之"差"；以致同龄人聚会，越来越多小童父母开始讨论何时把孩子"送出去"。以"为了孩子"之名，把他们"连根拔起"，挪到另外一个地方重新种。

按照在国内看到的描述，美国的孩子是全世界最幸福的孩子，吃的食品安全，呼吸的空气清新，受的教育宽松，从小就有人权、受尊重。但真的实地生活，却远没有传说中那般"美好"。我来到美国三个月，在 Facebook、Twitter 以及各种报纸上几乎隔三差五就看到跟儿童伤害有关的消息。有的是意外枪伤，有的是被性侵，甚至还有惨遭灭门的。不仅如此，每天去超市，面对各种肉类，看着 Organic（有机的）、All-natural（纯天然的）的标签页不知道能不能信；不知道漂亮的各色辣椒玉米哪种不是转基因。孩子的学校是麻省 Cambridge 地区 Level First（相当于我们所说的重点）小学，非常重视功课。每天都有作业；学校里各种规矩，孩子们常常因为没坐直、开小差等各种原因被提醒、警告甚至罚站。家长经常给学校 donate（捐赠）的小孩明显更受老师关注。显然，少数族裔的孩子在宣扬"所有孩子都平等"的学校也是弱势。我不是想说，全世界都一样，哪里都有食品安全社会安全……问题；而只是想问，为什么我们乐于主动遮蔽西方的问题，书写、相信并传播西方的神话？

越是私立、贵族或重点的学校，对学生的要求越高，纪律越严格，功课越重，压力越大。美国的教育从来都是分层的，底层就是 public（平民）的，老百姓家的孩子会写自己的名字，认全字母和数字就行了。上层就是 Elite（精英）的，从小就得琴棋书画各种运动，上知天文下晓地理。传说中国孩子的数学多好，那是跟公校比；人家的私立学校很多都在学奥数。我们的教育部现在就是在搞这种分层教育，优势教育资源高度集中，花大力气培养少数孩子；剩下的孩子"减负""素质教育""不学英语"，知识能力越少越好。试想，如果公立的普通学校什么都不教，父母又没有能力送去单独补习或开发音乐艺术体育等各方面兴趣，大多数孩子的未来能有什么竞争力？他们将世世代代祖祖辈辈被固定在社会下层。托尼·朱特曾经如此描述当下的世界——我们进入了不安全的时代：经济不安全，人身不安全，政治不安全。在"沉疴遍地"的今日，任何悲剧惨案都可能发生，但把中国发生的一切都赋予特殊的个案意义，随后建构一个并不存在连西方人自己都在挣扎逃离的"彼岸"，这是当下最荒诞的"意识形态"。

【杨早】　小石、周筼、滕威的回应都从自身经历出发，但最终的指向有相似之处：教育资源的过度集中与失衡，不仅导致父母普遍的焦虑，也会对儿童本身造成隐形伤害。

惨烈的恶性事件毕竟是个案，真正牵动人心的是普遍的教育问题。因为户籍，外来儿童面临着被边缘化（学校认为你的教育成果与它无关）、校园生活动荡（不知道下一年会读哪个学校）、未来不确定（高考都不知道会在哪个省）各种威胁，我旁观着小石与儿子共同经历这些，内心恻然。这种焦虑与失落是真实存在的，我们都知道不合理，但这种情形又不可能旦夕改变——这回是人力资源集中的问题，北上广的发展需要大量人才，但它的教育、医疗乃至住房、道路资源又承载不了那么多人口居住带来的负荷。为什么这些城市不能小一点，功能不能分散一点，资源不能平均一点呢？这就越说越大了。

周筠和滕威谈到的都是生育或教育的单一化 VS 多样性问题。人是最复杂的系统，而每一个人的养成都是独立的个案——对文学有心得的人，太容易理解这一点了。为什么我们要写"某某的故事"而不是"人的故事"？因此"认识你自己"是永恒的命题。但在讲究效率的社会里，大多数人急欲寻觅一条共同的道路，一种万能的模式，一个普遍的真理。从科学高效育儿法到如何将孩子送进哈佛，每一阶段都有无数的教科书与经验谈，看上去家长有无数的选择，但每一个选择都是"跟我学"。同样手法追求两个女孩，都极可能一成一败，何况养育两个不同的孩子？现在要求培养孩子独立思考已成社会共识，可是父母们做到独立思考了吗？各位家长扪心自问。

教义总是需要神秘力量的加持，因此谈到育儿必是"法国妈妈"，说到教育就要"蒙台梭利"，最后目标不是哈佛就是剑桥——几大帝国伺候您一人的孩子，您这福气还小吗？如果我们撤去商业营销的泡沫，冷静地了解与审视西方的儿童教育，会发现他们同样还在摸索、调整，同样面临着教育资源不平等、严格与快乐难以两全、社会固化等等问题。从道理上说，教育应该提供充分的多样性，以供家长与孩子选择。但这并不意味着公立教育撒手不管或越教越少，而让商业化教育任意瓜分家庭的教育投入。一方面政府行为须慎重，英语作为硬性毕业标准肯定不妥，但另一方面公立教育应当提供基本的保障，保障学生可以在公立教育体系中获得选择自由（这方面美国的社区学院倒值得借鉴），而非放任自流，即使从国家功利主义角度出发，这也是国民教育题中应有之义。

所以这仍是一个"破虚妄"的命题。谢谢三位。

一个县城的春节故事

施爱东 *

年前接到好几个同学用"信丰普通话"打来的电话，初中毕业30周年了，希望一同回母校聚聚。我很惊讶，30年来多数同学都没有联系，突然大家都操着一种既熟悉又陌生的"新方言"，不知从哪里冒了出来。

同班同学的两个同学会

初中同学会的核心是莫子。莫子毕业后通过招工考试进了信丰水泥厂，得知厂长爱下围棋，于是苦练围棋技术，很快成为厂长的铁杆

* 施爱东，为《话题》系列著有《"口号"＋"口水"＝竹篮打水——从"保卫端午"说到"保卫春节"》（《话题2005》）、《高举"传统"的大旗——郭德纲及其"传统相声"的火爆现象分析》（《话题2006》）、《关于"公祭"的文化批评与地方诉求——学术是否应该干预生活》（《话题2007》）、《大灾之后必有妖言——"5·12"汶川地震之后的灵异谣言分析》（《话题2008》）、《国产仙师与仙友：李一与樊馨蔓们》（《话题2010》）、《"谋杀"钱云会——谣言就是"真相"》（《话题2011》）、《"寒太阳"是怎样升起的》（《话题2012》）等。

棋友，过了几年，升任水泥厂销售科长。1990 年代以来，到处修路盖房大干快上，水泥非常紧俏，莫子不仅借助水泥营销建立了广泛的人脉，也挣足了发家致富的第一桶金。2000 年 5 月，水泥厂转制为股份公司，莫子摇身一变成为公司大股东。过了不久，听说莫子买了两座煤矿，又过了几年，他开始进军房地产业，还建起了信丰县第一座集桑拿、按摩、美容美发、健身美体于一体的三星级大酒店，成为信丰本土发家致富的代表性人物。

莫子人缘好，每逢岁末，他会提前问问外地的同学何时回家，然后开着"凌志"车去接站。在把你送到家之前，他会先把你拉到路边小店吃一顿家乡萝卜饺或者粑粑干，虽然只是十几块钱的一顿点心，却让你体会到深深的兄弟情谊。过完年，莫子会在他的三星级酒店大宴宾朋，大凡有头有脸的同学，不论同班还是同级，一般都会受邀赴宴，每年都能灌醉好几个。

闹完酒，总有一拨同学驱车前往莫家别墅玩"争上游"，一张牌50 元，一晚下来，输赢几千上万是常事。莫子不玩，只是端茶倒水。同学们说他玩大不玩小，低于一万一张的牌局都不玩。莫子外号"铁狮子"，因为他在牌局上赢多输少，铁口吃人，自己一毛不拔。

京九铁路 1996 年开通，信丰县迎来了有史以来最大的一次发展机遇，铁路输出了信丰资源产品的同时，也输入了外地的资金和老板。"广东老板"带来了丰富的夜生活，也带来了六合彩，带来了新的赌博方式——买码。买码的最大赔率达到 1 赔 40，吸引了大批渴望一夜暴富的"屌丝"。莫子是富豪，他不和"屌丝"赌码，只和老板赌牌。他战绩辉煌，连广东老板都惧他三分。

但是，2013 年的春节我没有接到莫子电话，他出事了。最早告诉我消息的是堂姐，她说莫子赌博，一星期输掉两个亿，输得倾家荡产。

据说东窗事发于电力公司经理王某，不仅输掉数百万元公款，而且欠下一堆赌债，被黑社会逼得全家不敢出门，只好去赣州市公安局自首，莫子收到风声，连夜"跑路"，从此再未现身。我电话询诸同学，没人知道莫子到底输了多少钱，只知道他这一走，留下了大约8000万元的集资债务。

以往同学聚会多由莫子召集，莫子一倒，同学会风流云散。初中毕业30周年前夕，女同学卜真群牵头张罗了两个月，居然拉扯起了一个新的同学会。奇怪的是，过去围绕在莫子周围的同学都很少参加新同学会的活动；那些莫子交际圈外的，这时反倒成了新同学会的活跃分子。

同学聚会是春节最重要的活动项目之一。莫子时代，我们总是在大酒店山呼海啸"吃大户"，几乎年年都是老面孔；卜真群时代，没有了东道主，大家转到城郊的农家酒馆"凑份子"，环桌四顾，多半是新面孔的老同学。莫子时代，与会同学多是县城出身的"发小"，酒席用语是地道的"城里话"；卜真群时代，与会同学大都是近年来从乡镇迁居县城的"新城里人"，酒席用语变成了"信丰普通话"。莫子时代的集体活动一般都是喝酒、打牌、泡歌厅，活动有声有色；卜真群时代的集体活动是驾车下乡，到边远乡村寻访老同学，力所能及地济困扶贫。

我所奇怪的是，同一个班的两个同学会，为什么莫子时代的活跃分子，多数都没有成为卜真群时代的有机成员，卜真群只是淡淡地说："我叫了他们，他们不来。"后来我才慢慢悟出个中缘由：莫子倒了，可倒下的不是莫子一个人，而是莫子的家族、莫子的同学会、莫子的整个社交圈。

狂热的地下钱庄

全盛时期的莫子，曾以煤矿、地产、酒店业等项目为名，向亲朋好友进行了大量集资。莫子信誉很好，每年春节都会如期奉上四分红利。40%的回报，高出存款利息13倍，大大刺激了周边的朋友。以同学中的杨局长为例，2012年春节，他把家族的近亲全都发动起来，允诺三分的年利，吸纳了数十万元的闲散资金，然后以四分的年利将钱交给了莫子。不料春节刚过一个多月，莫子豪赌事发，留下了据说8000万元的"非法债务"，还有一大批血本无归的"债权人"，其中就包括我们的杨局长。

赣州市委就此成立了专案组。民间传说这次豪赌是县公安局副局长和城镇派出所所长联手设的"局"，而官方的说法是此二人"监管不力，参与赌博"，二人最终以渎职罪入狱。2012年3月16日下午，信丰县召开领导干部警示教育会议。赣州市委专案组坐镇信丰，县长邱建军要求涉案人员认清形势，珍惜机会，主动交代问题，在政策时限内尽快到专案组投案，积极配合市委专案组做好调查处理工作，争取从轻处罚。

这次事件引发了信丰官场大地震。许多单位领导公然以二分或三分的利息向本单位职工集资，再以四分利息贷给地下钱庄。赣州专案组的进驻，导致地下钱庄迅速崩溃，"广东大老板"几乎尽数卷款"跑路"。由赌博和地下钱庄牵出一大堆问题，全县受处分被免职甚至入狱的科级干部多达12人。杨局长幸而未向单位职工募资，侥幸躲过一劫。为了保住乌纱帽，他对亲戚否认将钱贷给了莫子，声称投资绝对安全。为免东窗事发，他这两年一直疲于奔命，一面筹钱还款，一面赚钱给亲戚们发春节"红利"。我不知道杨局长最后用什么办法安全度过了 2013 年的春节，他始终没有参与新同学会的任何活动，同学们说他"一年老了十岁"。

我在同学家拜年的时候，巧遇县公安局某领导，说起那位已经入狱的副局长，我说很难想象他一个星期之内赢走莫子两亿，如此巨额赌博，真是胆大包天。这位领导只淡淡应了一句："其实就赢一百多万。"再问就"王顾左右而言他"了。

且不说其他输家，光是莫子原有的资产，加上他这一两年所募集的资金，就已经过亿，而赢家却只赢了一百多万。如此悬殊的出入差额，只有一种解释，有人隐瞒了真相。

我一直很奇怪莫子为什么要高息集资，8000 万，年息四分，意味着一年的利息就得支付 3200 万。莫子并不是什么商界奇才，整天在牌局上厮混，他到哪儿去找这么些来快钱的项目？而且从莫子有限的投资项目来看，似乎并没有急募资金的必要。

2010 年春节前后，信丰开始兴起高息集资的狂潮，包括我的母亲在内，都曾卷入这股狂潮，她以二分的年利将钱托付给一位邻居，邻居声称将钱托付给了一位"有路子"的亲戚。亲戚将钱投向何处，邻居并不清楚，我母亲就更是一头雾水了，她只知道一到年底就该向邻居要她的二分红利。

这些资金大多流向了名为"担保公司"的地下钱庄。2012 年 4 月的《江南都市报》曾经发表一篇题为《赣州市组织专案组信丰反赌，赌博之风得到遏制》的专题报道，其中提到地下钱庄的运营方式："在赌场里，有一群人在转悠，他们不参与赌博，专门盯着输家。一见有人输光了，他们便会上去问，要不要借钱。这些人都是担保公司的，他们会向赌客提供源源不断的资金。阿峰说，借一万元，一晚上的利息是500元，如果扳本失败，第二天还钱，利息就变成了1000元。每次借钱，都是先付当晚利息的，借一万元，只给9500元。正是看到了赌场里丰厚的利息，近年来，信丰的担保公司雨后春笋般冒了出来。保守估计有三四十家，一些不正规的担保公司，都是以低利息向亲戚朋友集资，然后以高利息借出去，从中赚取差价。阿峰说，担保公司的人大多是混社会的，手段很多，借了他们的钱还不起，会被整得很惨。"

报道还提到了专案组反赌之后的局面："专案组的到来，立即刹住了信丰的赌博之风，同时，也陆续有人因为涉赌被专案组带走，其中不乏政府公务人员。依附赌场生存的小担保公司，有些已经关门歇业。一个担保公司王经理告诉记者，半个月没接到一个单子了，他正考虑转行。有几家担保公司因为借给赌客的钱被输了个精光，赌客跑路了，担保公司的钱没办法收回来，也只能跟着跑路了。"

我不知道莫子的"跑路"属于哪一种，但一星期输掉两亿的可能性真是不大。或许他早就把钱亏空了，只是借着赌博事件，找个借口一走了之？

衰落的山村、暴富的农民

2013年春节我提前了一星期回家，因为姐姐要讨新妇（娶儿媳妇）。姐姐家在离县城20里的一个小村庄，前两年刚盖了新楼，很有现代气派，自来水上了楼，楼上有了卫生间。这是政府搞新农村建设统一规划设计的，每家补贴一万五，农民说起来都很高兴。

我让外甥带我去老屋场看了看。那是典型的客家土楼排屋，背山而建，家家户户肩并着肩，左邻右舍墙瓦相连，排屋前有风水鱼塘，后有山林坟场,侧有空旷禾坪,四周芭蕉竹林。时间若是倒退 30 年,这也是客家乡民理想的新农村模式。可是现在,这近百幢土楼几乎空无一人,家家锈锁把门,门前水沟野草及膝,幽美中透着奇诡。

外甥告诉我,村里年轻人基本都在广东打工。许多人赚了钱都到县城或镇上买房,不回来了;留守的村民,也都领了"土坯房改造"的项目补贴,盖了新楼;土楼光线差、虫子多、老鼠多,没有自来水,还潮湿,村民们都不爱住了。我问他有没有打算到县城买房,外甥迟疑了一下,说:"没那么多钱。"看来只要赚够了钱,他也会离开自己的村子。

农村日渐空巢看来是大势所趋。更偏远一点的,有些山村已经整村迁离。2004 年开始的赣州新农村建设,先后出台了一系列扶持项目,凡是列入项目支持的新农村,绝大多数都已实施"三清三改"(清垃圾、清污泥、清路障,改水、改厕、改路)。而那些未能得到政府扶持的山村,则呈现出加速衰落的趋势。

趁着年节,我回了一趟曾经工作过的上迳水库。水库所在地安西镇比我 1989 年在这里时繁华多了,从镇上到水库大坝全铺成了水泥路面,可惜过了大坝就只有土路了,我们冒险前行,数次停车清障,好不容易才到达库尾的小山村。二十多年,时间仿佛停滞了,这里依然山清水秀、草木葱茏,独木桥、泥瓦房、石围塘一仍其旧,可惜人丁稀少,寥无炊烟。偶遇回乡过年的一家三口,说是村里只有老人留守,种点薄田,丰歉随意。

山村之美是供城里人欣赏的,山里的年轻人却都向往城里的生活,他们喜欢钢筋水泥的高楼大厦,喜欢电视、电脑、智能手机,喜欢逛超市,向往坐飞机。他们更愿意坐在公园的长凳上谈情说爱,而不是漫步在乡间的小路上。走不出乡间小路的男人是找不到老婆的。

　　农民由乡村向城镇的迁徙，是蜕变为城镇居民的重生涅槃，涅槃的代价是无条件废弃乡村已有的房屋。这种携款进城的方向无疑是对传统乡土社会赚钱还乡的一种反动。按照传统习俗，无论官宦还是商贾，发财之后总会衣锦还乡大兴土木，文人一般将之理解为对于土地的热爱。

　　如今最热爱土地的农民是县郊农民。随着城镇化步伐的推进，城区急剧扩张，县郊农村迅速城市化，土地价格以及农民的拆迁补偿因此大幅飙升。同学老马家在县城水东，他们几年前就已得到消息，城区开发将要延伸到他们村，一些村民早早就放弃了种地，大家心里都很清楚，与其在地里累死累活，不如趁机多盖几间房，把土地价格闹高一点，这样就有可能大幅提升拆迁补偿。

　　信丰县城从1990年代就开始了大规模的征地和拆迁，旧城改造、新城建设让县城变得更加宽敞明亮，增设了休闲景观，有了现代都市的感觉。许多知识分子以为全中国农民都在抗征地、抗拆迁，不惜以死相争，但至少在信丰不是这样。就我所知，80%以上的旧城居民和县郊农民，都在伸长脖子盼征地、盼拆迁。拆迁是下层贫民住进现代高楼最快捷、最便利的途径。

　　征地和拆迁最大的困境在于利益分配。县城下西门低洼区的改造工程便经历了官、商、民的反复博弈。原住民希望获得最高的补偿，开发商希望以最低的代价取得土地，政府希望以最快的速度改造旧城。三方相持十年没有结果，开发商撤资，改造项目流产。每逢暴雨，下西门的居民就只能站在门前的水洼中望洋兴叹，盼望着政府重启改造项目。

　　2012年开始，政府改换思路，决定撇开开发商，直接与拆迁户协商补偿方案，实行不以赢利为目的的自主改造，此举受到广泛欢迎。

老马所在的磨下村，据说只用了半个月，就全签了征地和拆迁协议，连违建受罚的，都罚得心悦诚服。其中最穷最少房产的一家人，也获得了至少价值 200 万元的拆迁补偿，这相当于县城中心地带 400 平方米的高档豪宅。村民还享有购置临街店铺的优先权，这意味着将来他们只需出租店铺就可衣食无忧。

不过，衣食无忧也未必是好事。我的表弟卫东，十年前因为征地和拆迁得了一笔钱，夫妻俩在县城开了个小餐馆，生意不错，房子车子都有了，生活富足空虚无聊，很快就染上了赌博的恶习。2011 年夏天的某个深夜，夫妇俩随朋友驱车去邻县赌博，不仅把身上的钱输光了、把车子当了，还欠下一百多万元的高利贷。回家后把餐馆卖了，依然不抵赌债，只好扔下一对儿女两个老人，双双出逃躲债。

类似的案例特别容易发生在城乡结合部。城区扩张让县郊农民迅速成为县城新富，一夜暴富让许多年轻人迷失了生活目标，而没有一技之长又让他们变得无所事事，于是，赌博几乎成了他们消磨时间和精力的主要娱乐方式。地下钱庄盯得最紧的就是这些新富农，一些"担保公司"想方设法拉拢他们参与地下赌博。新富农一旦下水，很快就会由暴富者沦为暴贫者，成为社会的边缘人群。新型城镇化进程中，这类急剧增加的边缘人群无疑成为社会的不安定因素。

城里话·乡下话·信丰普通话

郊区的农民在坐盼征地，城里的贫民在苦等拆迁，乡镇的农民在攒钱进城。一方面是乡镇"能人"向县城涌入，一方面则是县城"能人"朝赣州市迁出。我的三个堂姐，几乎无一例外地在赣州市区购置了房产，一有机会，她们就会举家迁移，如果等不到机会，她们也会在退休后离开信丰。

"乡下人"想变成"城里人","城里人"却想变成"赣州人",满城到处都是外地人。商铺是浙江人开的，赌场是广东人开的，夜总会的姑娘除了江西外县人，还有广西人、湖南人、福建人。那些一路和我说着"城里话"的老同学，一只脚刚刚踏进夜总会，马上就改口说起了"信丰普通话"。

信丰话非常古怪，"城里话"和"乡下话"是两种语言。即使是同为城里话，一个词也有多种讲法，比如"吃饭"，城里话讲"七饭"，或者"唆饭"，或者"逮饭"，而乡下话则讲"食饭"，或者"掐饭"。

我上大学之后才知道，整个赣南地区都是客家方言区，唯独赣州市区和信丰县城是两个西南官话的"方言岛"。而直到最近我才弄明白，信丰"城里话"原本是一种"军话"。赣南山多林密，历来匪盗横行，为了维稳，明初曾在赣州设立一个卫署（军士编制2277人，民兵610人）和两个千户所，其中信丰千户所最大（军士编制1087人，民兵450人）。卫所军士多为外地人，他们操一种与当地截然不同的"军话"，久而久之，围绕现在的赣州市区和信丰县城就形成了两个"军话"（西南官话）方言岛。明朝覆亡之后，信丰驻军就地解散，"军话"也就在地扎根，变成了信丰"城里话"。可是，就在这短短的十年间，延续了六百多年的"城里话"却被一波又一波的异方言移民潮冲刷得越来越淡乎寡味。

信丰县城所在地嘉定镇，我上大学的1985年是三万人，2000年还只有五万人，可是2013年却已突破25万人。我们假定2000年的五万人全都是讲"城里话"的"城里人"，到了2013年，这些"城里人"迅速沦落成为只占城区总人口1/5的"方言弱势群体"。

理论上，信丰县城应该是由三种语言的人群组成：说乡下话的、说城里话的、说普通话的。可事实上，由于大家共同生活在同一空间，每一个人都在试图调和三种语言，于是，越是独特的、不能兼容的方言词汇越快退出了人们的口语，人们在日常交流中逐渐形成一种全新的交际语言：一种以普通话语汇为主体、以城里话与乡下话口音相结合的"信丰普通话"。这种新方言不仅三方都能听懂，而且非常容易掌握。如此一来，不仅新增人口无须学习"城里话"，连许多"城里人"都逐渐放弃了"城里话"，用起了"信丰普通话"。中小学校已经很难找到能说一口纯正"城里话"的小孩了。

春节期间的同学聚会上，当同学们不自觉就操起了"信丰普通话"的时候，我这一口纯正的旧方言就显得格格不入了。新方言将我隔在了新语言共同体的外部，也让我对家乡有了一种日渐疏离的感觉。

人对外部世界、外来人口的恐惧是与生俱来的。在中国人看来，有效"围合"是安全空间的最高境界，人只有充分了解和熟悉了自己所处空间的人和环境，才能产生信任，将这一空间认可为安全的围合空间。方言的丧失恰恰折射了围合空间的崩溃。对于"城里人"来说，快速流动的人口极大地扰乱了传统熟人社会的交际圈，信丰城变成了一个由陌生人组成的社会，人与人之间失却了默契，安全的围合空间被打破了。生活在没有固定方言的社区空间，到处都是陌生的面孔，城区居民感受着强烈的不安全感，家家户户装上了防盗门窗，不分昼夜门户紧闭，把原本安全的社区围合蜷缩到了铁窗内的居室围合。

要让孩子到城里读书

进城农民大多是乡村社会的"能人"，他们的共同特点是"能折腾"。为了成为"城里人"，他们毅然离开了乡村的土地、房屋，以及家族的、乡土的社会关系。在解释为什么要进城的问题时，他们最常说的一句话就是："要让孩子到城里读书。"

科举改变命运，这是下层民众改变命运最重要的进阶模式。我小时候每次挨打完，父亲最常说的一句话就是："你有本事到北京、到美国读书，我卖了裤子也缴你；你要不读书，我打死你！"近十年来，虽然读书无用论略见抬头，但"书中自有黄金屋，书中自有颜如玉"的读书有用论依然是中国社会的主流思潮。

越是中心城市，中小学教育越能受到社会重视。这倒不是说乡村农民意识不到教育的重要性，而是他们清醒地意识到了教育竞争的无力、无奈。

1998 年，我曾经挂职在广东某乡镇中学任副校长，第一次翻阅学生成绩单的时候，我只能用瞠目结舌来形容我的惊讶，该校初中学生的数学平均成绩不到 30 分，英语平均成绩不到 25 分。一个极端的例子是，有个学生住得比较偏远，从家到校需三小时山路，每天早晨 5 点从家出发，回到家已是晚上 8 点，尽管其风雨无阻从不旷课，可是每天来了学校就打瞌睡，学习成绩非常差，没有一科能突破 20 分。

像数学、物理都是一环扣一环的，前面的知识不掌握，后面的课程就只能听天书。可是，教材和进度的要求却没有城乡差别，城里的孩子用什么课本，乡下的孩子也用什么课本，城里的教学是什么进度，乡下的教学也得是什么进度。我所在的中学，80% 以上的学生跟不上课程进度，每天干坐在教室里受罪，如果只打瞌睡不捣乱，基本就算好学生。

乡村学校条件差，师资流失严重，只好聘用代课老师。一些代课老师素质低下，备课不认真，上课不用心，照葫芦画瓢都画不好。还有些教师兼有第二职业，天高皇帝远，很容易发生教师失德事件。生源方面，由于学生居住分散，乡村学校又无寄宿条件，有些孩子干脆选择辍学，或者早早随父母外出打工。学校招不到学生，有时凑个年级班都不容易，只好几个年级搁一起开课。这样教出来的学生，拿什么去和城里的孩子"公平竞争"？

城镇化大潮下，乡村教育的困境是无解的死结。"让孩子到城里读书"成为父母最强大的进城动力，许多年轻夫妇自己含辛茹苦在广东打工，却让老人带着孩子在县城租房，就为了让孩子有个更好的受教育机会。

与乡村学校不断萎缩相应的，是城区中学的过度扩张。2000 年开始，信丰中学将原初中部剥离出来，另辟了信丰三中，本校只保留高中部，尽管如此，还是无法满足快速膨胀的生源需求，每个班级都超过了 70 人，远远超出了 50 人的班额极限。我毕业时全校六个年级的学生总和，也只相当于现在一个年级的学生数。

信丰四中过去叫桃江中学，我伯父担任校长的 1980 年代，教学区只有几排平房，山坡上有大片茶林。如今平房变成了教学大楼，茶林变成了教师住宅，学生人数由当年的全校不足千人变成了现在的每个年级 1500 人。

城镇小学的臃肿有过之而无不及。在陈毅希望小学，有些班级学生多达 80 人，教室人满为患，孩子们闹哄哄乱糟糟，老师的精力主要都耗在了课堂秩序上，所谓因材施教就更是天方夜谭了。

乡村中小学与城镇中小学是两个完全不同的世界，一个旱极，一个涝极。旱和涝都是灾害，过于快速的城镇化进程，如果不能均衡布局协调发展，前瞻性地综合考虑各方诉求和各种可能出现的问题，所造成的旱涝灾害又何止于中小学教育呢？土地问题、就业问题、交通问题、环境质量问题、贫富差距问题，没有一件省心的事。对于我这种无用书生来说，开不出什么苦口良药，只能拉拉杂杂记录些所见所闻，为这个变幻莫测的时代按个快门、留点印记。

【讨论】变化大者莫过县城

参与者：陈喜莲（江西省信丰中学教师）、施爱东

【施爱东】《话题》做了这么多年，已经逐渐形成了稳定的写作风格，面目显得有点僵硬。今年的话题，我自告奋勇充当小白鼠，为《话题》做改革试点，所以有了这篇稍显个人化的文章。近十年来，中国的城镇化进程得到快速推进，变化最大的莫过于基层的县级城市，恰好民俗学界也在提倡"家乡民俗学"，所以我就以家乡城镇化过程中出现的各种问题作为文章的入手点。

但是由于我身在异乡，一般只有春节才能回家小住几天，这些故事都是我在春节期间的所见所闻，这就是文章题为"春节故事"的原因，而且故事主人公多数都是我的同学和亲戚。我无法从总体上把握家乡的城镇化进程，只能支离破碎地就自己的粗浅调查写下这篇文章，我相信陈老师对于信丰城镇化的了解和理解都会比我全面、准确得多。

【陈喜莲】 谈不上全面和准确，说说面积和人口吧。我大致算了一下，今天县城的面积大约是十年前的四倍。原来县城附近的一些小山坡，现在都打平了，低洼的地方填上了。今天县城方圆 20 平方公里之内，土地平整、高楼耸立、商铺云集，再也见不到鱼塘、菜地、果园了，更看不到小树林、小草坪，所谓休闲场所只是一些广场、公园。

县城居民也迅速增加，新增居民的主要来源有四种：1. 乡镇进城做生意的农村商贩及其家属；2. 近十年通过毕业分配、招工招干录用

在县城工作的"农二代"及其家属；3. 上世纪 90 年代末"农转非"的无根"城一代"；4. 在乡镇发家或在外务工回县城购房并举家迁居县城的人员。总人口数由十年前的五万增至 25 万，县城居民增加了五倍之多。

【施爱东】 全国各地的县城改造和扩张，都是一种模式，走到哪里都和信丰差不多。城区土地只要是能够利用起来的，全都被利用起来了，哪里还能留得下鱼塘和果园？1996 年京九铁路开通以后，信丰城很快就有了公共汽车，还有摩的和出租车，突然就有了"现代城市"的感觉。但是这么多年过去了，公共交通好像没有多大改进，反而显得有点乱。

【陈喜莲】 是啊。交通混乱，出行不便。县城面积不断扩大，可是城区主干道一直只有两条，一条是 105 国道，一条是穿城而过的阳明路。近十年为了迎检或承办脐橙节，对这两条道做了无数次的延伸和翻新，年年都修路，城镇居民不堪其扰。进出新人民医院的必经之路，从 2006 年开通一年后到现在，一直处于修补状态，进出车辆像乘轿前行，急救车也无法一路畅通，县城交通问题由此可见一斑。

近三年由于沿河房地产的开发，开发商修了一条沿江路，可是靠南的一段扬尘纷纷，靠北的一段塌方连连，也无法从根本上缓解县城交通的紧张局面。加上道路设计的缺陷、城镇居民交通意识的淡薄等因素，上班早晚高峰时间，县城交通的拥堵，人行与车行的混乱情况特别严重，交通事故频频发生。

县城的公共交通条件差，出行困难。公共汽车一共只有两条班线，一趟相隔 15—30 分钟不等，不靠站停车，随时随地上下客。出租车一般只在车站等人流集散地载客，即使载客也不打表，县城范围内需要 20 元打车费。另外还有摩的，随手叫停，但费用 5—10 元，主要是太不安全，开得快，不戴头盔，在人流车流中快速穿梭，恶性交通事故时有发生。

【施爱东】 说一个敏感的问题，每年春节回家，都会看到老同学聚在一起打牌，输赢几百上千是很常见的，这简直就是我们书上常说的挥金如土嘛。信丰人真这么有钱吗？他们这么多的钱从哪里来？

【陈喜莲】 我不知道他们的钱从哪里来，但信丰县贫富差距越来越大却是事实。信丰县在赣南19县市区中是最有名的房价高、消费高的县城。房价高出毗邻的广东省韶关市，最佳商住楼逼近一万元，均价也要5000元左右。消费高主要体现在餐饮业和娱乐业。高档的商务聚餐以十人为标准，过万常有，2000—5000元必须。一般的朋友聚餐也要千元左右，这个餐饮消费水平已超出了江西省会城市南昌。娱乐业的消费也挺高，这一项并不太清楚，KTV普通消费也在1000元左右。

但房价高、消费高并不说明县城居民收入高，生活水平高，而是县城贫富差距大的一个体现。因为，这些高消费项目的参与者只是少数富翁和官员，普通百姓往往因为几毛钱菜价在农贸市场讨价还价。我的学生中有许多贫困子弟，或因病致贫，或因天灾致贫，或因劳动力不足致贫。2011届有个曾姓学生，母亲多病，下有弟妹一双，家庭仅靠父亲摩托车拉客为生。父亲因拉客遇上交通事故，事主逃逸，雪上加霜。我们家访时，看到家徒四壁，连一张像样的凳子都没有。我的学生连续几个月学校、医院两头跑，还吃不饱饭，面黄肌瘦，无心读书。像这样的家庭在我们县城绝不是个别，因为居民生活保障不到位，不少居民从温饱坠入贫困往往就在一瞬之间。

【施爱东】 你在信丰中学任教，对教育这一块应该是最熟悉的。

【陈喜莲】 关于师资问题补充一点。信丰县每年都会面向应届大学毕业生招录 200—300 名中小学专任教师，但一年后就会流失逾半。边远地区的中小学校往往以较低报酬聘用代课教师，信丰县村级小学的代课教师数甚至超出专任教师 10%。县教育行政管理部门鞭长莫及，部分学校甚至出现"自治"现象。

乡村学校的生源也有问题：一是学生居住地过于分散，由于村级教学点的撤并，上学路途变得更加遥远；二是学生年龄差距大，村级小学常常出现一个年级只有几个学生的状况，成班率低，教师配备出现困难；三是心理问题复杂，乡村学生多为留守儿童，生活习惯较差、道德教育缺失、情感体验冷漠，管理难度非常大。

县城就读难的问题，你已经在文中说到了，我身为老师体会最为深刻。主要根源是乡村教育资源和师资配备的不足，乡镇居民千方百计要挤进县城就读。这恐怕不是一个简单的教育问题。

【施爱东】 是啊，城镇化是个系统工程，每一个环节都可能牵一发而动全身。县城每年以这么快的速度膨胀，对于儿童来说是就学问题，对于成人来说就是就业问题，总不能让人进了城，却把他晾在家里不管吧？

【陈喜莲】 就业问题我不是太了解，据我观察有两点：一是城镇居民没有土地耕种，平时游手好闲，不愿意从事较为辛苦的工作。姑娘常常去商铺售货、售房，或从事文员等较为轻松的工作。后生常常去修车铺、装修公司、广告公司等工资较高的岗位就业。而在小县城，这些单位都是以私营形式为主的，双方没有签书面合同的习惯，各方面都以口头协议为主，劳动缺乏必要的保障，工作流动性就很大，总体呈现流动、零散的状态。加之，最近几年县城赌博之风盛行，不少城镇居民热衷于"买码"，常常处于职业赌博、业余从业的就业状况。持续正经就业的人大都是踏实稳重之人。二是工业园就业的人群以乡镇进城务工人员为主，工作辛苦，薪资一般，但是较为稳定。

【施爱东】 最后为家乡做个小广告吧。1980年代的时候，我听说"信丰有三宝，酱油、瓜子、萝卜饺"，三样东西只有瓜子是方便携带和输出的。可是，信丰瓜子只有信丰人能嗑，大学期间我们班几十个同学，没几个能把信丰瓜子嗑出个完整的仁儿来，太小，一嗑就碎。现在"三宝"的说法改了，叫做"信丰有三宝，脐橙、草菇、萝卜饺"，保留"饺"是为了压"宝"字韵，草菇是凑数的，只有信丰脐橙是全国最好、最著名的。北京市场的"赣南脐橙"，就以"信丰脐橙"为龙头，杨早和萨支山吃过都说好。

"雾霾渐散，晴空初现"

——舆论场之弈

萨支山 *

今年在网络上最被张扬的，除了薄熙来案的审判，大概就是秦火火、立二拆四和薛蛮子等人被抓的事情了。"张扬"这个词，除了声音大之外，还有一种要主动让人知道的意思。想想这几个事主，都是善于炒作的，最终却免不了被炒作，也颇有意味。不过，一个是网络营销账号，一个是"大 V"嫖娼，以这样的方式来曝光所谓舆论反对派的"公知"，颇似六十多年前的"三反"、"五反"运动击退资产阶级的"猖狂进攻"时的策略："要抓住资产阶级的'小辫子'，把它的气焰整下去。如果不把它整得灰溜溜、臭烘烘的，社会上的人都要倒向资产阶级方面去。"

---

* 萨支山，为《话题》系列著有《谁是大赢家？——"连宋大陆行"的叙述与解读》(《话题 2005》)、《谁的八十年代——"八十年代热"的文化分析》(《话题 2006》)、《全民皆股：无力的狂欢——是投资意识高涨，还是飞蛾扑火？》(与应灏合著)(《话题 2007》)、《"台湾意识"与重塑"敌人"——马英九胜选后的民众情绪与台海关系》(《话题 2008》)、《贾君鹏谁喊你回家吃饭？》(《话题 2009》)、《"汪晖事件"与 90 年代学术规范讨论》(《话题 2010》)、《被仇恨绑架了的"药家鑫案"》(《话题 2011》)、《雷锋学习史》(《话题 2012》)等。

"两个舆论场"

这是一场舆论争夺战。早在网络尚未发达的上世纪 90 年代末，时任新华社总编辑的南振中就有"两个舆论场"的提法，认为一个是"口头舆论场"或"民间舆论场"。他在北京坐出租车，司机与他谈论时政，滔滔不绝，观点多与官方宣传相悖，遂感到出租车司机是北京的"小喇叭"，北京有几万辆出租车，就有几万个"小喇叭"，不得了。另一个则是主流新闻媒体着力营造的舆论场。经过一番理论思索，他发现，这两个舆论场重叠的部分愈大，说明主流媒体引导社会舆论的针对性和有效性就愈强；两个舆论场重叠的部分愈小，说明主流媒体引导社会舆论的针对性和有效性就愈弱；而如果二者完全没有交集，则主流媒体就有丧失舆论影响力的危险。十多年的网络发展，这个原来只能通过口口相传的"口头舆论场"，经由 BBS 到博客，再到微博，有了自己的舆论平台，而其传播效能更是爆炸性地放大，它的舆论倾向，它和主流媒体之间的错位乃至对立，更是到了逢官必反的严重程度。

现在想来，2011 年的"钱云会案"和"药家鑫案"在网络上所呈现的"民意"，以及事件方利用这样的"民意"所造成的轩然大波一定让政府深受触动，钱云会案的"阴谋论"暴露的是民众对当地政府的不信任；药家鑫案更吸引眼球的是对"专家"和官媒的攻讦，专业和平衡报道某种程度上都成为阴谋的代名词。网络上充满了负能量，不是贪官腐败民不聊生就是暴力强拆城管打人……简直就是生活在地狱之中。有网友更是戏言，上一天微博，就需要看七天的新闻联播来消毒。在这样的氛围下，很难避免不形成一整套关于这个社会的故事讲述模式，难免不让善良的人忧心忡忡。前一段时间看余华的小说《第七日》，小说弥漫着忧伤的情绪，由单纯的愤怒转而忧伤，这是小说家的本领，而它的故事，则和网络上的中国故事并无二致。

有人用"塔西佗陷阱"来总结这种舆论氛围，意即政府无论做什么，都是错的。因为它失去了公信力，所以，无论是说真话，还是假话，好事还是坏事，都会被认为是假话、坏事。上网查了下，找不到这个"塔西佗陷阱"的具体出处（塔西佗的原话是："When a ruler once becomes unpopular, all his acts, be they good or bad, tell against him."是否成为著名的政治学定律，则未知），但意思是明白的，要点在于政府不受欢迎，所以，大家会相信谣言，对政府的判断会错误。2011 年也被称为"政务微博年"，这一年，中国政府大量推出官方微博账户，以因应网络舆论危机，但收效并不理想。

在这样的舆论氛围中，当故事结构因果逻辑关系已被事先确定为官民对抗的二元关系时，剩下的就是在这个结构中添加具体的事例和细节了。我们看到，美国驻华大使骆家辉在华的低调简朴行为被解读为是对中国官员奢侈腐败的讥讽；而同样中国官员的亲民行为则又被认为是镜头前的作秀。当现实的细节不够有力形象时，文学的想象力一定会发生作用，那就是谣言，在故事结构中，它起着集中和提高的作用，所谓虚构远比真实更有力量。比如秦火火对张海迪和雷锋的造谣，都针对着国家曾经塑造的偶像。事实上，这些偶像早就失却当年荣光，金身不再。而诋毁他们，恰能证明自己的体制对抗者和批判者的身份。这样的身份，又被认为是有着道德和立场的优势。当网络上的谣言符合这样的舆论氛围时，显然就会被快速传播，即使有人出来辟谣，往往也无济于事。秦火火对此，有一个心得，那就是：谣言并非止于智者，而是止于下一个谣言。研究指出，谣言的传播与事件的关注度、模糊性以及公众判断力有关。模糊性越大就越容易传播，这时候信息的透明和及时就能有效降低谣言传播，不过，如果政府不受欢迎，那么这"透明"和"及时"也并不能降低信息的模糊性。而公众的判断力也和心理预期有关，一个谣言越是符合心理预期（心理预期形成舆论氛围），就传播得越快。"钱云会事件"就是极好的例子：官方的信息发布已经很透明和即时了，但仍然耳语频频，盖因当地政府缺乏公信力以及谣言的官民对立的故事结构符合公众的心理预期和舆论氛围。论者多称对付谣言，应增强信息透明度，此说固然不错，然并未触及根本。

万炮齐轰薛蛮子

8月10日，由官方出面组织召开"网络名人社会责任论坛"，出席的除各大网站的负责人，引人注意的还有像纪连海、潘石屹、周小平、薛蛮子、徐小平等各自拥有众多粉丝的"大V"，会上倡议形成七条底线的共识：一是法律法规底线；二是社会主义制度底线；三是国家利益底线；四是公民合法权益底线；五是社会公共秩序底线；六是道德风尚底线；七是信息真实性底线。这已经是很明确的红线了，事后看来，这次会议对薛蛮子来说，真是一次"救赎"的机会。但这位依靠微博在公共舆论界成名，拥有千万粉丝的天使投资人，显然没有意识到其中的风险，尽管他在网络上早已被对手嘲讽为"水军都督"。这次会后，他这么发布微博："主持人问大家要一句话概括微博；有人回答微博是自媒体；有人则说是社交化平台。老汉的一句话：微博是几千年来中国人民第一次使用言论自由的宝贵尝试。你们同意我的概括吗？"接下来更直接的是："微博的勃兴一方面是经济腾飞后产生了中产阶级群体，他们有强烈的发言欲望和自由发表自己意见的渴望。另一方面，在技术上，微博打通了四亿电脑用户与十亿手机用户的玻璃墙。微博上民意使 PM2.5 指标公布，高官被实名举报，微博打拐和免费午餐给社会输入正能量。"

8 月 20 日，在各媒体发布党的宣传思想工作会议的新闻稿后，警方开始打击网络造谣，被大肆张扬的是秦火火和立二拆四。从媒体报道看，其实这两人只不过是互联网的讨食者，深谙网络炒作，办了个网络营销公司，先前也搞过几个有影响的案例。他们深知网络上吸引眼球为第一要务，因而以"情感"、"情绪"、"情欲"为卖点，或是走下三烂的低俗路线，或是走造谣骂政府骂体制的路子，以此博取眼球以求经济利益。警方此举甚是高明，一石三鸟。一是以寻衅滋事和非法经营的罪名抓捕（没有造谣罪）；二是草蛇灰线般地将二人同那些转发他们微博的"大 V"相联系，达到敲山震虎的效果；三是也让大家看清楚，所谓的异见人士、体制反抗者不过是一些道德低下的投机分子。

这样的招法一样用到了"大 V"薛蛮子身上。

薛蛮子可与秦火火、立二拆四这样的小喽啰不同，他有良好的出身和教育背景，入籍美国，是著名的天使投资人，有良好的人脉关系。凭借"微博打拐"等网络多项的公益活动，这两年他成为最有微博影响力的少数人之一。在他被抓后，有人将他的微博言论仔细汇总梳理概括为几大罪状（其实其中大部分都是转发别人的，却都算在他身上了）：1. 制造传播政治谣言，诸如消解共产党领导的人民革命史，称一切都是假的；2. 恶意攻击中、苏、朝人民的革命历史和社会主义制度；3. 政治主张是开放党禁、三权分立、军队国家化、反对公有制。而在此之前，2012 年，亦有一篇名为《万言书评薛蛮子，扒下你的底裤空空荡荡》的博文质疑薛蛮子利用微博公益来满足私心，有其商业意图，并称其为投机分子。

秦火火和立二拆四被抓没几天，薛蛮子就因涉嫌嫖娼和聚众淫乱被抓。不同寻常的是，此新闻上了中央电视台的新闻联播，并直指其网络"大V"身份。第二天平面媒体跟进报道，诸如特殊性癖好、欠嫖资、被警察讯问时满嘴英文、强调美国身份等各种细节，跃然纸上。新华网的短评《"薛蛮子"跌下道德神坛的警示：网络"大V"尤应坚守法律底线》更是尖锐：

> 没有底线，就没有空间；没有自律，就无权他律；没有引领，就难谈进步。在国人普遍呼吁网络社会重塑道德、追求主流价值观的今天，网络"大V""薛蛮子"跌下神坛，既扇了自己一记耳光，又向所有网络"大V"们敲响了法律的警钟。

> 北京警方28日证实，网络"大V""薛蛮子"涉嫌嫖娼和聚众淫乱被依法拘留。种种不堪细节暴露在世人、尤其是其千万"粉丝"面前。伪善面具破碎、一身斯文扫地。令人惊愕、叹息之余，更让人质疑，刚刚买春嫖娼、聚众淫乱，转身就发出讽刺"上海法官想拼命甩掉'嫖客'身份"的微博，人格分裂何以至此？对别人套上道德的枷锁，对自己却放任自流，如此双重标准，道义和真诚何在？

> 在无数粉丝和追随者面前，网络"大V"们能否坚守道德和法律底线，既是个人问题，更是社会问题。"薛蛮子"的许多"粉丝"怀着对公益事业的热心和对"薛蛮子"的充分信任，充满善意地关注他、投身到他所组织的各种公益活动之中，并慷慨解囊。然而，这种信任，是基于对所追随者的正直人格、良好品格的信任，是基于对其言行一致、严格自律的信任；这种信任，来自

"薛蛮子"在网上一贯呈现的"正义"之形象。如今他被警方查实的有违道德、背离正义之行径，难免会让一些"粉丝"信念坍塌、价值观混乱，其社会"负能量"绝不可小视。

尽管如此，还是有很多人为薛蛮子辩护。他们的策略是迅速构筑防火墙，将嫖娼与其网络言论做切割处理。一方面质疑央视和媒体对嫖娼细节的过度披露有违媒体伦理，而凸显他的"大V"身份，更会给外界以借机整人的负面观感；另一方面再将嫖娼定为私德而与公益、"大V"身份切割，更甚而开始探讨嫖娼除罪化问题。事实上，无论怎样辩护，薛蛮子都身败名裂了，而辩护者的努力，毋宁说是为了避免整个"公知"群体被污名化。

但令"公知"们没想到的是，薛蛮子随后的表现，狠狠地扇了他们一个耳光。当薛蛮子面带自得地说出做"大V"有如皇上批阅奏折的感觉时，真让所有人目瞪口呆，他在践踏自己的同时也践踏了他曾经的同道们所信奉的普世价值，没有什么比这更让"公知"们沮丧和难过的了，他们一定会为替这样的投机者做过辩护而羞愧难当。那天夜里王石发微博："问：'大V'有当皇上的感觉，爽吧！答：互联网恰是消解权威的传播方式，任何名人、权威在这儿遭嘲笑、谩骂，所谓'大V'所处的待遇没有什么两样。当'大V'有皇上的感觉那实在是表错情了。08年我遭到网上铺天盖地的谩骂攻击，也曾想不通，但却让我明白：在消解权威时代我是老几。"

如果这算是网络舆论争夺战的第一回合，毫无疑问是官方占得先机，至少是大挫对手的士气。不过这对于"公知"们来说未必不是件好事，几年的网络成就了"大V"，让他们获得话语权，也同时造就了泡沫和投机，事实上，不待政府来清理，他们自己也要担当起这样的责任。而随后发生的引人关注的因由《新快报》记者陈永洲被抓而引发的"两根穷骨头"事件，更是警醒媒体和舆论要慎用自己的话语权，不要陷入逢官必反的误区而滥用透支自己的信用。同样，对于官方来说，尽管通过反谣抓嫖获得主动，但并不因此就能自动取得网络舆论的主导权。打破两个舆论场的隔阂，从根本上说，取决于现实生活中社会矛盾的解决、对民众诉求的呼应，皮之不存，毛将焉附。同时，意识形态的问题，还是要靠意识形态的方法来处理，这就要求宣传部门能够掌握可以说服人的理论论述，也就是习总书记所讲的"明者因时而变，知者随事而制"，要有"理念创新、手段创新、基层工作创新"，这样才能"增强主动性、掌握主动权、打好主动仗"，真正把网络舆论的主导权夺回来。

10月30日，第13届中国网络媒体论坛开幕，国家互联网信息办主任鲁炜在开幕致辞中云"网络空间雾霾渐散、晴空初现"，而论坛的主题是"网聚正能量共筑中国梦"，颇有打扫屋子好迎客的意思。鲁炜提出要建设"为民、文明、诚信、法治、安全、创新"六大网络空间目标，其中"为民"目标为：

> 网民来自群众，群众上了网，党的群众路线就要延伸到网上。服务好6亿网民，是新形势下走好群众路线的题中之义，也是建好网络空间的根本出发点和落脚点。要通过互联网听民意，充分尊重那些直截了当甚至有些尖锐的声音，真诚主动地问政于网民、问需于网民、问计于网民，推动政务信息公开，有效改变政令不畅的"堰塞湖"现象；要通过互联网集民智，从人民群众中汲取营养、获得力量，把人民群众的呼声融入党委政府的决策之中；要通过互联网惠民生，为人民群众提供更丰富、更快捷、更便利、

更安全的信息服务，不断满足人民群众日益增长的精神文化需求；要通过互联网暖民心，坚持网上有互动、网下有行动，使群众的利益关切说了有人听、听了有人办，困难有人帮、问题有人管，更好地把党的主张和网民心声统一起来，让互联网真正成为党委政府了解群众、贴近群众、服务群众的新途径。

而有关"正能量中国梦"，鲁炜在致辞中讲了一个湖南农民父子接力研究油菜花"追梦"的故事，并期待各网站媒体都去湖南"追寻"这对父子，把他们的"寻梦"故事讲述出来，以达到"网聚"和"共筑"，挺像毛泽东当年替《合作化带头人陈学孟》写的按语：在中国，这类英雄人物何止成千上万，可惜文学家们还没有去找他们。

另一个"追梦"故事是卡通"领导人是如何炼成的"，这个动漫无疑是领导人所说的"'美国梦'和'中国梦'是相通的"的形象阐释，它向小朋友介绍了英美中三国实现"总统梦"的途径，最后说："条条道路通总统，各国各有奇妙招。全民总动员，一战定乾坤的票决也好，中国功夫式的长期锻炼选贤任能也好，只要民众满意，国家发展，社会进步，这条路就算走对了，难道不是吗？"算是践行了领导人关于宣传思想工作要"理念创新、手段创新"的殷切希望。

"在商言商"

在微博"大 V"中，企业家和律师是引人注目的群体，像李开复、王功权、薛蛮子、任志强、潘石屹等业界大佬，都常常转发或评论时政类微博，而律师因其职业缘故，在网络舆论场上更是频频发声。与高调刑拘薛蛮子不同，主流媒体对被称为风投界第一人的王功权因涉嫌聚众扰乱公共场所秩序罪被拘捕，却显得异常低调（那天是9月13日，舆论焦点几乎全被"菲鹏离婚"的消息抢走了，许多人都在慨叹政治终究敌不过娱乐八卦）。大家对王功权的了解，更多的是一年前的"私奔风波"，并没有太多人知道他和所谓"新公民运动"的关系。

民营企业家和中国政治，在中国有着特别的意涵。上世纪50—70年代，从新民主主义社会到社会主义社会，民营企业家（当时叫资本家）在这个过渡时期有着非常尴尬的身份和处境，在经济形态上，他是合法的，是整个国家经济的有效补充；但在意识形态上，却又因资产阶级思想而要受到批判，因为按照制度设计，到了社会主义，这个阶级就要被消灭。最好的设想是，在新民主主义阶段，通过群众运动、思想教育，彻底改造好资本家的思想，这样就可以戴红花敲锣打鼓地对工商业进行社会主义改造了。所以1952年的"三反"、"五反"运动，一方面是打退资产阶级的进攻——当时的状况，用毛泽东的话说就是："资产阶级过去虽然挨过一板子，但并不痛，在调整工商业中又嚣张起来了。特别是在抗美援朝加工订货中赚了一大笔钱，政治上也有了一定地位，因而盛气凌人，向我们猖狂进攻起来。"另一方面，也是希望通过这样的运动，扫清社会主义改造的障碍。80年代改革开放，"社会主义初级阶段"的论述使这一阶层又逐渐获得合法性，2001年是鼓励私营企业主入党，也给他们进入人大政协的政治待遇；在法律上，2004年是"保护私有财产"入宪，2007年是"物权法"通过，这一路从结果看似步步高升，但其具体进程，虽不好说是步步惊心，却也难言一帆风顺。远的不说，近的就有"孙大午案"、"吴英案"、"曾成杰案"，特别是重庆的"唱红打黑"，都让同类心有戚戚。而社会主义初级阶段后的政治路线图为何？如何规定民营资本的命运？都是不确定的状况。总之是，历史有教训，现实有忧虑，未来不确定。

这种状况决定了这一群体的两面性，整体上他们是这个社会的既得利益者，有其保守性，但他们的地位并不稳定，同样也会被剥夺。他们的经济实力和政治地位并不相匹配，但在政治并不绝对控制社会的情况下，他们在社会上还是有很大的话语权的，因而，他们会以社会代表的身份发言，为自身也为社会更弱的群体获得保障而提出各种诉求。是以，当网络舆论被"整肃"，薛蛮子和王功权被拘捕，作为网络舆论主力之一的企业家群体不能不感到忧虑。

在这种背景下，著名企业家柳传志的"在商言商"说，会被"南方报系"特别关注，就不足为怪了。在6月的一次企业家俱乐部的小型聚会上，柳传志说："从现在起，我们要在商言商，以后聚会我们只讲商业，不谈政治，在当前的政经环境下，做好商业是我们的本分。"而之前，柳传志也说过中国企业家是很软弱的阶层，不太可能成为改革的中坚力量……面对政府部门的不当行为，企业家没有勇气，也没有能力与政府抗衡，只能尽量少受损失。我们只想把企业做好，能够做多少事做多少事，没有"以天下为己任"的精神。又说，大环境改变不了，就试试改变小环境，如果小环境也改变不了，那就好好去适应环境。

不管是否认同柳传志的观点，但他对中国企业家性格的分析，的确是点到了他们的软肋，"软弱"，"没有勇气也没有能力"。改革开放初，人们普遍以为民营企业家发展壮大之后，会形成强大的中产阶级，会有强烈的政治诉求，而"民主"则是他们用来号召的旗帜。这可以从韩国和中国台湾80年代的政治变化中获得印证。不过，在中国情况有点特殊，有研究指出：中国是带着行政权力支配经济的种种遗留和传统闯入市场的，国家发挥着重要与核心的作用，企业家不得不与政治亲近，与政府和官员结成庇护与被庇护的关系，且必须经营这个关系网，以赢得经济与政治的双重确定性。这是这个阶层"软弱"的根本原因。

某种程度上，这带来扭曲的政商关系，它既给商人带来巨大的经济利益，同时也带来巨大的政治风险。最近的例子就是大连实德的徐明；湖南的曾成杰以"非法集资诈骗罪"被执行死刑后，万科的王石发微博检讨："检讨重庆事件：在'唱红打黑'期间，一大批重庆工商业者被强制关进牢房、没收财产，生命尊严也失去了法律保护，甚至为被告辩护的律师亦被冤屈判刑入狱。我采取了不吭气的态度。反思：是懦弱错误的行为。对违反法律，侵犯财产、侵犯生命的权力部门应该明确态度：不！"诗人地产商，因去冰岛买地而闻名的黄怒波也说："现在倒一个大贪官就倒一批企业家，这个时代一定要过去。企业家一定要保有企业家的独立人格，过去创业没有钱，肚子也饿，有时候做点下三烂的事情也是有可能的，但现在在衣冠楚楚，在这个时候我们要考虑到尊严和人格，不为钱财再去低头哈腰了。"这说明企业家们开始反思以往的政商关系，在考虑如何建立一种能获得制度保障的政商关系。以此角度来解释柳传志的"在商言商"，其意或在于建立一套和政治保持适当距离的"在商言商"的商业伦理。而另一些人，则走得更远，如王瑛，她宣称自己"不属于不谈政治的企业家，也不相信中国企业家跪下就可以活下去"。

【讨论】言政还是言商？

参与者：施爱东、杨早、萨支山

【施爱东】　萨支山在文章中提到两个舆论场，其实在现阶段，至少有三个舆论场，第三个舆论场是我们在会上听不到，在网上也看不到的，也就是下层民众的舆论场，他们不会上网，既不能与官方对话，也不能与网络知识分子对话，他们生活在自己的世界中。因为无法发出自己的声音，所以，他们的声音是被公共知识分子代言的。

【萨支山】 爱东说的这个第三舆论场的问题，之前文学界在讨论"底层写作"时也有涉及过，就是底层的声音，谁来代表的问题。

【杨早】 爱东说的也不够准确，这个"第三舆论场"里的声音同样很复杂，有跟随官方的，也有跟随不同阵营意见领袖的。公众从来都是依靠媒体代言，即令现在"自媒体"盛行，舆论场的高低序列并未改变。抓谣这个事，可以解读为舆论场之间的控制与反控制。

【萨支山】 一方面是通过抓谣言来控制，另一方面是发出正能量的声音来引导。

【施爱东】 萨支山的文章中提到的两个舆论场的对立和矛盾，在我看来，基本上属于吃肉的和吃鱼的两拨儿人的矛盾，吃菜的人是插不进话的。

【萨支山】 有时候吃鱼的人和吃菜的人也有共同利益的，所以吃鱼的会去代表吃菜的声音，一是取得道德优势，一是扩大自己的力量。

【杨早】 我觉得去年断桥那篇文章分疏得比较清楚。"公共知识分子"与"意见领袖"并非一回事。尤其在"公知"被污名化的当下，使用"意见领袖"来进行讨论会更有效。我认为"两个舆论场"还是一种二元对立的思路，在当下中国，我认为舆论场是分裂成了多个"意见群"，各自有他们的意见领袖。即使是主流新闻媒体，也经常会有分歧的表达。但是人们出于惯性思考，常常会将它们符号化，所以才会出现《人民日报》一会儿夸《小时代》，一会儿又批《小时代》这种"看上去很怪，其实不奇怪"的现象，官方媒体也有不同的意见群。

【施爱东】 所谓意见领袖的代言，有时候也很可怕。从来都是会叫的鸟儿有虫吃，不会叫的鸟儿喝西北风。而真正努力工作的老实人，大都是不会叫的鸟儿。有时候，会叫的鸟儿想代表公众发言，可是他往往代表的不是沉默的大多数，因为沉默者不能给他带来利益。

【萨支山】 对，这就是我文章中说的投机，以此获得自己的利益，比如，《新快报》事件。

【杨早】 在舆论场的斗争中，不会叫唤，当然就意味着失败。在理想状态下，"公共知识分子"反而应该是一种补充，即这些人拥有独立的身份、独立的知识与研究，可以帮助一些沉默的弱势群体发出声音。而要成为意见领袖，一定要有他的舆论资源，这就不是独立的知识分子可以做到的。中国的意见领袖，之所以看似强大，实则虚弱，是因为他们利用的只是群众的情绪，并没有独立的舆论资源。在钱云会事件中，韩寒有一篇文章是在试图摆脱意见领袖的身份，不久他就被曾经拥戴他的许多人抛弃了。

【施爱东】 我个人是赞成整顿网络风气的，因为我做谣言研究，也关注过这些意见领导的操作手法，我不说全部，但可说多数所谓的意见领袖都是谣言家。

【杨早】 要想耸动众听，掌控情绪，很难做到不利用谣言——有时意见领袖的言辞算不上谣言，但也容易煽情与过甚其辞。

【萨支山】 他们利用谣言，并不会有道德的羞耻感，因为他们认为有一个高尚的目的。

【施爱东】 我很赞成杨早说的"中国的意见领袖，之所以看似强大，实则虚弱，是因为他们利用的只是群众的情绪"。从另一方面来说，中国网民的素质太差也是一个方面，感性的声音过于强大，理性的声音过于微弱，导致造谣者做意见领袖，理性者心灰意懒，整个网络，一种声音独大。稍有理性反思，即被打为"五毛"，我所见的几个有良知的知识分子，先后都离开了舆论场。

【杨早】 现在的问题是，由官方来整顿网络风气，是否前门驱虎，后门进狼？网络谣言盛行，是否我们在争取言论自由中所必然付出的代价？舆论场会不会陷入"一抓就死，一放就乱"的怪圈之中？

【施爱东】 说说《新快报》事件，我开始是支持《新快报》的，因为我预设了媒体人都会有起码的职业底线，看到《新快报》如此高调地出来向湖南警方叫板，我直觉《新快报》一定是胜券在握，有足够的理由和底气向粗暴的执法者喊出一声："请放人！"没想到他们是如此地龌龊、没有底线。在这种毫无底气的情况下，喊出一句气壮山河的"请放人"，给人一种特别吊诡的滑稽感。

【萨支山】 是啊，今天农夫山泉也正式投诉《京华时报》了。

【杨早】《新快报》陈永洲事件，我觉得是"第二舆论场"（姑且这么说）反抗情绪的一种爆发。据我观察，很多支持者是冒着风险的。我和我认识的几个人，事先都不排除《新快报》可能有问题，特别是那篇"请放人"的社论，写得异常煽情，是很糟糕的文风。但我到现在还是反对长沙警方的做法，因为这样做太容易带给民众恐惧感了。农夫山泉这个处理方式是可以接受的，有问题就告呗。

【萨支山】 这个牵涉程序正义和实体正义哪个更重要的问题。实体正义是目的，程序正义是达到实体正义的形式。

【杨早】 首先肯定是程序正义更重要，因为是否具备实体正义，信息不完整根本没法判别，尤其陈永洲此案，双方都有着实体非正义的作为，那么程序正义就非常重要了，就是我说的，"坏人"也必须得到公正对待，否则公权力可以轻易将"好人"指认为"坏人"，再予之不公正的待遇。这方面的教训可是史不绝书。

【萨支山】 是因为对比警方和媒体，媒体是弱势，强势对弱势更应该讲程序正义。这么说吧，如果陈永洲说的都是事实，但他收钱了，这个也是实体正义和程序正义的问题吧。

【杨早】 "陈永洲收钱"是违反实体正义，"《新快报》喊冤"就涉及一些争议，比如说《新快报》"公器私用"。媒体的"公器"身份是靠公信力去获得的，如果这次陈永洲毫无问题，那喊冤这一行为将增加《新快报》的公信力。

【萨支山】 你说的我认为都对。我的意思是，就媒体自身来说，面对这个事情，第一个要做的应该是反省自身。然后才能再讨论其他的问题，否则就不能服众。

【杨早】 陈永洲和《新快报》肯定都违背了媒体伦理，他们在喊冤的过程中，也利用了舆论场对于官方前段控压的情绪反弹。我觉得此事的最大意义在于对程序正义的检讨。否则就变成陈永洲收了钱，一切都是媒体错；那要是他没收钱呢？外界又如何了解事件内幕呢？对于非当事人的信息不完整的媒体/公众来说，必须坚持的原则，就是恪守程序正义——发言、呼吁、检讨的自我设限，可以理解为一种程序正义，即我只对已知的确定的事实发言，不是随意联想，也不因为立场决定是非。

【施爱东】 一些官员喜欢用"运动"的方式来解决矛盾。前两年，谣言铺天盖地，官方基本听之任之，几乎无所作为。现在突然一下就极其强硬起来，一抓抓一大批，甚至网民说错车祸死伤人数就可以被抓起来，突然就有了一种恐怖的感觉。我曾经给院里报过一个选题，就是"警惕地方政府将'反谣言'作为打击报复不同意见的借口"，结果没批。"运动运动"，就是要趁热打铁，岂容我们这些知识分子泼冷水？

【杨早】 爱东说得对，"运动"是最违反程序正义的方式，即如哈耶克所说，如果民众不能预测政府的行为，他们就会只顾眼前利益。

【萨支山】 所以我说意识形态的问题还是要用意识形态的方法来解决，搞运动是盘外招。真正还是要辩论，要论战，不一定是谁输谁赢，也许在论战中还能达成共识呢。

【施爱东】 程序正义表面上看是一种形式主义，但正是这种必须遵守的形式，可以成为制约权力的一种力量。程序正义是一种必然的大方向，没有程序正义，所谓的实体正义是没法实现的，最终很可能会朝向"实权正义"。

【杨早】 笑蜀有个说法是"以扒粪反扒粪"，就是小萨说的，意见领袖整体性被污名化，这在短期内挺有效的。但长期来看未必。

【施爱东】 现阶段，对于政府来说，"运动"也许是一种过渡的形式。接下来还是应该朝向规范化、法制化。事实上，我相信他们也在朝着这个方向努力。但在目前这种阶段下，"运动式的整顿"或许也是无奈之中的下策，总比不整顿好。

【萨支山】 是"专项整治行动"，最主要的问题是缺乏理论论述能力，所以高层一直强调要理论自信。

【施爱东】 但是很明显，这次"运动"和过去不大一样，并没有过于扩大化，也没有出现明显的冤屈事件。

【杨早】 是不是比不整顿好，就要看官方能不能接受批评，调整方向，向规范化、法制化迈进。我乐于将"混乱—整顿—反整顿"看作前进路上的反复。

【萨支山】 我提个问题吧。人民网的祝华新认为，网络舆论整肃后，会出现时政"大V"退场，而专业"中V"进场的情况，大家怎么看？

【施爱东】　第一，我觉得时政"大V"不会就此退场。一般来说，"大V"都是有表演欲的人，你给他关上这个舞台，他会想办法在另一个舞台表演，他们是不会退场的。至于说也许他在这个舞台长袖善舞，另一个舞台展不开袖子，舞不起来，那又是另一回事。总之，我不认为他们会就此甘愿退出历史舞台。第二，我也不觉得专业"中V"会趁此进场。舞台表演也是耗时间耗精力的，而且还要适时与网民互动，这对于真正的专业人士来说，未必是件好事，该进场的早进场了，不愿进场的，也不会因为小三倒了，就去做小四。

【萨支山】　我是觉得这个说法很像之前说的"思想家退场，学问家进场"那个说法。

【施爱东】　表演欲强的，没有舞台创造舞台都得表演。表演欲淡的，给他舞台他都唱不出声音。其实在政治评论这个问题上，大多数的人都没有专业知识。当知识分子面对专业外的知识时，他和商人、律师、诗人、卖袜子的、卖拖把的，彼此之间没有什么分别。比如说我是一个民俗学者，只有在民俗学问题上，我比普通人具备更多的知识、更多的理论装备，在时政问题上，我并不必然比那些卖袜子的人强。现在的问题是，多数网络"大V"卖的都不是自己的专业知识，卖的是态度，是对于时政的态度，谁能更好地将民众的情绪宣泄出来，谁就是网民心目中的大爷。

【杨早】　今年易延友说过一句，大意是微博不适合理性讨论。从某种意义上说，易延友说得对，一是微博的讨论比较碎片化，二是微博上，极端的声音显得特别大，容易形成骂战，这也是为什么大部分人只能围观。

【施爱东】　所以说，意见领袖是不需要专业知识的，只需要笔头漂亮，能说会侃，迎着网民说，就能当"大V"，"@作业本"就是一个典型。

【萨支山】 那这么看来，不是正需要专业的人来发表比较理性的看法吗？这让我想到一个问题，到底是"大V"影响网民，还是"大V"迎合网民？

【施爱东】 我一直认为是"大V"迎合网民。所谓意见领袖，就是表达大众意见的领袖，而不是引导大众的思想的领袖。

【杨早】 说得绝一点，微博不太需要知识分子，当然知识分子可以形成朋友圈，分享资料与问题，但他们的专业态度很难扩散成全民议题，微博需要的是意见领袖。意见领袖与大众，是互相寻找的关系。很多网民会觉得被"大V"提点了，其实是因为"大V"的表达力比他们强。

【施爱东】 对，人们对韩寒夸得最多的一句话，就是：他说出了我们想说的话！意见领袖就是群氓中的九袋长老。

【萨支山】 怎么看"在商言商"？

【杨早】 今年的舆论斗争，主要集中在商界这个领域（连陈永洲都是财经记者），非商界的大概只能举出夏宏良一个。反过来，商界意见领袖的反对者，比如质问李开复的周小平，就是一个典型；这些所谓"五毛"公知，司马南、孔庆东，身份是很模糊的，比如孔庆东算学者，但是他的立场并不代表学界的主流看法。一边，主要是来自商界的意见领袖，另一边，是与政府若即若离的学者与职业写手，设想如果没有政府的强力干预（背后支持当然会有），那就是一个很像法国大革命或辛亥革命前后的舆论场。

【施爱东】 我赞成在商言商。当然，我说的商，包括了商业的政治和商业的政策。社会就该是在什么言什么，跨界总是危险的。正是从这个角度，我不赞成专业知识分子去折腾政治。你想玩政治，结果被政治玩了，这怪谁呢？

【杨早】 最近连岳因为主张"在商言商"和一些人发生争议。其实连岳和爱东说的都是理想状态。你想，商人本来就没有必要对政治明确表态，因为站在一边，总会得罪另一边的选民，会损失掉一半的消费者。可是中国的情况不一样，中国的政商纠缠由来已久，中国的商人如果不能为自己争取一定的政治话语权，他们就始终处于被任意剥夺与打击的阴影之下。如果他们能寻求政府中的代理人，当然也可以，但那是民主政治下的常态，在中国也不太可能。因为商界的很多意见领袖是被逼到那个位置上，如果在民主社会，他们很可能就直接从政了。

【施爱东】 当你介入到政治舆论中的时候，你其实是抛弃了你的专业身份在说话，你在这个领域不具备专业的水准，你就和普通网民没有差别。

【杨早】 他们并没有跳出来空谈政治，他们争取的其实是跟他们这个阶层息息相关的东西，那就是宽松的商业环境。你看徐明在法庭那个样子，你就明白中国商人的处境有多可悲。

【施爱东】 我还真没看出他们争取的是什么，只看出他们把手伸到了所有可以伸到的地方。

【杨早】 商人以逐利为天性，当然也有理想主义者，现在是这两种人都对国内环境非常不满。当年重庆打黑对他们的震慑也很大。洪晃曾说：中国的中产阶级，其实不敢光明正大地站出来要求自己的利益（这跟历史是有关系的），他们只敢借为弱势群体声张，来冲击政府的权威与公信力。这是一个非常吊诡的局面。意见领袖不公开代表自身阶层，看上去就很怪：商人当什么"大V"？

【萨支山】 资产阶级革命就是这个样子吧。

【杨早】 法国大革命时不是这样的，中国民族资产阶级革命，如辛亥革命，也不是这样的。

【萨支山】 在口号上，总是要以全民的名义的。

【杨早】 那时资产阶级有自己的意识形态，他们那时的"民"，公开宣称有财产的限制。现在则拿弱势群体说事，因为在一个冠以人民当家做主名义的国家里，这个矛盾最尖锐，也最能引起普遍共鸣。

【萨支山】 策略上是如此。但也不排除他们之间有利益的一致性。

【杨早】 所以再说下去，就要做比较深层的意识形态分析了，已经超出这篇话题的范围。但是我觉得小萨在讨论"在商言商"的时候，应该点明其中的吊诡，就是表面说政，根底还是商，看似说弱势群体，实则争夺道德制高点。中国社会强大的仇富思潮，导致商人绝不敢只为自己阶层说话，看看茅于轼，说要"为穷人办事，为富人说话"，都被骂成那样了。

士不可以不弘毅

李　芳[*]

> 士不可以不弘毅，任重而道远。仁以为己任，不亦重乎。死而后已，不亦远乎。
>
> ——《论语·泰伯》

2013 年 3 月 15 日 16 时 26 分，青年学者张晖因罹患急性白血病遽然离世，享年 36 岁。

张晖是一名从事古典文学研究的青年学者，专长为词学、明清文学与近代文学。今年春天，他的离去引发了巨大反响，所带来的震荡、惋惜与反思，持久不衰，且远播学界之外，恐怕是人们所未曾料想到的。究其原因，或许可归结为近年来多起博士、青年学者、大学教师英年早逝事件在媒体和舆论上的集中爆发。倘若更进一步地细致体味

---

* 李芳，为《话题》系列著有《"善款门"：自媒体打蒙章子怡》(《话题 2010》)、《微博搅动中国生活》(《话题 2011》)、《舌尖一点，百味杂陈》(《话题 2012》) 等。

人们的各色反应，在哀伤的主调之下，固然有家庭栋梁、青年才俊撒手人寰，人们同感此痛的悲戚；也有对学术界体制和青年学者生存境遇的深入思索；更有借此重新审视学术的价值，表达对传统学风、士风又见凋零的无限伤感。

张晖的逝世，以及其前后东南大学副研究员张哲病逝、同济大学博士后猝死于宿舍的新闻，让社会再一次聚焦"知识分子"这一群体。知识界的清贫与固守，学术圈的弊端与改革，屡见报端，不乏讨论；但是，知识分子自身的困惑与挣扎、突围或沉沦，长久以来，却似乎只能深藏于书斋与内心。因此，本文之作，不仅仅源于作者与张晖的私人情谊，也不仅因为张晖行色匆匆的一生凝结了当今学者之理想与追求，无奈与伤痛，更希望能够借回顾张晖的求学、为学之路，讨论他所体会的矛盾、疑惑，以及念兹在兹的未竟之志。

我们为什么哭泣

天堂与地狱、光辉与黑暗，不过咫尺间，仿若一张纸的两面。每一位早逝的知识分子，用媒体话语的表述，无不是踏上了一条"光荣的荆棘路"。

中国社会科学院文学研究所发布的张晖讣告，提供了一份相当完美的履历表：南京大学学士、硕士，香港科技大学博士，台湾"中研院"博士后，新加坡国立大学讲师，中国社会科学院副研究员。虽然如今大学和学术的光环已远不如张晖考入南大本科时的 90 年代初期，但对于一个有志于学的中国普通家庭孩子而言，恐怕其中任何一项，都足以称之为光耀门楣。

现在的"青年知识分子"或谓"青年学者"，尽管不是人人都有张晖的光鲜履历，但大多与张晖具有类似的经历：度过漫长的求学生涯，取得最高学位，经历日益激烈的竞争后获得教职，在居大不易的都市安家立业，可以说，酸辛遍尝，正处于苦尽甘来的当口。人生的这一面看上去光辉绚烂，呈现的是我们梦寐以求的成功与求之难得的美好；恰也正因如此，一旦它因外力击打而彻底破碎，其脆弱也让我们更加难以接受。学术生涯翻过来的另一面，布满了另一些我们十分熟悉的名词：房奴、孩奴、亚健康、失独家庭。他们或是家中独子，或是新晋父母，正值年富力强，未来可期，却因常年过度的劳作透支了身体。身后留下了巨额的债务，父母的赡养与孩子的抚育。

一夜之间，这张生命的薄纸便被无情捅破、撕碎，便有了 2013 年 3 月 15 日，重症监护室门外那些哭泣的脸。无论他们与张晖熟与不熟，相交深浅，这一刻的泪水，都诉说着共同的情绪。张晖追悼会那天，同样的场景再现，更多的识与不识，更多的泪流满面。

我们为什么哭泣？一个人短暂一生中，关系深密的亲戚、师友总是少数，更多数的泪水，要说的，一定是比伤逝于一条年轻鲜活的生命、一位亲善有为的学者更多的内容。

诸多相识与不相识者的泪水，不仅来自震惊、同情、悲伤等简单的情绪。就一些具象化的指标来说，顶着博士光环的大学教师、学术研究者们，可谓是实现了当下社会，乃至更为久远的传统社会中，寒门小户在子女培养上能够达到的极致：无论是在过去还是如今的评价体系中，都代表着他们已经攀升到了知识金字塔的顶端。在中国式的愿景中，金榜题名之后，理应走向人生顺境。

但现实却远非如此。当生命被病魔侵蚀、吞噬，我们的第一个反应，仍然是生者怎么办？父母失养、幼儿失怙，生者的岁月，从此被轻易翻覆，而之前的所有投资与期许，旦夕间化为乌有。

这一现实境遇，展现了青年知识分子的生存压力中最为显见的一面。在他们几乎长达 30 年的求学历程中，可想而知，无论个人还是家庭，都付出了沉重的成本，但在求学结束之后，这些付出的金钱、时间、精力，并不能迅速地转化为丰厚的物质回报。选择学术研究为职业，带来的人格尊严与心灵满足，能否敌过与收入和地位的巨大反差？能否慰藉身后的父母与妻儿？

物质与精神，常被人视为对立面；然而，物质的回报与理想的坚守，在漫长的求学、为学的过程中，却恰恰紧密相连，不可分割。与张晖同乡、同窗，相识长达 21 年的维舟，在纪念长文《平生风义兼师友》中披露了张晖成长的许多细节：节衣缩食积攒所得，悉数用来买书；面对工作与升学的选择时，考虑到家庭经济条件左右为难；在房价高企的都市领着不高的工资，无以报答三春晖的无力感……

张晖在多年前与维舟的通信中说："生存压力极大。弟家中经济状况大不如前；为之苦恼已久，胸中仍无主张；若放弃学术，就此工作，则弟真有所不愿。然置身尘网，有何可言。""不如做些花巧活儿，沽名钓誉。此气话，但读书过累，又无人做伴，不免有些胡思乱想。"这些话，或许在许多人的心中都盘桓过，却不足为外人道。迫于经济压力，学者求学途中往往不得不对现实低头，若能固守初衷、持之以恒，确实极其难得。

然而，更大的困窘在于，哪怕坚持完成学业，学术理想的实现依然并非坦途。目前，高校教师和科研工作者处于极为矛盾的生存状态，年轻人对此体味尤深。普通人眼中的光鲜、体面、轻松、稳定，甚至寒暑假福利，却根本无法化解课题、论文、职称压迫之下的人人叫苦。今年网络热议的多个热点——学术论文的抄袭认定、科研课题的报销体制、高校的聘用改革，无不显示了公众认知和高校自身状况之间的巨大脱节与矛盾。

与上世纪八九十年代相比，近年大学与研究机构中科研经费尚称充足，这造成了学术极度繁荣的表象，但与此同时，学界内外对学术腐败和学术垃圾的严厉批评也不绝于耳。高校和科研机构均建立了课题、论文的考核体制，考核标准却只限于期刊级别、课题档次等客观指标。然而这些指标，是否就能标示学问的高度？恐怕不易。而在这些定量定性的指标背后，学术研究的意义何在？这是每个真正有志于学者不能不自惕自省的问题。

张晖在多年前写道："弟问他们有无觉得做学问没有意义；假使有意义，你们认为是什么意义？支吾一片，没有人能回答。现在搞学问的更多是渣滓，非但不思考人性、现实问题，就连论文也写不好，只知道要求待遇如何如何，极为看不惯！"

在生存压力与学术考核的双重禁锢之下，学者的工作往往冷暖自知。坚持自己的学术理想，只能依靠于自我建立的标准。学术研究目前只是普通职业之一，数以万计的从业者为课题、论文和职称疲于奔命，恐居人后，其在学术界和社会中的影响却未必与投入能成正比。

张晖离世之后，学术界内外一片悲痛之音。他以 36 岁的年纪编撰成十多部著作，不可谓不勤奋。若单论数量，在学术研究界或许并非绝对的佼佼者，但是，张晖的研究范围涵括了明、清到民国时段的词学、诗文、小说、学术史、文学理论，并留下了多部书稿、大型丛刊和学术期刊的初步设计。如果对明清与近代文学稍有了解，便知道这些著作与设想，绝非申报课题和应付考核的产物，而是可以隐约描画张晖那没有了的后半生的学术思想轨迹。

这也正是学术圈内至交好友们深感痛心的原因所在。对于以学术为生命的研究者而言，经济困难并非绝对障碍，成果考核也不过是学术压力的一小部分。治学者真正的心魔在于：学海无涯，学术研究是一条望不到尽头的路，越向前行，成就感越不如无知感强烈。实际上，学术本身，就意味着与自我对话，向自我挑战，给自我压力。支持他们前行的力量，一是对知识探求的无畏勇气，一是古往今来同行者们身上的光亮。

这些个体的微光，成就了学术薪火相传的绵延不绝。社会发展至今，孜孜为学的学者寄托学术生命的社会环境，是大众对学术圈形成的自娱自乐印象，是学术圈内部充斥的曲高和寡的哀叹，是研究者满怀对课题和论文考核制度的怨气，故此刻，张晖的光亮，愈加显得难能可贵，也无怪乎他的这句话容易让人产生共鸣：

> 我有时觉得这是个末法时代，可是你要好好做，把东西留下来，要相信会有人看得见，即便只是非常幽暗的光。

"士"如何养成

> 在嘈杂的市声与闪烁的霓虹中，面对无声无光的石塔，我日复一日地读书写作，只为辑录文字世界中的吉光片羽。正是书中这些有声有光的人与文，陪我度过了无声无光的夜与昼。

以上是张晖在学术随笔集《无声无光集》自序篇末写下的一段文字。在他逝后，这段自叙在网络上流传甚广，为众多报道和文章竞相引用，感动了学术圈内外的许多读者。不过，如果张晖仍然在世，他所从事的学问，所经营的事业，他眼中"有声有光的人与文"，无须讳言，是为绝大多数普通人敬而远之的，与实际生活毫无关系。

学问与生活无关，当然并非现今独有。在中国传统社会之中，对学术的无知，成就了大众对学者的尊敬与礼遇，当今大众与学界的隔阂，却往往体现为互相表露蔑视与不屑。

此种状况，与中国传统社会中学者的成长过程与社会功能密切相关。我们不妨先考察一番传统学者的养成轨迹。随意翻开一篇史籍所载人物传记，无论孩童天资如何，开蒙之后，几乎都是依据同样的方式进行教育，约略言之：熟记经典。古代学子的童子功，其重要性不言而喻。四书五经等经典作品被确立之后，隋唐实行科举制度，历代以经典取士，对其权威不断强化。经典作品及其思想阐释，地位可谓无与伦比。所谓"皓首穷经"，正是古代学者的真实写照，也是他们孜孜不倦的奋斗目标。但是，穷经并非终极目的，目的在于经世致用。由此成就了一代又一代之学术。以经典文献为根底，结合当时的时代特征进行不同的阐发，并打上鲜明的个人烙印。唯此，学术才见其魅力，文化生命力方得以鲜活延续。

众所周知，科举取士最为重要的功能与影响，是为国家选拔官员。隋唐制定并在后代不断发展完善的科举制度，一举改变了六朝时期的门阀政治，成就了古代社会最为关键的阶层流动秩序。不管日后它如何固守、僵化，从而招致后世诸如《儒林外史》之类的辛辣批评，但在绵延千年的历史中，它确实承载起了促进社会人员流动良性循环的重要作用。朝为田舍郎，暮登天子堂，科举几乎成为地位上升和命运改变之唯一渠道。一介寒士，转瞬可身居庙堂之高，读书人向来自诩清高，与当时的社会评价体系有着莫大关系。

科举制度为中国社会培育出了极具特色的"士大夫"阶层。"士"作为一个特定阶层的代称，在当今社会湮没不闻久矣。"士"这一词汇本身在中国经过了漫长的历史过程，才成为我们今天所认识到的意义。顾颉刚称，中国古代之士原本都是武士。孔子殁后，方有文士兴起。它的历史含义，由此在另一个方向有了长足的发展。《说文解字》中训"士"为"事"，孔子拆字解释说，"推十合一"。段玉裁在注释中加以引申，"凡能事其事者称士"，又引《白虎通》说，"通古今，辨然否，谓之士"。可见，古人即已明确指出，士不仅需要"通"，更要有能力"辨"。

余英时认为，中国古代历史中"哲学的突破"造成了王官之学散为百家的局面。百家争鸣之时，士便以"道"的承担者自居。虽然诸子百家所认可的"道"各有不同，但是，"道"显而易见不可能是狭隘的、本阶级的利益。宣扬、维护"道"成为"士"的行为准则，并反过来对士这一阶层提出了系列要求，最终形成了我们所认知的"士"的品格。最为著名的标准来自儒家经典《论语》："士志于道，而耻恶衣恶食者，未足与议也。"可以说，孔子在士刚刚出现之际，便已经对其贯注了一种理想主义的精神，希望每一个士都能超乎个体和群体的利害得失，发展出对整个社会的深厚关怀。孟子将士与道的关系做了更紧密的诠释："天下有道，以道殉身。天下无道，以身殉道"，"无恒产而有恒心者，惟士为能"。其他诸如"士而怀居，不足以为士矣"，"君子谋道不谋食，君子忧道不忧贫"作为补充，更是对"士"提出了几近严苛的要求。

自此之后，"士"一向重视个性发展与人格精神的独立自由。士成为一个特定阶级与群体，有着自身独特的标志。士人们或许性格不一，经历各异，但是有着共同的精神风貌与特质。"为天地立心，为生民立命，为往圣继绝学，为万世开太平。"张载的话完整且全面地阐释了士的责任。士在中国，是与传统社会的政治、经济、科举、官制等方方面面紧密相连的。士和中国文化之间，有着一种自然的承载关系。文化和思想的传承与创新，自始至终都是士的中心任务。伴随着孔孟经典的代代传授，士的品格、精神与追求，也自然而然得以一脉相承。

1905年科举考试的废除，打破了这种培育体系，无疑对中国社会影响至深。新式教育体系取而代之，或许是促成理工等西式学科发展的绝佳契机。但有志于传统学术的人，则深切体会到经典的地位遭受到前所未有的打击。

由此我们不难理解，随着近代社会的转型，为何晚清的士人们经过了一个相当漫长且痛苦的转折时期。国家体制的变革，科举考试的废除，新式教育的介入，让绵延千年的人才晋升渠道不复存在。如何进行自我认同，如何实现人生价值，也由此发生了天翻地覆的变化，重建绝非一朝一夕之功。

"士"的传统能否传承

20世纪初至今，经过百年的沉淀，学校教育成为社会接受的主流模式。经过初等教育，选择文、理科，进入大学后再分门别类，培养专门人才，已然是社会认可的固定套路。如今的教育理念，更多考虑的是如何发掘人的潜能与专长。个性的解放，让人更加注重小我的完善。"士"对自我品格的训练，对"道"与生俱来的责任感，对"天下"的豪情，已经逐渐被"成就小我"所取代。

当今的教育体制之下，九年基本义务教育使得人人能够识文断字成为可能。高考为进一步的专业培训设立了准入之门。经过四年的专业培育，毕业后依据专长获取工作岗位，从而各尽其职。虽然扩招使得进入更高阶段进行深造越来越容易，但这大抵是为严峻的就业形势所逼，而并非自我深造与学术追求所致。教育日趋专门化、职业化，与"学术"基本无缘。学术不再是求学的第一要务，让"士"不可能再以一个阶层的形式大规模存在。士的职能，于是不得不让位于具备高等学历的专门研究者。对于学者的能力评价，也以本专业内的成果和建树为根本依据。

个中原因，却不能一味怨怪学者所处现实社会的势利和短视。知人论世，本是"士"的悠远传统。无论专业范畴、研究对象为何，人文科学的终极目标都是对于世道与人心的阐释，以便更为深刻地理解生活的国度和时代。但是，学科的过细划分，引发了新的问题。现代的专业性研究，往往自我禁锢在方寸天地，注重解决具体、微小的专业问题，无意或无力将自己的视野扩大到更为广阔的社会层面。所以，不免造成平日的工作与成果无人问津，一旦专业与具体的社会事务相关，却又无法结合实际状况来作出自我判断，往往落入人云亦云的窠臼。

就大环境而言，以家国天下为己任的士人们日渐退出历史舞台，但是，作为个体的自觉，在个人的修身与治学上，"士"的传统却在某些学者身上得以充分的体现。实际上，以"士"的标准来进行自我修行，远不只见于文学、历史等人文基础学科的学者。简单概括说，"士"的核心精神就是超越本人、本阶层利益，作为一名接受过完整高等教育的研究者，无论他的专业知识和现实待遇如何，他都应该能够为社会事务发声，关注社会现实。问题在于：当下学者如何关注现实？

这一问题，正是张晖逝世之后，对他价值认定最具争议性的部分。所幸对于逝者，我们无须罗列他的课题级别、论文数量、获奖荣誉，而是可以将眼光投向他个人本身。一般说来，一个人在不同的人生阶段中会展现出一些不同的特质，每个阶段，甚至不同交集中的朋友，产生的印象会略有不同。但是，在张晖的朋友们撰写的，从不同角度进行回忆的文字中，我们看到的是一个非常一致的、丰满的传统文人形象。这个形象不仅在于他"踱方步、慢条斯理"的外貌，"谦谦君子，温润如玉"的待人接物态度，还在于他对于"世道人心"的解读。

在学术层面，张晖自觉地接续了"士"的传统，试图打破专业和领域的限制，让所学不仅为自己所用，更为社会所用。他看似徜徉于古代世界，但他从未失去对现实生活的关照，从他逝后陆续披露的私人信件、未完文稿中，我们不难看到他所思索的问题、所追寻的意义，其内核正是现实关怀。

杨早评价张晖的研究"路数与一般的古代文学研究者颇相径庭"。维舟的看法是，虽然张晖学习诗文互证、文学史，但他反对就文学史而说文学史，尤其反对把文学仅仅当作文献、文本来读，须了解历史大背景、思想史，然后再以文学眼光解读文学，读出不同的内涵来。曾诚则说，他一直力图让自己的研究进入到社会的聚光灯下，证明古典文学的现实意义不亚于其他学科。

以上评价，在张晖早期关于龙榆生、黄侃的文章中已初见端倪，从他转向致力于明清之际的遗民研究，用充满情感的笔端来描述士人的生命，更能看出他对此作出的不懈努力。维舟认为，张晖怀有一个日渐增长的"异类"抱负：不把古典文学视为已死的文本、文献，而是仍具有鲜活生命力的、能感受当时人呼喊与悲喜的文学。在我看来，这一抱负并非什么"异类"，恰是"士"之正统，只是需要责任的自觉与深厚的学养，并非普通研究者能随意为之。

与此同时，既然自觉地背负上士的传统重担，自然不能不以士的标准进行自我要求。一名普通的专业研究者，与其他从业者无殊，对于薪资、待遇、职称，可以呼吁，可以抱怨，甚至可以咒骂，但是，"士"既然慨然于"先天下之忧而忧，后天下之乐而乐"，个人的需求，自然不应该成为公开表达的内容。不乏学界同人认为，既然选择了学术研究这一行，就理应承担起经济上的贫瘠和待遇上的冷淡，着眼点永远是家国、民生，绝不应该仅为一己的生活，或者本阶层的生存状况奔走呼吁。

经济压力也还罢了，自觉的士人们亟须解决的最大问题，恐怕在于自己的社会影响力大不如前。理论上，他们也不过是一介科研工作者，所长只在于专业知识。求学时的艰辛、经济上的委屈，并没有相应换来地位的提高与民众的膜拜，更不会有助于通过体制的考核和职位的晋升。一方面，他们的关怀与思考，无法通过小众的专业论文传导于大众；另一方面，通过网络普及而掌握了发言权的新时期大众，对"专家"的批评，远较从前繁杂与苛刻。

"士"的价值，是自我的内在磨砺，而非闪耀的外在标签。这正是现如今固守书斋、自我修炼的士人们进退维谷之处。以专业技能而论，学术研究只是平凡工作之一种，在社会地位、经济收入，都无法具有明显的优势，更难以掌握主导的话语权；但作为个人的追求，却渴望具有更为巨大的社会影响力。自觉的自我期许、艰苦的历练过程以及菲薄的精神回馈，才是注定"士"在当下社会星辰寥落，不可能群星闪耀的根本原因。

知识分子高人一等吗

中国社会的变迁，让"士"已失去了生存的土壤。但是，社会对"士"的需求却并未丝毫减弱，在当今的语境中，它转化为对"知识分子"的渴求。与传统的士相较而言，知识分子显然更加符合当今的教育与社会状况。

"知识分子"是近代兴起的概念，其词发源于法国的德雷福斯事件。1894 年，军事法庭将法国犹太军官阿尔弗雷德·德雷福斯判定为德国间谍。以小说家左拉为首的艺术界和研究界人士共同发表请愿书，要求重审此案。当时的记者，日后的"老虎总理"乔治·克雷孟梭非常赞赏这一举动，称他们为"知识分子"。在《法国知识分子的世纪》一书中，"知识分子"被定义为"在思想界或者艺术创作领域取得一定声誉，并利用这种声誉，从某种世界观或某些道德伦理的角度出发，参与社会事务的人士"。

不过，关于知识分子的定义和界定，一直有着两种不同的意见。萨义德的《知识分子论》开篇即言道："知识分子究竟为数众多，或只是一群极少数的精英？"葛兰西在《狱中札记》中说，我们可以说所有的人都是知识分子；班达则说，知识分子是一小群才智出众、道德高超的哲学家一国王。若以前者的标准而言，但凡经过专门训练，能够引导他人的人，都在其列；若以后者的标准而言，唯有苏格拉底、耶稣、斯宾诺莎、伏尔泰等罕见之人担此重任，放眼当今世界，没有几个人敢与之并肩。

这一问题，非但在西方没有得到解决，在当下中国显得更为纠结。虽然拥有高等文凭的比率大大提高了，但是知识分子的比率，可以说却大大降低了。人们常把文凭或者学历当成了知识分子的唯一条件，却忽略了"知"与"识"之间的区别。许多拥有高等学历，经过专业训练，熟练专业技能的"知道分子"，并没有参与社会事务的兴趣，也没有辨别是非的能力。或许，定义反而在其次，哪怕我们认可知识分子为数众多，我们更应该关注的，也是萨义德的这句话：没有几个人在社会中承担了知识分子的责任。这与班达对知识分子的期许可以联合来看：他们守护的恰恰是不属于这个世界的品德。

正因为知识分子不可或缺的重要性，所以，我们不难理解，张晖的离世为何引发师友大痛惜，媒体竞相报道，以及不相识者的叹惋与捐赠；也正因为知识分子在当今社会的作用不够彰显，媒体的报道引发了些许反弹与异议：为何对一名普通知识分子的因病离世如此青眼相待？逝者的清贫与艰辛，本不应成为一味强调的重点。诚如张晖夫人张霖所言，张晖生前并非是一介寒士，而且，他完全可以选择另一种更为光鲜的生活——学界并非没有青云之径、致富之门，只要肯去走。他在遗稿《自述》中写道，我有自己的大志向。而这个志向，在我看来，并非单纯为了解答自己内心的问题，而是为了解决所处社会与时代的问题。当然，很多时候，这二者是并不矛盾的，恰恰是任何一个时代之中知识分子理应具备的基本问题意识。

生前，张晖无数次提出一个看起来十分简单的问题，问自己也问学界同人：我们的工作，究竟有什么用？《无声无光集》中收录了他的三篇学术访谈，访谈对象是三位背景不同的学人。核心的问题均是，古典文学如何在当代发挥功用？张晖的这一疑问，纵贯他的求学、为学的整个过程。在他身后，许多人并不理解，以他一帆风顺的经历，崭露头角的地位，却为何产生了这许多不能释然的困惑？其实，这正是萨义德在解释知识分子的"适用性"时所谈及的，知识分子永远看似"格格不入"（这也正是萨义德本人自传的中文版书名），永远在怀疑，永远在思索。知识分子是一个"自我欣赏，对那些无法理解的问题胡乱评论的社会团体"；知识分子的与众不同，恰恰在于"从自己存在的那一天起，就从未停止过参与自己并不擅长的事务，他们让人们听到一种抗议、一种愤怒"。

这种抗议、这种愤怒因其"越界",逐渐不被人所理解,更逐渐淹没于众声喧哗中。当代西方思想界不断对知识分子进行反省,美国和欧洲的知识界都不乏类似的悲观观点:随着福柯的逝世,最后一个伟大的名字消失了。知识分子还存在吗?虽然,随着传播方式的变化,拥有高等文凭的人越来越多,知识分子的活动看似能够更多地涉足社会的各个方面。不过,站出来抗议或者进行说教的不再是那些伟大的作家,记者逐渐取代了知识分子,或者说,他们与演员和歌手一起,正在成为新的知识分子。吊诡的是,这些频繁利用新媒体与自媒体赢得名望、极度活跃的"公知",却往往因为知识的欠缺,发言饱受批评与抨击。

在一个受到经济和金融控制的现代社会里,精神力量不可或缺,知识分子的意义更为凸显。这一全球化的大背景下,我们参照中国当下的状况,还能更深切地加以理解。一方面,民众渴求知识分子的专业意见,但是,当专业意见与"民意",特别是网络中高调的"民意"一言不合,专家、教授便被恶意贬称为"砖家"、"叫兽",备遭人身攻击。另一方面,高校教师、作家、科研工作者已经愈发成为一种简单而平常的职业,在完成教书、写作和科研等本职工作之外,缺乏对现实问题的敏锐度,缺乏对社会发展的长远眼光,缺乏慰藉心灵的能力。

面对现实,张晖曾如是说:"一个是没有尽头的巨大的知识传统,让我喘不过气来。自己拼命努力,也只能在少数几个领域中工作,更不要说有好的成果了。另一方面,我现在觉得根本没有能力对许多现实问题和现象进行解释、解惑。传统的知识并不能帮助你解释现实的问题。"

从事学术研究尤其是人文学术研究的学人,又不甘于墨守学术职业者,恐怕大多会有张晖式的疑问。这也是引导我撰写此文的初衷。

张晖已逝，但追问不止。在这一层意义上，张晖的悲剧，不在于其特殊性，而在于其共性。我愿意用张晖博士生导师陈国球的回答来为此文作结："要相信有大用，要思考什么是大用。所谓大用，过去所谓的世道人心是有道德标准和政治理想的，士人根据这些标准和理想去面对世界。我们要在文学中抉发力量，安顿人心。"

【讨论】我们正在寻找自己的位置

参与者：李娜（中国社会科学院文学研究所）、刘倩（中国社会科学院文学研究所）、李芳

【刘倩】 读李芳此文，至"张晖那没有了的后半生"句，再一次悲从中来。他还有那么多事情想做、要做！所有的计划，所有的抱负，戛然而止。

张晖遽然离世，媒体反响强烈，热议的诸多问题，既围绕张晖，又不止于张晖。事情很快变得太过复杂。活在这样的时代，也许凭着直觉来整理现实至少还有一份诚实。所以，我想说，我为什么哭泣？不为别的，就是痛惜他的才华，因为这个有声有光的世界失去了一个可敬的读书种子。

如果你问我是不是一名知识分子，我会说我不是，我只是在学术机构里从事一些知识性的工作，挣一份薪水而已。但张晖不一样，他曾说："我推崇的研究是学者应当从他们所处的时代出发，通过艰苦的学术工作，试图回答中国从古至今的许多重大问题。"这样的抱负与勇气，照出了我辈庸人与张晖之间的距离。

古典文学的意义何在？人文学者工作的意义何在？如果张晖在世，

也许这些困惑、迷惘依然挥之不去，但他还是会埋头切切实实、点点滴滴地做下去。

"知识分子高人一等吗？"这个问题，如果张晖在世，不知他会如何作答。也许，他会憨憨一笑，然后埋头切切实实、点点滴滴地做下去。

弘，志向远、眼界宽；毅，刚毅、强毅。"弘毅"二字用来形容"只是做而已，岂是会做"的张晖，最恰切不过。他能做到何种程度？我们永远不得而知，突如其来的死亡使得他的"做下去"成为了我们记忆中的永恒，虽死犹生。

生命无常，死说不定在什么地方等着我们，我们又能留下些什么呢？

【李娜】 张晖的离世，以及日后师友的纪念文章，确实让人感触良多。文中几乎都提到了张晖的压力和紧迫感，其实这不是张晖一个人面对的问题。如何面对传统，面对知识，面对社会，不只是他一个人在独自搏斗。说到底，知识分子都面对两层困惑，一是对外界的，一是对自身的。首当其冲的就是我们怎么认识自己的处境，怎么理解自己的位置。

就我们周围的同事来说，由于家庭环境、学术训练、自身境遇等等，每个人面对的具体问题各不相同。应该说，像我这样的比较多，就是好学生、会考试，一直可以顺利地拿高学位，但是在很长一段时间内，并不是很清楚自己的研究是做什么，或者说，这种意识来得比较晚，而有些人的学术意识就成熟得特别早。

有一个共同的经验是，在刚开始时，文学研究常常限于小文人的感慨。从中学时代起，读了大量的小说和文学作品，对社会的一些感触，都在感慨里头消耗掉了。当真正进入做学问的阶段之后，发现问题并进行批评是很容易的。和学术圈内的朋友聊天，总免不了谈及当下的学术体制、腐败之类的问题。关键在于在此之后，我们怎么样来建设和推进学术。

回忆和纪念张晖的文章很多。我觉得在反思的时候，都缺乏对社会阶层的把握。大家潜意识里仍然有一种预设，读书读得好，就会有出息，理所应当。有出息，当然包括经济以及身份地位等方面的回馈。当然这和我们的传统意识有关，似乎不需要质疑，所以失落感就特别大。但是我感觉到现代和当代的研究中，反而是有一个革命的传统，好像存在一种自身的革命意识，自然而然地就把传统意识给打破了。

或许可以说，如今普通人和知识分子之间没有绝对的界限。作为70后和80后，这一批人都被赋予一种相同的意识。如文中提到的，人这一辈子要往哪里走，要如何坚守，其实是这一两代人共同的问题。从前总是说要走出象牙塔，现在没有什么象牙塔了。现在是知识分子是在国家给的资源里头运作学术，必然会越来越往"专家"这个方向发展。面对大众的越来越多的质疑是必然的趋势。

我也曾经有过特别急躁、特别怀疑的阶段。现在我觉得不用着急，慢慢做，很小的研究对象也是可以和现实有关的，只是它的影响和力量暂时还没有彰显出来。现在学术的划分这么专业化，张晖提出的问题，带有古典文学的特殊性，同时也是一个学术界的公共问题。从现当代研究来说，从对现实的思考出发，自然就会产生向外走的冲动。我们现在应该鼓励跨学科研究，不是完全地从学术里头跨学科，而是从历史里头找到现实的根源；不是简单地解释世道人心，而是找到现在的矛盾，再由此发现、整理出理论，可以重新回到现实里头去。学术研究就是一种思想实践，不一定要走到田野调查，应该是包含一种意识。

所以说，张晖的可贵与可惜，都在于我们可以想见他接下来会冲破、会走出古典文学的范畴，也会发现自己并不孤单。

【李芳】 张晖的逝世，对于朋友和同事来说，现在仍然显得特别沉重。这种沉重，一方面在于他是我们的同事、朋友，情感上难以承受；另一方面则在于他一直追问的学术的价值和意义，因为他的离世，变成了一个不容回避的问题，每一个纪念与回忆他的学术界中人，都必须直面与作答。

在使用"我们"这个词的时候，"我们"作为一个群体，是一个整体。这个群体的标签，是高学历、科研工作者。但"我们"当中，实际上个体差别很大。这个群体中绝大多数人都是按部就班地升学，写论文，拿学位，最后在找工作时，顺利或者不顺利地进入到科研机构和高校中任职。仅将研究工作视为一份普通的职业，当然毫无问题。如果能够严格按照职业规范地完成工作，恐怕还能够解决很多目前遭人诟病的学术腐败与不端等问题。

从另一个角度看来，无论在东方和西方的传统里，这份职业又都承载了太多历史的重担。它的社会功能中，天然地包含了更多的社会责任。不管是否愿意背负它，你都会很清醒地意识到它的存在。如何面对这个压力，每个人的应对方式都不一样。有些人抱着"修身"的态度，而有些人则自觉地具有强烈的忧患意识，对学术的边缘化和学者的不作为非常痛心。对于自觉承担以及付诸实践者，会让我产生更多的尊敬。

刘倩和李娜的回应，还是多从自我的角度来谈，说的是知识分子怎么样认识自己或者所处的群体。无论从自身内部如何"打破"，在普通人看来，"知识分子"就是一个群体。知识分子必然还是要面对普通人如何认可自己的社会意义这个问题，恐怕在当下，这是特别急迫的。

颜回之忧

张　霖[*]

　　张晖的去世在知识界引来如此巨大且持久的震动，他被誉为"师门的颜回"、"一代青年学人的杰出代表"是我所未能料及的。在最初的日子，我和大家的想法并无不同，我所关注的问题始终是他为什么会死。只不过，媒体喜欢在能引起公众兴趣的经济问题上做文章，学术界的青年朋友们则对目前学术环境的恶化心怀义愤。但作为张晖的妻子和挚友，我知道，这些并不是真正耗尽张晖生命的原因。他并不是唯一面对这些困难的青年学人。在他在世的时候，他的父亲尚在打工；我也有稳定的收入，基本可维持家庭开销的收支平衡，没有人完全需要他来供养。而他的求学过程也是比大多数同龄人更为顺利，即便是他升职中所遭遇的挫折，在一个学者一生中可能遇到的种种困难中，不过是一段磨人的杂音而已。他当然会有所不满，但不至于因此

---

　　* 张霖，为《话题》系列著有《热脸相向与冷面相对——"8·8"水灾引发的两岸民间互信危机》（《话题2009》）等。

而抑郁成疾。我所见的张晖，虽然有经济的压力，但他从不会为了金钱而自怨自艾或疲于奔命；虽然对制度不满，但他从不因为体制的弊端而自暴自弃或随波逐流；虽然不喜欢做项目，但他旺盛的创造力和广泛的社交使他不必担心严苛的考核方式会难倒他。如果这些都不是造成张晖致病的原因，那么，他为什么会猝然离开这世界？

在经过了半年昼夜不歇的追问、找寻和反省之后，我开始接受，张晖是被猝不及防的疾病夺去了生命，他的死就是一个偶然事件。事实上，张晖对这世界的影响，并不是从他的死亡开始的，在他活着的时候，他的学行就已经感动了很多人。我与其日日执著于张晖的死因，不如去讨论他曾怎样生活来得更有价值。

李芳从"士"之使命的角度来理解张晖学术生命的意义，可谓知己之言。我则从他的成长和求学历程来对这一使命感的形成做些补充。

张晖生长在上海崇明岛一个普通的工农家庭。虽无幼承庭训的优越知识环境，但他自幼生长于一个"四世同堂"的大家族中，其家族完好地保存了传统儒家社会对伦理纲常的重视和耕读传家的传统。张晖的少年时代，正是在这样一个儒家伦理依然具有鲜活生命力的特殊环境中度过的。作为家庭中唯一的男孩，他自幼就被赋予了传宗接代、光耀门庭的使命。因而，他对传统读书人"齐家、治国、平天下"的群体使命感有本能的体认。直到15岁，张晖遇到了志同道合的朋友维舟，又遇到了指引他到大学中去寻找精神升华之途的俞成老师，始志于学。

张晖对古代文史知识的爱好，一方面与他从小生长的环境有关，一方面则与上世纪90年代中国文学界"国学热"有关，而当时知识界的这一求知热情正契合了张晖的童年记忆。他曾多次向我提及《古典文学知识》上的一个有关现当代学人介绍的栏目和《东方之子》等介绍中国知识分子的电视节目带给他这样一个乡村少年的巨大激励作用。他如饥似渴地阅读前辈国学大师的传记，积极寻找他所能得到的有关当时中国文史学界的一切消息，并开始给施蛰存、卞孝萱等学界前辈写信求教。他对人文知识分子的工作怀着强烈的好奇和崇高的敬意，渴望成为他们中的一员，在将来的一日共同参与到中国学术的传承与建设工作中去。

1995 年考入南京大学中文系之际，张晖在大学入学之初的日记的《简序》中写下了这样的话："大学不为风花雪月，而为真正的事业与爱。"（日记 1995 年 9 月 9 日）1996 年春，张晖有幸入选刚刚成立的"文科强化班"。在文科强化班自由学习的四年中，张晖接受了严格的传统国学训练，对明清历史、近现代学术史和思想史产生了浓厚的兴趣，并接触了文学、史学、哲学的基本研究方法。除了知识的累积外，南京大学"文科强化班"对张晖的影响更主要体现在治学的动力层面。就在参加文科强化班成立仪式的当天，张晖在日记里写道："参加了这次会议后，内心十分动情，想起了多年的追求以及将来奋斗的结果。我憧憬着未来，希冀着未来。有朝一日，我踏入大学讲台，或进入科研单位。我要用我的努力，抓紧这次机遇，一定要实现我的理想。"（日记 1998 年 3 月 11 日）这种动力，来自文科基地主任张伯伟老师对我们一班二十几个孩子说的几句话：

> "士不可以不弘毅，任重而道远"的社会责任，是"择善固执"的道德律令，是"闻多素心人，乐与数晨夕"的人生理想。

在南大学习的七年中，张晖在大学三年级时决定编撰词学大师龙榆生的年谱作为他的学年论文的研究题目。然而，他在《龙榆生先生年谱》出版后不久，在日记中写道：

大三时（九八年二月），我开始撰写《龙榆生年谱》，忘我投入。后来稿子完成了，得到许多赞扬。我的心中几乎没有自豪过，一直很忐忑。因为我不明白这算什么，更大的挑战正在迎接着我。正当我继续努力时，妈妈生病，父亲又濒下岗，家中经济日益紧张。我又于此时认识了霖。开销日大。于是我每周花费1/3的时间外出打工。每次打工回来，看着桌上的一大堆书，我感到前所未有的空虚。学术的意义是什么？和民生大计有何关联？可以说，现实的贫困使我反思，我正在从事着的事业。这些问题，直到我研二时才开始真正有所领悟。没有人能指点我，我只好慢慢看书。从此我接［触］到了哲学，这使我的视野从历史与文学进入了思想、哲学。这也许将决定我一生研究的旨趣。（日记2001年4月26日）

硕士毕业的时候，在周勋初先生和张宏生老师的联合推荐下，他顺利通过了香港科技大学人文学部的博士遴选，获得全额奖学金赴港继续攻读博士学位。张晖对学术使命的再次追问是在香港完成的。记得张晖初到科大时，面对一套全新的研究模式常有无从下手、不得门径的焦虑与惶恐。在他从材料向着理论的转型却并不顺畅，非但理论类课程的成绩不佳，甚至和导师陈国球老师发生了思想上的冲撞。在张晖写给我的一封电子邮件中，他这样描写与陈老师的一次见面："他在office里整整训斥了我两个小时，对我颇不满意。看来我到科大是个错误。"（2003年3月9日）这次师生争执，也可以说是张晖"传承东南学术"的治学理想遭遇的第二次危机——理论危机。

在我的记忆中，2003年那段瘟疫流行的日子里，张晖和我在中山大学陈寅恪故居前的草坪上日日流连，围绕他南来求学的目的进行过多次讨论。在永芳堂十二先贤像前，我给他打过两个比方："你来科大的目的是什么？是要在原地踏步还是要登上一座更高的山峰？是要继续喝中国茶还是尝尝洋咖啡？要上山，就必须先从原来的山上下来。要喝洋咖啡，就要把杯子里的中国茶倒空。"

这些不足道的安慰之语也许真的有些效果。又经过一年多的艰苦实证，老师最初的棒喝才真正转化为学生当下醍醐灌顶的觉悟。张晖在日记中写道：

> 今日终于想明白一个道理，做学问的意义有二：一为知识积累，二为磨砺思想。但知识积累跟有无思想是两回事。有学问的人往往看不起人，动辄曰"没学问"。学问固然重要，但并非最重要。学问大，并不一定能增加人的道德、性情和思想，反之可能阻碍思想的前进。我要做一个博学的人，更要做一个有想法的人。多年对读书意义的困惑，一朝解开，可谓乐事。（日记2004年8月5日）

对张晖来说，在香港求学的过程，某种程度上可以视为传统国学方法与西方理论的对话、中国古典文学探索现代化的过程。正是在香港的这段自我蜕变式的求学经历，使张晖意识到，他的任务不仅是在知识累积上"传承"东南学术，更要在思想方法上"更新"东南学术，使之向一个更广阔的天地迈进。他意识到，若要使传统更生于现代，只有清晰的理论能让丰富的历史材料开口说话；也只有依靠丰富的历史材料，理论的发掘才能由窄而深走向宽而深，完美展现历史的丰饶和深邃。

张晖完成了他在香港的学业，怀着改造中国古典文学研究的激越心情回到北京，进入中国社会科学院文学研究所。他在这里遭遇了第三次，也是最严重的一次危机——信念危机。

他在《朝歌集》的《小引》曾流露过他进京之后的深刻困惑：

> ……我原已做好奋斗前行的准备。然而，求职过程中的变故迭出，以及接下来北京生活的窘迫，无情地将我从 20 年的学术大梦中惊醒。我愕然发现，在这座刘伯温建造的八臂哪吒城中，位阶才是唯一的制胜法宝。而空有一身真本领的哪吒，永远困厄于他的忠忠孝孝，不得自由。
>
> 为了成全一切人，哪吒终于剔骨削肉，化作莲花。他殉了他的道，成就了他的名。而淹没在哪吒城中，无歌可唱的我，不免自问再三：朝歌城外肆意闹海的少年与铨列仙班的天神，到底有何不同？哪一种人生，才能得其所哉？

从这里我们可以清楚地看到，真正困扰他的并非是所谓的生存压力。让他深感痛苦的是大陆人文环境的急遽恶化。大陆学界 90 年代的理想主义空气已经消失殆尽，知识界普遍表现出犬儒的精神状态。人文知识分子放弃对现实问题的严肃思考，文学对世道人心的拯救与安顿似乎成为一个不自量力的迂腐笑话。学术研究沦为一门技术，知识生产日趋琐碎化和趣味化。特别是古典文学的研究，逐渐变成知识遗迹的考索，失去了现实的生命感。

面对这样的学术环境，他极度困惑，张晖愕然发现，他所最爱的学术工作非但无法安顿其他人的心灵，甚至连他自己也已经难以静心读书了。于是，他在 2010 年对陈国球老师的访谈中，提出了如下问题：

我现在觉得根本没有能力对很多现实问题和现象进行解释、解惑。传统的知识并不能帮助你解释现实的问题，我不要求解释股票、楼市之类，但人心怎么办？社会往哪里发展呢？国家怎么办呢？小到学术怎么发展，我们单位怎么啦？我都没有办法看到问题的本质，我怎么老看不到问题的本质呢？一方面我想我的思考能力有限，比较笨，聪明人肯定可以。另外一方面是不是我从事的文学这个行业就没有办法解释这些问题呢？那我为了解释这些困惑，要不要找一个更有威力的专业来进行学习呢。有没有这样一个专业呢？儒家从来要求读书人能对社会发言，我也一直相信，半部《论语》治天下，其实质是将有效的知识转化为一种思考的能力。但我目前没有做到，我应该怎么办呢？

到底孰真孰假？孰是孰非？在这真真假假、是是非非、是非非是、真假假真的多重辩难中，张晖如入炼狱，失眠、焦虑、愤怒、绝望：我该堕落吗？我该放弃吗？我该逃遁吗？若不，我该如何坚守我自己？

面对来自本心的精神拷问，张晖所做的，只有继续做而已。正如他在《寻找古典文学的意义》中所说：

有理想抱负的研究者在学术体制中开展学术活动的时候，会感受到很多不如意之处，甚或有一些较大的不满，但学者没有将这些不满内化为学术研究的动力，提升学术研究中的思考能力，反而是都通过酒桌上的牢骚或者做课题捞钱等简单的方式发泄掉了、转移开了。试看学术史上第一流的学者，我们就可以知道，学术的向上一路是怎么走的，而学者一旦将对政治、社会、文化的诸多不满内化为治学的驱动力，则必将大大提升学术的境界。

在张晖生命的最后阶段，他的苦工有没有让他重新找到内心的平衡呢？我在检理他的遗物时，发现他在一张信纸上用铅笔写着下面这些话：

> 我生活在一个人文失落的时代，人文没有力量，人文学者没有社会地位。在我的大学时代，国学热在发酵，无论在南大强化班还是科大人文学部，都接受的是精英式的人文教育。然而，当我回到国内，发现学界官僚气氛浓厚，青年学人收入普遍偏低，为求生存，几无个人尊严可言。在现实中，我根本感觉不到文学的力量。于是，我开始寻找文学的力量。同时，又在质疑，文学为什么一定要承担历史使命？
>
> 在这个人文精神失落，经济飞速发展的社会，我的文化和经济处境，类似于明代的遗民。但我时常自问："是不是我一定要做遗民呢？不是有那么多人在'江南逸乐'吗？"但是，难道我有权利去责问那些人，"你为什么不死吗？"我如何能以我之"是"，来定他人之"非"？

在学术的末法时代，或者，只有超越了是非真假的二元对立法则，超越了绝望和希望，超越了个人的悲喜得失，学者才可能见到学术的本性，才能真正获得内心的宁静。对张晖来说，他内心的宁静，只能通过工作得来。因此，在人生的最后一年里，张晖爆发出井喷式的创造冲动。他忘我地投入了他的工作，热切地帮助每一位爱学术的朋友，这巨大的欢愉是如此之强烈，以至于他耗尽精力而不自知。

张晖，对我们这个时代的最重要意义，不在于曾忍耐经济的窘迫，不在于忘我工作，不在于他所怀抱的理想。他的意义，在于在这个很少人愿意思考的时代，他真诚、勇敢地履行着一个传统士人、同时也应是每一个现代知识分子的社会责任；他没有因为孤独、贫困、黑暗、堕落、腐败、买房、生子、升职、高额工资、海外移民、利益交换等任何借口来逃避人文知识分子的基本使命；他不吸烟、不饮酒、不放浪、不指责、不抱怨、不怠惰、不逃避，他夜以继日地利用他所能得到的一切机会，进行着对现实生活的追问、对终极问题的回应。同时也鼓励他身边的每一位师友这样做。他没有什么特别之处，他只是没有一日忘记一个学者的本分而已。

那么什么才是一个人文学者的本分呢？

在张晖看来，成为一个学者，并不是为了显现才华。张晖绝对不是天才，他甚至连聪明也不自居。他只是不懈追问，敢于做苦工而已。成为一个学者，并不是为了获得名利。张晖在22岁时就已经在学界崭露头角，但他总是面临经济的压力，而经济压力带给他的，不是怨艾或自我否定，而是寻求学术意义和追求自我教育机会的更强烈的动力。

成为一个学者，也不该止步于自我实现，或奢望改造社会。他希望学者能从对现实的关切出发，将学术的意义从"为学术而学术"的境界继续推进；但同时，他也明白，学术不可能直接影响社会，学术的有限性即在于此。

那么，学者之于时代的使命何在？学术之于人生的意义何在？这是张晖一直在追问的问题。他没有找到答案，但他日日践行着一个学者的本分，这本分简单极了，只是"思考"和"写作"两件事而已。

在2010年他的祖母去世时，张晖曾在日记中写下这样的话："人都会死，关键活着的时候做些什么而已。"他活着的时候，他以他的行动本身，证明一个人文知识分子存在之意义；他的死，若能在未来的时光中不断给每个有志于学的青年人以永久的加持，这将是他生命的大功德。

这就是我所知道的张晖，和我所理解的张晖之死。

从林徽因到"柴徽因"

——"知识女神"的前世今生

颜　浩 *

在人类历史的大多数时期，对待女性的态度都是判断社会文明程度的重要表征。就中国而言，传统女性观在清末受到强力挑战，随着启蒙思想的兴起，被三从四德压抑千年的女性"浮出历史地表"，妇女解放运动因被纳入民族国家的话语体系而受到空前的重视。此后的一百多年里，女性的命运始终与时代的起伏跌宕紧密相连。时至今日，中国女性的社会和经济地位都有了较大的提升。然而，这并不意味着整个社会的女性观也随之进步。相反地，从近年来多起与女性相关的事件中可以看出，受到整个社会文化心理的平庸化、拜金主义和唯成功论的影响，女性的生存环境、形象塑造与自我认知都发生了深刻的变化。这种变化在提醒我们，那些自近代以来便不断受到挑战的妇女

* 颜浩，为《话题》系列著有《谁解其中味——城市"父母相亲会"现象调查》（《话题2006》)、《扎不住的篱笆——"艳照门"的法律模糊与教育困局》（《话题2008》)、《"以苦难谄媚崇高"——〈南京！南京！〉的想法与水准》（《话题2009》)、《〈非诚勿扰〉复写时代——"相亲秀"背后的价值冲突》（《话题2010》)、《百年清华容不下"真维斯"——清华校庆年的大学之惑》（《话题2011》)、《最熟悉的陌生人——想象中的"台湾"》（《话题2012》)等。

解放的重大问题，至今仍然值得深入思考与反省。而女性与真正的自主、自由之间，不仅仍有着遥远的距离，甚至有渐行渐远的趋势。

啥样女性算"知女"

2013 年初，央视女主持人柴静的新书《看见》出版，在各大媒体和网络世界引起密切关注。围绕书中所表现出的新闻伦理、职业标准和专业操守等问题产生了激烈的争议，并因《南都娱乐周刊》推出"我们时代的知女"专栏而达到高峰。柴静被贴上了"新闻知女"的标签，与其他四位女性一起，被认为代表了这个时代"最被欣赏的女性气质"。娱乐媒体的介入改变了事件的性质，柴静的个人生活和情感经历转而成为关注热点。迅速形成的"砍柴"和"挺柴"两大对立阵营，将原本应该属于新闻专业领域的论争推向了大众娱乐的层面，而"知女"这个名头却因此被叫响。

所谓的"知女"并不是对知识女性的泛指，而是特指"知识女神"，也就是受到男性文人和精英知识分子崇拜与追捧的才女。尽管哪些人应被归入这个行列并无定论，但一些被普遍认可的"知女"大多具有相似的共性。

其一，她们容颜美丽，懂得修饰自己，但不能过于美艳妖娆，让人产生"红颜祸水"的联想；其二，她们必须接受过良好的教育，有出众的才华和素养，最好还能关注社会问题，但不能是咄咄逼人的，尤其不能以才华傲人；其三，她们要有自己的事业，以从事文学或艺术方面的工作为佳。可以事业成功，但不能太过独立和强硬；其四，她们应具备强烈的女性魅力，在男性群体中游刃有余，最好能成为某个男性社交圈的中心，但也要懂得分寸进退，能在多种身份之间从容转换；其五，她们的恋爱必须有传奇色彩，情史不妨丰富，但婚姻仍应回归传统，不会挑战社会大众的基本承受力。《南都娱乐周刊》将这些共性概括为"知女"养成的五大要素：美，却非美艳；有才华，却非卓绝；有平台，居于社交圈重心；有绯闻，但堪称佳话；有敌人，故而彰显力量。

以这五大要素来审视柴静，不难发现其契合度之高，足以使其成为当代"知女"最典型的代表人物。柴静以"清冷的文艺范儿"行走江湖，妆容、着装和仪态都体现出刻意经营的痕迹，在美女如云的娱乐圈和主持界显得与众不同，甚至成为"知性美"的代言人。在新闻采访的专业领域，虽然因"表演痕迹过重"受到了闾丘露薇等同行的质疑，但借助于央视的平台，她得以在"非典"、汶川地震、药家鑫案等重大事件中出场，并将"人文风格和悲悯路线"这种"当下文艺青年审美里具有最大公约数的特质"（《看见知女》专栏，《南都娱乐周刊》2013 年第 5 期）转换为个人特色，在普遍水准仍不算高的专业领域脱颖而出。柴静懂得适时展露她的勤奋与聪明，同时也深知在男性世界中知识女性的现实处境，《看见》的语言风格、结构方式和叙述策略，都显示出努力寻求平衡的微妙心态。正是这种"懂事"的态度和放低的身段，使她获得了男性知识分子的支持，这从《看见》出版发布会时强大的后援团可见一斑，关于"老男人饭局"的传言也由此而来。

身处高度发达的传媒时代，公共领域中的人物都会按照某种既定的模式对自身形象进行塑造。柴静或者其他女性是否有意识地给自己贴上"女神"的标签，事实上是个人选择的自由，旁人无须置喙。但这种女性自我规范的方向和方式，非常值得关注。由此延伸而来的问题是，在知识女性普遍被"妖魔化"的社会环境中，为什么柴静式的

"知女"会受到追捧？在将柴静等人推上神坛的过程中，隐藏着社会对于知识女性怎样的想象？以"知女"为模板打造自身形象的女性，是女性解放的最新样本，还是服膺于性别权力规训的产物？知识女性在得到所谓"女神"崇拜的背后，究竟显示出女性地位的提升，还是男权中心社会更为严苛和无形的约束？

不难看出，打造"知女"的核心要素和决定权并不在女性自身，而是以男性的喜好为标准，以男性的接受度为边界。无论是外表还是内在都要达到能让男性欣赏赞叹、但又不会产生威胁感的程度，是"知女"最重要的特质。换而言之，柴静等女性虽然自身不乏优秀的品质，但她们被拱上"知女"的神坛，主要还是因为她们符合了大多数男性、尤其是男性知识分子对于理想女性的期待与想象。而一些知名度和个人能力也不遑多让的女性，如洪晃、李银河、胡舒立、间丘露薇、陈文茜等，则因为不完全符合上述要素而被排除在了"知女"的名单之外。正是这种取舍之间的心态与价值观，凸显出"知女"作为社会性别问题的研究意义。

"女神"从来都不少

对于女性拥有知识和才能，中国的文化传统一贯秉持着警惕的态度。这不仅是为了保证男性独占知识的获取权与阐释权，更是为了将女性控制在家庭之内，以使她们无法参与社会事务与公共生活。但另一方面，中国文化也从不缺乏对于才女的推崇。品貌俱佳、德才兼备的女性，一直是文学和艺术创作热衷表现的对象，也是男性世界凝视与想象的主要目标。

其中，尤以班昭和谢道韫这两类才女的形象最具代表性，影响也最为深远。班昭因为续写《汉书》、编撰《女诫》、教授后妃等举动成为青史留名的女性典范。但汉代以后，这一类有学识的女性的影响力便逐渐式微。清代历史学家章学诚认为，这是因为政治的变动和儒学的兴盛，周官汉制中的妇学传统逐渐被抛弃，女性熟读经史、传承文明的作用慢慢消失，班昭式的博学女子不再是被赞美的对象，她们的功能被下放到家庭，"母教"成为这一类女性最主要的职能。

章学诚批评这种妇学传统的失落造成了"唐宋以还，妇才之可见者，不过春闺秋怨，花草荣凋，短什小篇"（章学诚《妇学》）。因为失去了社会参与的空间，女性只能把才华用于诗歌吟咏，这使得谢道韫、蔡琰、李清照等以文才见长的女性成为才女的代表，并形成了闺秀诗（词）人这条特殊的创作体系。尤其是在明清两朝，才女辈出成为引人注目的社会现象。在商业发达和文化繁盛的江南地区，"至明末清初时，已出现了一个清晰可见的拥有文学和传统教育的闺秀群体"。盛清时期闺秀诗人的数量之多和创作之丰富，可称历朝之最。传统女训对"德言容功"的强调，转换为"德、才、美并重"的新型公式，女子的才华获得了前所未有的张扬。

尽管如此，正统的价值观念对于女性吟风弄月、出口成章仍持抗拒的态度，认为其中总不免轻薄佻达的意味。历史上以文才著称的女性在妇德方面大多受过指责："蔡文姬、李易安，失节可议；薛涛，倚门之流，又无足言；朱淑贞者，伤于悲怨，亦非良妇。"（董毅《碧里杂存》）女性的诗作因此被限定为"绣余之作"，以表明她们没有因为对于文学的爱好而耽误了为人妻母的本职工作和道德修为，这是女性写作获得合法性的前提。学者高彦颐的研究也表明，明末清初繁荣的女性教育"必须在回归家庭这一背景中得到理解"。教养良好的女子扮演的是家庭卫道士、有良好修养的母亲、能使丈夫获得情感慰藉的贤妻等角色，"无论是道德或文化教育，都能增加她在婚姻市场上的价值，以使其自己和其家族获益"（高彦颐《闺塾师——明末清初的才女文化》）。也就是说，男性仍然是才女文化的主导力量和最大的受益者。

然而，正是这种根深蒂固的男权中心意识造成了"才女"形象的割裂与矛盾：一方面是儒家主流文化努力"收编"女性文化，以道德戒尺对女性的知识与才华进行约束，为大家闺秀们的写作贴上"正始"的标签，将"阃内"（女性的闺房）视为维护权力和道德秩序的起点。但另一方面，仍然有一些受过教育的女子脱离了主流文化的控制，进入公共空间，从而在一定程度上打破了性别权力的约束。章学诚在《妇学》中称其为"历史问题"："自唐宋以迄前明，国制不废女乐"，公卿大夫们出入乐坊，与妓女酬唱往还，使得其中一些天资敏慧的女子有机会增长其文才与教养。此外，明代虐政横行，"凡缙绅籍没，波及妻孥，以致诗礼大家，多沦北里"。这种士族女子充入乐籍的现象，客观上提高了妓女的整体文化层次，出现了一些"妙兼色艺，慧擅声诗"的名妓，一定程度上改变了青楼女子单纯以色事人的传统，也使得士子与妓女的交往方式发生了变化。

在男女无法公开社交的传统社会中，唯一能自由出入公共领域的女性就是青楼女子。如果说在纲常与伦理的规约下，上层知识女性努力的方向是将才女与贤妻二者集于一身，那么青楼名妓则在一定程度上承担起了"女神"的职责。她们教养良好，风度雅致，精通文学和艺术，妆容和衣着引领风潮时尚。她们能较为自由地与男性交往，建构起与男性共同分享的公共领域与文化空间。她们身上寄托了男性对于异性世界的隐秘想象与激情，她们的身份也使男性较少顾忌，可以大胆地抒发爱恋与欲望。那些能够与男性士人进行精神交流和对话的名妓，则往往会在历史叙述与文学记忆中被传奇化，这也是"女神"想象得以形成和流传的根基。

晚明发达的女性教育和文化活动，在培养了无数闺秀诗人的同时，也将名妓所引领的才女神话推向高峰。而明清之交的政治巨变打破了原有的社会格局，男性知识分子将无法言说的黍离易代之悲付诸文艺创作，以才女命运的沉浮隐喻个人身世之叹。青楼女子不再是"隔江犹唱后庭花"的政治旁观者，而是被塑造成了为爱情或国家殉节的悲剧女英雄，这也为她们的"女神"传奇形象披上了更神圣的外衣。

然而，将女性推上"女神"的高位，并不能掩饰或改变女性的从属地位。即便是柳如是这样的一代名妓，尽管胆略、识见和才华都不让须眉，但在身体上仍具有极强的依附性，这就决定她们无法拥有真正的自由。她们是被排除在宗法社会之外的另类存在，一旦脱离公共环境，进入家庭为人妻妾，基本上就失去了被男性关注的机会与空间。因此只能说，传统社会的名妓们具备了"女神"想象的某些要素，有着"知女"的基本雏形，但其背景与基础都是脆弱的。

由于有清一代对青楼业的限制，延续数朝的名妓传统在清朝趋于沉寂。直到晚清上海开埠，商业繁盛，秦楼楚馆随之大兴。但这时男性主体已经由文人变为商人，士大夫阶层的古典情怀趋于衰落或异化。商人们与妓女交往的方式殊少浪漫，对女性的想象也显得写实和平淡。如学者王德威在研究晚清狭邪小说《海上花列传》时所发现的："上海的妓女和嫖客们平庸得令人吃惊。……他们也知道他们只是假戏真做，扮演类似于丈夫和妻子的角色而已。他们不屑（也不会？）写情书和情诗，也不热衷于床笫之事。"（王德威《寓教于恶——晚清三部狭邪小说》）在此情境下，长三书寓的整体氛围变得市井化和商业化，不再以文才和气节为风尚，名妓形象的"女神"意味也随之消解。

但另一方面，清末民初兴起的妇女解放思潮，对男女交往方式的转变影响深远。婚恋自由和社交公开的观念日渐深入人心，秦楼楚馆也由此失去了作为交流场域的媒介意义，富于传奇色彩的名妓传统被更具商业意味和职业特色的"交际花"所取代，其在性别想象中的作用也由此黯淡。

与此同时，新式教育的扩张将"新女性"这个群体推上了历史的前台。事实上，自晚清女子教育肇兴，"女学生"就成为一个具有象征意义的文化符号。作为第一批现代意义的知识女性，她们的一言一行都曾是公众凝视的焦点。随着"五四"之后妇女解放运动的持续发展，女学生不再是独立的存在，"新女性"开始以群体的姿态出现在公共领域。这些女性接受过良好的教育，拥有自己的职业，思想相对自由开放。她们是才女神话在新时代的延续，她们的身上也不可避免地凝聚了男性世界暧昧而复杂的目光。

标准"太太"，理想"客厅"

然而，近现代中国的妇女解放运动并不是以性别觉醒为前提、以性别平等为目标的运动。女性问题始终处于"启蒙"、"革命"等话语体系的阴影之下，而不是如西方的妇女运动以个人主义为根基，这也为封建男权文化在现代社会的存在留下了充分的空间。

传统中国社会"家国一体"的结构使得男性能够通过国家、宗族和家庭的力量将男权文化制度化，从而对女性进行约束与规范。尽管近现代的妇女解放运动呼吁打破"三从四德"的教条，给予女性以自由和平等，但这种群体文化的制约力量并未消失。男性依然可以利用民族、国家、阶级等群体观念，轻易地超越和淹没女性的性别主体意识。在高举反封建大旗的同时，现代男权文化事实上内在地延续与承袭了封建父权。近现代女性解放的主导和言说的权力，始终都掌握在具有启蒙者身份的男性知识分子手中，男性依然拥有按照理想模式对女性进行塑造的环境与能力。

表面上看来，"新女性"与传统社会中的妇女相比有了很大的不同。她们走出家庭，求学就业，可以较为自由地出入于公私领域之间。一些女性还进入了社会精英集团，得以分享男性的部分特权，并参与到原本由男性所单独控制的领域中，如参政、从军和教育。她们甚至建构起由自己所主导的关系网络和文化空间，成为被男性包围与崇拜的"女主人"。在这一看似特殊的空间中，女性再度被拱上了"女神"的宝座，获得了智力与地位上的满足感。然而，来自男权社会的意识形态依旧如影随形。更为重要的是，这些接受了平等教育的新女性并未有意识地成为男权文化真正的反叛者。在书写新版本的才女神话的同时，女性在根本上仍然以服从于男性世界的规范和要求为基本宗旨，这种无法克服的矛盾处境可能是新旧转型时代加诸新女性身上最深的印记之一。

1930 年代北平著名的"太太的客厅"便是典型的一例。这个精英知识分子的文化沙龙因林徽因而知名，林徽因本人也由此开始被传奇化。其实类似的文人雅集在 1930 年代的京沪两地并不罕见，如朱光潜在北平慈慧殿 3 号的读诗会、周作人在八道湾苦雨斋的同人茶叙、胡适在上海极司斐尔路寓所的平社论政等，都具有相当的影响力，在专业领域的作用也大过梁家的聚会。"太太的客厅"之所以特别引人注目，与林徽因的女主人身份有着莫大关系。如同时代人的回忆所示，林徽因在慕名而来的男性知识分子中具有不可取代的中心位置："当着她的谈锋，人人低头"（李健吾《林徽因》）；"她说起话来，别人几乎插不上嘴，话讲得又多又快又兴奋。不但沈先生和我不大插嘴，就连在座的梁思成和金岳霖两位也只是坐在沙发上边吧嗒着烟斗，边点头赞赏。"（萧乾《一代才女林徽因》）

然而，以强势的姿态成为男性社交圈的聚光焦点，并不意味着女性地位的实质性提升。从林徽因的个案来看，反而是其中某些微妙之处，更凸显出男女平等旗号下知识女性的真实处境。便是"太太的客厅"这一命名本身，就很值得玩味：它不仅点明了女性作为"太太"的社会性别属性，更突出了"客厅"这个在公私领域之间进退裕如的中介空间。这既是一种外在的社会规范，事实上也标示出女性自我认知与约束的边界。

与传统社会中闺秀与名妓各自为政、互不相扰的情况不同，林徽因这一类新知识女性身上附加了妻子、母亲、女儿、职业妇女和沙龙女主人的多重身份。她们在"客厅"中的自由活动与往来应酬，打破了旧时代家内和家外的森严界限。与闺阁的封闭自足和青楼的暧昧意味相比，"客厅"以自由化和日常化的形式引领私人空间向公共领域敞开。新女性可以此为据点在公共生活中延伸她们的影响力，同时也可以随时退入内室，继续履行妻子与母亲的职责。这种"上得厅堂，下得厨房"的新式女性，弥合了长久以来令男性深感困扰的妇德与妇才不可兼得的矛盾，在更充分的层面上满足了男性世界的期待与想象。

关于"太太的客厅"与男性潜在欲望的不谋而合，冰心的小说《我们太太的客厅》点中了要害："当时当地的艺术家，诗人，以及一切人等，每逢清闲的下午，想喝一杯浓茶，或咖啡，想抽几根好烟，想坐坐温软的沙发，想见见朋友，想有一个明眸皓齿能说会道的人儿陪着他们谈笑，便不须思索地拿起帽子和手杖，走路或坐车，把自己送到我们太太的客厅里来。在这里，各人都能够得到他们所想望的一切。"这篇小说因被视为讽刺林徽因的"含酸"之作而备受非议，甚至因此受到了林本人的嘲弄。事实上，如果从对事不对人的普遍角度来看，"各人都能够得到他们所想望的一切"，恰恰指出了男性世界推崇和追捧"客厅中的太太"的深层原因。

就林徽因个人而言，精心维护的容颜和恰到好处的才华加深了她的"女神"气质，在情感和婚姻上的明智选择将绯闻转换为资源，既营造了风华绝代、倾倒众生的形象，又维持住了玉洁冰清的声名，使这位"绝顶聪明的小姐"成为最被男性知识分子所认可的知识女性的标准样本。这或许可以从另一个角度解释，为什么如萧红、张爱玲、冰心、丁玲这些同时代的女作家，或者才华横溢，或者人生丰富多彩，却都没有能成为众口一词的"知女"典范。

来自男性的直接评议或许更能说明问题。1920 年代末期，喜欢法国情调的作家曾朴热衷于在家中举办沙龙，成为沪上文艺界的著名一景，但他始终为缺乏一位"有魔力"的女主人而深感遗憾。他曾寄希望于郁达夫的妻子王映霞和徐志摩的妻子陆小曼，却又觉得她们都不符合男性朋友们所期望的沙龙女主人的标准。他的日记中记录的一段与邵洵美和傅彦长议论此事的谈话，颇有意味："洵美道：——从前本想把郁达夫的王女士，来做个牺牲品，哪里晓得这位王女士，也只欢喜和情人对面谈心，觉得很好，社交稍微广大一点，也是不行。我说：——那么陆小曼何如？彦长道：——叫他碰碰和，唱唱戏是高兴的；即使组织成了客厅，结果还是被蝴蝶派占优胜，我们意中的客厅，只怕不会实现。"（曾朴《东亚病夫日记》1928 年 5 月 23 日）

从这一番议论不难看出，男性知识分子对于"客厅的太太"事实上有着清晰而严苛的界定。除了美丽的外貌、优雅的仪态、新潮的观念等基本要素外，才华、人品与德性缺一不可，在男性群体中游刃有余地展示魅力更是必不可少的条件。为了培养符合标准的"太太"，实现"意中的客厅"，男性知识分子愿意让渡出部分权利，包括客厅中的中心位置，以及对于知识拥有和表达的特权。

与传统社会中受到明显约束的才女们相比，新知识女性因为更广泛地迎合了男性世界的想象而被赋予了更多的自由与权力。但在新旧思想的夹攻下，她们仍然要面对性别权力强大的制约力量，并不得不依照男性所认同的标准对自我进行塑造。她们以德才兼备、内外兼修的理想化形象呈现在公共领域中，并在男性的追捧中成为具有象征意义的时代榜样和维系社会性别秩序的基石。这也就决定了如林徽因这样由精英知识分子群体打造出来的"知识女神"，不可能成为引领性别革命的先驱者，因为她们本身便是男权中心意识形态的一部分。

贴上"白莲花"的标签

对于自身的矛盾处境，林徽因本人其实有着清醒的理解。她曾坦承："我的教育是旧的，我变不出什么新的人来。"爱情和婚姻在她的心中更像是义务："我只要'对得起'人——爹娘、丈夫（一个爱我的人，待我极好的人）、儿子、家族等等，后来更要对得起另一个爱我的人，我自己有时的心，我的性情便弄得十分为难。"欲追求自我价值的实现，却不得不面对为妻为母的责任："现在身体也不好，家常的负担也繁重，真是怕从此平庸处世，做妻生仔的过一世！"（林徽因 1932 年 1 月 1 日晚致胡适）类似这样的坦率自白还存在于林徽因与其他一些密友的通信中，其中呈现出的纠结、困惑与挣扎，尤其是与林徽因公众形象的差异与对比，如果置于知识女性与性别权力的背景下来观照，将对理解现代女性解放的艰难历程提供极佳的角度。

　　然而，从1930年代"太太的客厅"开始，林徽因的"知识女神"形象便已经形成。在此后不断叠加的叙述和想象中，她被赋予了越来越多耀眼的光环。尤其是近些年来，随着"民国热"的兴起，"民国"被描绘成了令人神往、却无法企及的风景，民国故事和人物也在意味深长的言说中逐渐传奇化。

　　不可否认，"民国热"的背后有着相当复杂的动机和原因。对于历史的解读往往需要现实情怀的支撑，而民国作为距离最近的"历史"，更凸显出其与当下社会的对应和参照意义。也正因为这种过于强烈的现实需求，对于"民国"的叙述难免片面、变形和残缺，断章取义与自作多情之处俯拾皆是。所以备受推崇的"民国范儿"更应被理解为一种表达立场的符号，而与力求真实的历史叙述并不直接相关。

　　林徽因无疑是被符号化最为严重的民国人物之一。在接连问世的电视剧、纪录片和通俗传记的合力作用下，她被贴上了"民国第一才女"的标签，她的外表和仪容被认为最能代表民国女子的风韵，她的文学创作和职业生涯受到赞扬，尽管其中的大部分作品并不为人熟知。她与梁思成、徐志摩、金岳霖等几位男性的情感纠葛，则得到了最大限度的关注与展示。这些被现代传媒放大的"佳话"在满足公众窥视欲望与历史想象的同时，也为才女神话的新版演绎提供了方向。

　　与历史上的大多数时期相似，由于女性并不真正拥有对自身群体的掌控权力，所以对个体人生的戏剧化和传奇化的叙事，最终都会导向对女性才华与品行的理想化建构。如之前所论述的，林徽因"知识女神"的完美形象原本是男权中心文化为规训女性而树立的道德和行为典范。将其打造成民国女性代言符号的言说策略，显示这一塑造模式并未在当下社会中有所更易。

　　与此同时，高度发达的消费文化也参与到了重塑"女神"的过程中，这使得"林徽因故事"的当代书写出现了一些不同以往的特质。现代消费社会的一大特征便是消费者对商品符号价值的重视超过实用价值，符号化成为商品的全部目的和意义所在。以此理论为基础来观察"民国第一才女"这一偶像符号的产生背景和形成方式，不难发现其中的契合之处。更为重要的是，性别平等仍然是当代中国的严重问题，依旧强大的男权中心意识形态乐于看到消费文化的侵入与渗透。因为在以道德标尺对女性进行规训之外，庸俗化也是另一个能产生同等作用的选项。

其中最为典型的例证，便是曾在 2011 年引领风骚、影响一直持续至今的畅销书《你若安好，便是晴天：林徽因传》。这本奇特的"传记"似乎根本无意遵循传记写作的任何原则，对于传主本人也缺乏基本的尊重。作者全部的创作手段，只是用主观性和情绪化强烈的"知音体"文风，堆砌浮华做作的辞藻，营造出呓语式的自恋氛围，以呈现作者臆想中的完美女性形象。无论从学术研究还是从文化传播的角度而言，这本"传记"都缺乏可资参考的意义。然而，惊人的销售量却足以使其成为一个不容忽视的文化现象。

总体上而言，《你若安好，便是晴天》采用的仍然是"女神化"林徽因的路子，只不过其方式更为彻底和无所顾忌。而全书对于林徽因最为强调的品质，便是她的"纯粹"与"淡然"："世间许多女子都有过这份安静素然的优雅，也曾令人心动，让人有一种不敢轻触的美好。只是不知从何时开始，她们慢慢地学会了挥霍光阴，浸泡在红尘的染缸里，谁还能做到纯粹如一？都说只有百味皆尝，方不负这仅有的一次人生。我们应该把所有繁复的过程，都当做是简单回归，把一切凡尘的荣辱，当做是云烟过眼。"

这些似是而非、却颇具诱惑性的文字，打造出了一个不食人间烟火的"女神"形象，不仅满足了人们对于民国历史与人物的虚无想象，同时也迎合了充溢着物质挑战和精神困惑的当代社会的价值需求。而将林徽因奉为"绝世才女"，却虚置了其真实人生与职业成就，女性的才华、容貌和品德沦为吸引男性关注的武器。女性被教导应离开与男性争夺的空间，安于"唯美"、"纯真"的生活方式。不仅是退入客厅和厨房，更应退入某个虚设的神龛，以炫耀在异性心中的地位为时尚，以男性的仰慕与宠爱为最高追求。考虑到创作者本人便是女性，以及其庞大的接受群体也以女性为主，这种退却与让步更让人心惊。

在男权文化与消费文化的合谋之下，一脉相承的才女神话被刻意披上了媚俗的外衣。"知女"剥离了曾经有过的精神知己和道德权威的意义，成为外表光鲜、内里空洞的性别符号。正因为如此，当新一代的"知女"代表柴静被冠上"柴徽因"的头衔，所指的并不是那个具体的历史人物，而是已经凝固成形的"女神"符号。其中关联的并不是同等的文才与能力，而是在男性世界中相似的预设地位与延伸想象。

另一方面，柴静及其团队敏感地抓住了这种价值导向，其公共策略与营销手段也促成了"柴徽因"联想的形成。柴静努力打造并维持自己"白莲花"的形象，并将其当作最大的社会资本。她对绯闻采取默许和控制并用的方式，使其转换为可资利用的个人资源。她的文笔算不上出色，但善于将文艺青年和男性精英的阅读趣味转化为自己的知识背景。更为重要的是，她在文字中流露出的"淡然"与"不争"，对所谓"优雅"、"知性"品位的炫耀性消费，与白落梅如出一辙，其背后的性别意识和心理动机自然也别无二致。

当一个时代的女性开始热衷于为自己贴上相似的标签，扮演同样的角色，并因此影响了整个社会的文化心理和价值观念，那么其中必然有需要警惕和审慎对待的因素。尤其在我们这个性别矛盾依然尖锐的时代，更是如此。

自愿被消费的"知女"

不得不承认，当下中国是一个社会性别问题值得认真审视与仔细讨论的时代。传统的伦理道德体系断裂后留下的巨大空隙尚待修补，经济与文化发展严重不平衡带来的挑战又纷至沓来。性别问题作为人类社会面临的基本问题之一，在这个急剧变动而又价值真空的时代里，尤其显出非同一般的参照意义。因此，对性别问题的考察并不仅是为了梳理和反省，更包含着寻找和构建新的社会文化秩序的深层意图。

正是在这种思路之下，"知女"作为一个社会性别问题的研究意义得以显现。这个标本式新名词的价值并不在于区分出某一类型或特质的人物，更重要的是呈现出界定标准背后究竟隐藏着怎样的集体无意识。为"知女"追溯历史源流和寻求演进谱系的努力，其目的不仅是为了证明"太阳底下无新事"，更是希望在这种上下求索中发掘出中国历史与文化语境下性别问题的常态与变态，呈现其原本应有的丰富性与复杂性，并以此为基础对现实世界做出恰如其分的回应。

对历史的重新解读告诉我们，"知女"话题所关联的才女神话并不完全是男女两性二元对立模式的产物，女性自身也参与到了自我神化的过程中。"太太的客厅"在满足男性文人的理想女性想象的同时，也成了女性典范自我建构的实验场。"林徽因故事"演变成一个"女神"传奇的叙事母题，固然有男性意志制约与规训的因素，但女性群体的自我代入及对性别权力的依从，则更深刻地影响了故事的呈现方式与路向。白落梅式的廉价心灵鸡汤和作为消费符号的"柴徽因"，无不显示出女性对男权中心意识皈依的鲜明印记，她们也因此被赋予了意识形态的力量并从中受益。相较于男性世界一如既往的强大制约力量，这种来自女性内部的自我约束更值得警惕与深思。这或许也可以提醒我们，在这条争取妇女解放的漫漫长途中，女性需要面对的不仅是外部世界的压力和传统的坚硬外壳，更需要战胜深深扎根在自身群体中的庸俗、怯懦与恐惧。

然而，从在晚清国家民族危机的语境中诞生之时开始，中国的妇女解放运动就没有形成独立的女性主义社会思潮。作为启蒙或革命话语的组成部分，女性议题始终被当作一种工具或武器，而不曾真正拥有独自发展的空间和可能。这也使得中国近现代女性无法通过自我命名和自我认知成为能够与国家、民族和男权中心意识对抗的力量。女性寻求解放的方式也主要是"被解放"，即等待具有启蒙者、革命者或统治者身份的男性知识分子让渡权利和提供资源。虽然当代社会中的女性拥有了远胜于前的自由空间，但从文化心理和价值观念的层面上来看，女性仍然没有摆脱"被解放"的紧箍咒，与真正意义上的自由和独立尚距离遥远。

事实上，从女性观的角度来看，我们身处的这个现代化社会并未体现出更多的超越性和先进性。相反地，由于整体价值观的空缺或偏离，女性和女性问题往往成为各类社会矛盾寻求表达与宣泄的窗口。由来已久的对于女博士群体的"污名化"，以及今年由清华教授说出的"强奸妓女轻罪"等言论，都在一次次地证明整个社会的性别观念存在着多么严重的偏差。

"知女"作为被偶像化和神化的知识女性，原本是男性精英知识分子树立的女性典范，用以凝聚并呈现社会的性别观念与女性认知。从晚明在士大夫阶层的文学和道德话语甚至政治生活中起主导作用的名妓，到成为男性文人精神家园的"太太的客厅"，再到由娱乐明星与文艺青年构成的当代"知女",无不在为这条女性典范的明星大道添砖加瓦。就其对社会文化环境和价值理念的影响力而言,这或许是社会性别问题更深层的震源所在。

然而,一个真正理性的现代社会,既不需要男性的神祇,同样也不需要女性的偶像。过去的种种教训足以证明,"被解放"不可能将女性导向真正的解放,女性更应追求的是自我解放,也就是占领并真正拥有妇女解放运动的主导地位,以女性的主体性而不是群体意志为推动力,以"个人"而不是任何偶像作为追寻的目标。这或许是一条更为艰辛和曲折的道路,但值得我们为之付出努力。

【讨论】林徽因会高兴吗?

参与者:林峥(北京大学中文系博士生)、刘佳(北京师范大学文学院博士生)

【林峥】　在民国热方兴未艾的今天,有一个名字变得耳熟能详,似乎人人都有资格品头论足几句,都能说上一两个段子,这就是林徽因。

从早些年的电视连续剧《人间四月天》起,林徽因开始走入公众视野,便奠定了最初的基调——大众对其的关注,集中于她的婚恋八卦,恰如片名"人间四月天",本出自林徽因为儿子梁从诫出生所作的诗题《你是人间四月天》,此处却被误读为徐、林恋情的表达;到近年关于林徽因的种种传记、作品选备受出版界青睐,然而,除却少数严肃有学术含量的作品外,大部分戏说色彩浓重,其中以白落梅的畅销书《你若安好,便是晴天》为代表,以一种无病呻吟的呓语方式想象一个"人淡如菊"的林徽因,令人几有"你若安好,便是晴天霹霓"之感。

时至 2013 年，林徽因尤其被推到了大众舆论的风口浪尖。首先是柴静因新书《看见》出版被捧为"当代林徽因"引发讨论，同时网络上开始流传一个对女性充满侮辱色彩的词汇——"绿茶婊"，发明者女性微博红人"衣锦夜行的燕公子"对此的阐释是："以林徽因为代表，姿色中上，以文艺女青年为伪装，通常以文艺片女演员、女记者、女主持、女作家为职业，爱发表文学艺术政论论点博得男人爱慕，四处宣扬受过情伤，咬牙坚强，QQ 签名是世界上唯一一朵孤独的花之类，私生活混乱，以及有过劈腿或小三经历的成功女性。"而"文艺片女演员、女记者、女主持、女作家"的身份又恰与汤唯、姚晨、曾子墨、柴静、伊能静等媒体评出的当代"知女"暗合符契。与之相关的是，在微博和社交网络上，本就流传甚广的有关林徽因与徐志摩、金岳霖情感纠葛的各种段子、传闻愈发有甚嚣尘上之势，其中最有代表性的两则便是其同时给多人拍电报，以及向梁思成倾诉自己对于梁、金二人的情感困惑，网络上为此分为拥林、倒林的两派，展开激烈骂仗。

同于 2013 年初，梁思成遗孀林洙出版梁思成纪念文集《梁》，披露梁思成写给自己的情书，引发争议，林徽因的粉丝指斥林洙"专注黑林徽因数十年"，实际上，上述林徽因向梁思成"请教"情感问题的经典段子，最初就来自林洙所撰的梁思成传记《困惑的大匠》。而与此同时，高晓松在收视率颇高的网络节目《晓说》中，做了一期关于林徽因的节目，向大众普及"太太的客厅"，算是相对客观地尝试为林徽因"正名"，但依然不能免俗地提及了林徽因与徐志摩的情事，并沿用了林洙回忆录中关于梁、林、金三角恋情的典故。

实际上，为林徽因正名的声音从未曾消歇，然而有趣的是，公众的兴奋点却始终倾向于接受那个被妖魔化的林徽因。譬如同样是传记，梁林夫妇的知交费慰梅撰写的回忆录《梁思成与林徽因》堪称信史，文字亦饶富趣味，却远不如白落梅的《你若安好，便是晴天》深入人心。同样是电视节目，中央电视台制作的八集纪录片《梁思成与林徽因》，致力于呈现梁、林夫妇在中国建筑史上的建树，史料扎实、态度客观，压在纸背后的情怀尤其令人动容，系近年有关林徽因传记作品中不可多得的佳作，影响力却明显不如八卦的电视剧或网上流传的段子。

　　这就提出了一个耐人寻味的问题：林徽因到底为何受到关注，又在什么层面上引发大众的兴趣？林徽因被捧为民国才女、美女，然而民国时期的名媛、才女绝不止林徽因一个，且不论吕碧城、陈衡哲、凌淑华、庐隐、冯沅君、冰心、萧红、张爱玲这些才情兼备的女作家，名媛亦有如陆小曼、王映霞，文艺界而外，还有像宋氏姐妹、康氏姊妹、合肥张家姊妹、杨步伟、毛彦文这些个性鲜明、才华卓绝的女性。那么，为什么是林徽因？同时，即使同一个林徽因，亦具有丰富的面相，有写得一手好诗文的文学家林徽因，亦有设计国徽、人民英雄纪念碑的建筑师林徽因；有泰戈尔访华时陪伴左右、主演话剧，一时风头无两的少女林徽因；有"太太的客厅"中谈笑自若的女主人林徽因，亦有陪同丈夫风尘仆仆跋山涉水考察古建的林徽因，甚至是抗战期间辗转于病榻上不废民族气节的林徽因。那么，为什么大众孜孜谈论的、记住的，却是那个陷于八卦情事中、面目全非的林徽因？"林徽因"这三个字，变成了一个客体、一个符号，人人可窥视，人人可讲述，人人可消费，将自己的臆测、想象甚至是诽谤、辱骂加诸其上。微博上甚至出现总结"民国美女林徽因如何泡男人"经验的段子，如"混各种高端圈子，认识文人商人诗人学者官员"，"同一时间和多个人谈恋爱，同样的话和场景复制给多个人，节约时间成本"，"嫁给最名门的，绯闻给最出名的，再挂给最死心塌地的"。回想当年，金岳霖为梁思成与林徽因作对联曰"梁上君子，林下美人"，林徽因说："真讨厌，什么美人不美人的，好像一个女人就没有什么事可做，好像只配做摆设似的！"然而，林徽因没有想到，近一个世纪后，她恰恰成了自己所最憎恨的摆设，甚至远甚于此，沦为了互联网时代一个被消费的扁平的符号。

当然，对林徽因的脸谱化和段子化，早在民国时期就初露端倪。冰心作于1933年的小说《太太的客厅》，一反其平日在读者心中温柔敦厚的风格，尖刻地披露北平上流沙龙附庸风雅的众生相，影射林徽因于北总布胡同的客厅；钱锺书发表于1946年的小说《猫》，亦有异曲同工之妙，以钱一贯的辛辣笔调，讽刺矫揉造作的"李太太"及她的客厅沙龙中知识分子的种种丑态。冰心与钱锺书的夫人杨绛先生，与林徽因同为民国才女，不知其间是否有争夺"客厅女主人"之虞；当然，谢、钱等人对于以林徽因为首的英美派知识分子客厅沙龙文化的批判，背后亦有文化趣味的差异。但我关注的是，即使如冰心、钱锺书这样的大家，在批判林徽因的客厅沙龙时，却也不约而同站在道德评判的角度，集中笔墨讽刺"太太"颠倒众生，与不止一个男子保持欲说还休的暧昧关系。对于女性的批判，千古之下，最有力的一击永远在她的伦理道德方面，不论你才华横溢，学富五车，甚至是巾帼意气，指点江山，都抵不过一个不守妇道，或者只是，有不守妇道之嫌。唐代女诗人鱼玄机曾有诗曰："自恨罗衣掩诗句，举头空羡榜中名"，而后代人对鱼玄机艳情逸闻的兴趣远过于其才情，即是对"罗衣掩诗句"的最好注脚。

林徽因之作为一个符号的深意即在于此，被消费、被抹黑的不止是一个林徽因，而是女性的代表，历史上丰富立体的个人，被压缩成玩赏、窥视的对象。有趣的是，前文提到高晓松那一期《晓说》栏目，高晓松特邀一位美女主持汪聪与其搭档，汪聪长相乖巧甜美，身着勾勒曲线的短款旗袍、足蹬十厘米细高跟，全程始终保持优雅的坐姿，并几乎一言不发，只一味在高晓松侃侃而谈时，会意地含笑点头。这种设置本身就富含象征寓意，在讨论一位以机智谈锋闻名的客厅女主人之时，无论是主持人还是观众心中的理想对话者形象，却依然是一位微笑不语的花瓶听众，她一方面以聆听受教的姿态满足主持人说教的欲望，另一方面则作为赏心悦目的审美客体满足观众窥视的欲望。而喋喋不休的客厅女主人，最好只存在于后人的想象与追怀中，即如一代大师章太炎在为秋瑾文集作序时，竟也将其死因归于"以漏言自殒"，批评"瑾素自豪，语言无拣择"，以"古之善剑术者，内实精神，外亦妥仪，则喋喋腾口者寡"相对比，慨叹"惜乎瑾不志此也"。

若令我描画我心中的林徽因，则是她抗战期间辗转西南，反复为小儿女吟诵杜甫和陆游"剑外忽传收蓟北"、"家祭毋忘告乃翁"和"可怜小儿女，未解忆长安"等诗句时的忧愁悲愤；以及讲解《唐雎不辱使命》时，将两眼一扬，厉声朗诵"若士必怒，伏尸二人，流血五步，天下缟素，今日是也"的激昂气概；是建国后，强撑着病体，半卧在床上争分夺秒地赶绘国徽和人民英雄纪念碑草图的投入忘我；是为了保存北京的城墙和古建，指着当时北京副市长吴晗的鼻子大声谴责，由于肺病深重，喉嗓失音，然而句句是深情的慷慨悲怆。这样的林徽因，又岂是温暖安适的北平客厅中争风吃醋的太太形象所能涵盖的？北平沦陷伊始，梁思成与林徽因鉴于父辈的文化象征地位，为避免被日本侵略者利用，即刻南下，毫不留恋北平"太太客厅"的优裕生活，战乱间颠沛流离的艰难令林徽因肺病加剧，健康一落千丈，以致建国后不久即逝世，连梁思成都在对友人的信中十分歉疚，她却从未置一词。值得玩味的是，1940 年 11 月，林徽因在致挚友费正清夫妇的英文书信中，谈到朋友们在抗战时期的近况，在叙述"乔治"即叶公超为日人逮捕入狱挨打受折磨之后，提及"朋友'Icy Heart'却将飞往重庆去做官（再没有比这更无聊和无用的事了），她全家将乘飞机，家当将由一辆靠拉关系弄来的注册卡车全部运走，而时下成百有真正重要职务的人却因为汽油受限而不得旅行。她对我们国家一定是太有价值了！很抱歉，告诉你们这么一条没劲的消息！"Icy Heart 一语双关，既是人名，字面亦有"冷酷的心"之意。而同年 4 月，傅斯年为拨款资助梁氏兄弟事致信朱家骅，附带褒扬林徽因，亦有意无意地将其与冰心相提并论："其夫人，今之女学士，才学至少在谢冰心辈之上。"民国两位同乡才女的较劲，看来不仅限于一篇《太太的客厅》。

在互联网时代的今天，不只是林徽因，越来越多的民国人物，都将难逃如此符号化、脸谱化的命运，特别是微博的盛行，一切传闻掌故，容易流于碎片式的段子，以讹传讹，难窥全豹。当然，面对后世的这些纷扰是非，当事人若泉下有知，也不过置之一笑罢了，最多像林徽因当年那样，送一瓶山西的老陈醋去。

【刘佳】 早在柴静的《看见》之前，电视精英的抒情与言志便开始涌动。她的同事兼娘家哥哥崔永元的《不过如此》和白岩松《痛并快乐着》都是这个文类的典型代表；她的同性同行杨澜（《凭海临风》）、倪萍（《日子》）和吴小莉（《足音》）也曾下笔如泉涌。这类叙述，给予了一类既是个人又是时代的"优势风景"。《读库》主编张立宪在《看见》的新书发布会上曾表达过类似的意思：别看都是所谓的"名人"来站台，其实都不过是这个圈子里低头不见抬头见的熟人。"圈子"这个深具场域感和排他性的词汇，表达出了一个最实诚的常识：人生的代表性少不了顶端优势的支撑。于是，我们不难理解，站在央视这块大石头上垫脚看到的绝不是一个可以随意复制的视野。在这里，行业标兵可以言志，成功人士可以抒情，人民更可以向上投射无限目光，塑造一代接着一代的媒体英雄。

柴静勤奋上进，勇闯新闻火线，曾为她博得广泛的肯定和欣赏。与此同时，她还一直坚持一种朴素知性却不乏风采的美学，干净清秀的脸部线条，单薄的身体加上凝重克制的表情，确实能点起文艺老中青心中残存的火种。20 年前，有待成形的中产社会在英文流利举止优雅的杨澜身上看到了"知识女性"的想象性形态；20 年后，中产也好，小资也罢，除了装睡的，大部分都梦醒了，开始和房价较劲儿了，美好的寄托只得另寻他处。"透明的天花板"和越来越固化的社会利益分配方式把人们的话题空间引向了一些更有社会抗争性的议题。公共空间越来越像个竞争激烈彼此设套的意见市场。柴静被称为"知女"，与她身处于关键性的媒体环节，参与日渐扩大的社会民生议题息息相关。电视节目里的柴静，站在诸多议题现场，挖掘层层"真相"。她的书能大卖，更和其中强大的信息量不无关系。相较于其他"名女人"出书，柴静最大的区别正是她参与公共议题的程度；而相较于微博上的"男神公知"与政权的剑拔弩张频频踩线，柴静悲天悯人的个人情怀可以回避大多数政治风险，争取共鸣的最大公约数。同样被媒体抬起来的"民主女神"刘瑜心里明白这个微妙的光谱，读者不是被自己塑造的，自己反而是被读者选择的。

闾丘露薇可能永远不会理解同行柴静的"表演性"。不依赖以弱为攻、以柔化刚的个人情怀，让人情感先行放松警惕，中国有几块土地是经得起你死盯的？然而，"砍柴"事件中，最具意味的不是"专业性"的质疑，"反而是混老男人圈子"一语。即便我们了解媒体行业的场域逻辑，一旦暗夹了性别暗示的私货，也容易让闻者浮想联翩，从而别具杀伤力。同为电视中人的质疑者董路差不多也算是个"老男人"吧。在他看来，"柴知女"引经据典的文化资本起源于她优秀的性别资本，起源于在老男人饭局上端茶提水作小妹妹状。知性貌端的女性需要怎样的成长，能不能有独立的知识性格，我且不跟董路死磕。这种质疑反而让我们发现，一场多重的凝视随时都有可能发生，身为女性，想要绝缘于"老男人"的目光还有可能，而想要拒绝透过性别身份被观看，几乎不可能。

其实不用对一个终究转瞬即逝的媒体事件庖丁解牛，我们的日常语言早就暗示出了女性的性别位置。一个显而易见的语言现象是，当一个女性获得了相当的肯定和加持的时候就会被称为"爷"，学术圈里有"戴爷"（戴锦华），娱乐圈里有"范爷"（范冰冰）。我不知道这和伍尔夫多年前提倡的"雌雄同体"式人格有无联系异同，只是当女性的痕迹从字面上被反转，去女性化于是自然而然地成了褒赏。

这一点，连柴静都中招。坦白说，我不怕柴静用"罗生门"的口吻展示一个案件，我不怕她用蒙太奇的桥段讲述央视众好汉，我也不怕她以为用复调的手法就能给真实一个交代，我甚至不怕她说"不要急，要稳"。我心里那句"Pass 柴静"的声音是看到她在书中反省自己说"怎么那么像个女的"的那一刻响起的。如果连女性精英都难免被"唯女人与小人难养也"的潜意识所操纵，那么我们真的可以再谈谈女性主义了。

我在无知岁月中犯过的众多错误之一，就是强烈抵制女性主义。我以为面对浩如烟海的精神资源，如果被圈养在女性主义这样的政治正确中，无法承接更加主流恢宏的命题，不反而是对自己女性身份的窄化吗？而且，"不是东风压倒西风，便是西风压倒东风"的性别对抗难道不像一个"革命，革革命，革革革命……"的怪圈吗？亏得青春期够长，又生于重庆这个女性地位貌似格外高举的神奇土地，我迟迟没有发现这一番旺盛的学理背后的幼稚和自负。后来总算在学问内外看到了性别作为话语被另一性别操作运算，在家长里短中看到来自自身的受害者心理以及由此而生的褊狭紧张的生活态度。晚慧的女性终于发现性别问题可真不是盖的，它既是弥散的话语体系，又是遍布身体的血管，神经难免不受其影响。

其实，无论是"知"还是"非知"，女性的性别身份，都是立身处世，有待"超克"的那道坎儿。有知的女性，想突破画地为牢，反而丧失了根据地。那么，那些"非知"的女性呢，谁来为她们的经验感受生产哪怕是自相矛盾的"符号"呢？

2013，从年头扫到年尾，另一个让人难忘的话题是那篇《富士康的夜生活》。这篇报道把我们带向一个极少出现在我们话语系统里的群体——"厂妹"。在共和国的前30年，工人群体里出过作家，数不清的男工女工也曾有各种各样的读书小组。80年代，"工人"、"女工"这样的词汇，也还多少保留着能指和所指的正面性，和勤勉守纪这样的积极品质挂钩。眼下的富士康女工被称为了"厂妹"，因为她们选择成为另一种形态的性工作者。她们原本是在这道对错题里做过选择的，为何进了工厂后反而涂改答案？"知女"如我，语言不够用了，道理也讲不清了。

不像公众人物举手投足间有一套美学，小资女性微博微信晒图有一套美学，廉价的乡镇小旅馆里的肉体哪儿去找美学？提炼不出的美学，常常在考验我们眼下这一套语言的容纳力和道德底线。

相较于"知女"神话发芽抽枝于媒体空间的特殊构造，底层女工把身体当做价值等价物绝不是因为自由市场的深入人心。这便是我为什么希望"语言"这个无敌意识形态能对女性这个全称代指宽容体恤些，这便是我为什么不希望女性精英首先开始怀疑逃离我们自身的性别经验。符号化的命名活动最容易被媒体逻辑吸收发酵的部分，每每来自于性别。当有一天我们不需要用"女汉子"一词矫情地为我们的性别填筑"勇气"、"坚持"、"强大"等正面属性时，或许我们可以找到对抗这层层逻辑的一点儿蛛丝马迹。干吗不给自己点儿信心呢？好在"女"字是有多重词性，仔细爬梳，也不难发现先辈女性突破定语的局限，探索作为主语的有限和无限的诸多尝试。斯愿如此，我也知道，长路带风，无以表达的恐惧和自我怀疑的混乱是总也甩不掉的旅伴。

《蒋公的面子》的戏外戏

陶庆梅 *

近些年，戏剧的演出越来越活跃，但能够引发广泛社会影响的作品，却越来越少。能够广泛引发社会影响的戏剧作品，恐怕要追溯到2000 年前后的《恋爱的犀牛》以及《切·格瓦拉》了。《恋爱的犀牛》可以说彻底改变了戏剧的生产格局，《切·格瓦拉》则激发了 21 世纪初期激烈的社会思想论战。这两部作品，分别从不同的角度在社会上引发了激烈的反响，而且，这反响，迄今也仍然绵延不绝。

2013 年有部叫做《蒋公的面子》的作品，在社会上引起了广泛的影响，成为年度各种媒体（无论是在微博这样的自媒体，还是央视这样的主流官方媒体）曝光度最高的作品——其声名远播的程度，远远超过 2013 年任何一部明星扎堆的戏剧。这部来自南京大学的校园戏剧作品，不仅有些"意外"地走出校园，在全国巡回演出；而且无论在网络上、还是在实际演出中，都引起人们普遍的关注。目前，这部作

　　* 陶庆梅，为《话题》系列著有《"大路"通往何方——史实剧〈我们走在大路上〉及相关争议》（《话题2006》）。

品正在冲击着其导演（也是这部校园戏剧的指导老师）吕效平声称的"100 场、1000 万"的市场目标。

只是在笔者看来，《蒋公的面子》虽然呈现超出戏剧界、成为社会关注焦点的"现象"，但"现象"只是现象，相比于当年孟京辉的《恋爱的犀牛》对于戏剧生产格局的深远影响以及《切·格瓦拉》所产生的广泛社会动员力，《蒋公的面子》从深度到广度上都远远不够。但这并不意味着《蒋公的面子》在 2013 年的"意外"走红并不重要。笔者认为，《蒋公的面子》之所以能在"大牌"林立的戏剧环境中异军突起，呈现出的是当下文艺生产机制的微妙变动，也呼应着某种潜藏在人们集体无意识中的社会情绪。

因而，在本文中，笔者并不想就这部作品的优劣展开评判，而是力图将《蒋公的面子》这部作品置于这两个结构要素之中加以分析。

《蒋公的面子》是部什么样的作品

《蒋公的面子》本来是南京大学戏剧影视系学生温方伊的"校园作业"。关于《蒋公的面子》的创作缘起，即如何由当年南京大学流传的一个传说——"蒋校长"（蒋介石）请三位教授吃饭的故事，经由温方伊多方调查，最终完成这部作品，这些叙述在网上已经描述得很详细了，笔者就不在这里多说了。因为《蒋公的面子》真正有趣的是，在 2012 年演出后，这部作品在一系列因缘巧合中，走出校园，走出南京，展开了全国巡演。

就戏剧本身来说，《蒋公的面子》是一部还不错的戏剧——尤其是对于 90 后的大学三年级女生创作者来说。温方伊坦承，她在创作这部作品时，在结构与写法上模仿《哥本哈根》与《艺术》两部作品。坦率地说，《蒋公的面子》对这两部作品的模仿，主要还是模仿到外在的结构框架，而还没有进入到戏剧的内在：即戏剧如何细腻地推进，如何在推进中不断推翻过去的叙述但也在不断丰富一个人的内心——这些，不仅是戏剧技巧的问题，还有创作者的阅历以及在阅历中累积的对人的复杂性的理解。但《蒋公的面子》模仿的也是有模有样。学习《哥本哈根》由死后回忆生前的框架，设置了在"文革"中回忆重庆的架构；学习《艺术》三个朋友之间的互相"较劲"，设置了这三个不同思想倾向的教授之间在语言、情感上的较量。在温方伊的笔下，这三个人物虽然还是类型化、脸谱化的人物形象："时任道带有左翼倾向，蒋介石曾下令打死过他的学生；夏小山埋头做独立学问，好美食，对蒋介石既不反对也没有兴趣；卞从周拥护政府，希望能够去赴宴，但也并非那种昧着良心不顾事实的官方走狗。"（《南方周末》2012年12月28日，笔者甚至觉得正因为类型化、脸谱化才使得这部作品如此风靡），但也还算成立；最重要的，或者笔者最为欣赏的，是年轻的戏剧作者对于台词的表达有了新的方法、新的态度。那些人物之间的对话，不时透露着要"噎死"对方的聪明劲，也透露着年轻作者对舞台语言的新感觉。

但《蒋公的面子》在全国的巡演以及其热闹的社会影响，其实早就脱离了这部戏本身的方向——甚至我们可以说，这部戏表达的内容与宣传方向之间有着巨大的裂隙。笔者所关注的问题是：这部作品的内容与宣传之间为什么存在着裂隙？为什么这样一部内容与宣传方向有着巨大裂隙的作品，在2013年如此轰轰烈烈地展开，在这背后呈现的逻辑又是什么？

在体制与体制撞击中

我们可以先回到这部作品成功的种种"因缘巧合"的最开始——

那就是报名参加 2012 年中国校园戏剧节被淘汰。

中国校园戏剧节，是由中国文学艺术界联合会、中华人民共和国教育部、上海市人民政府共同主办，承办单位主要是中国剧协、上海话剧艺术中心等。我们并不知道《蒋公的面子》没有入选 2012 年中国校园戏剧节的真正原因，我们只知道：正是因为没有进入到这个中国校园戏剧节，让这部戏剧的导演以及指导老师吕效平对于中国校园戏剧节的标准，进而对校园戏剧节的承办方中国剧协的标准（他特别强调的是，这不是教育部的问题，不是上海市委宣传部的问题），产生了强烈的质疑，因而，他决心要与中国校园戏剧节——主要是校园戏剧节的承办方中国剧协——打擂台。这一信息，笔者在该剧参加南锣鼓巷戏剧节第一场演出结束后在现场听吕效平介绍过一次，此外，《中国周刊》在 2013 年 5 月的《〈蒋公的面子〉走红记》一文中也有详细介绍："2012 年 6 月，吕效平带着话剧《蒋公的面子》报名参加了中国剧协在上海操办的'第三届中国校园戏剧节'。然而，《蒋公的面子》被淘汰出局。对这个结果，吕效平并不意外。'我们跟中国剧协也不是第一次较量，我知道淘汰是必然的。'"（有趣的是，《中国周刊》的报道，将"中国校园戏剧节"直接定位为"中国剧协在上海操办"，而把主办单位及其他承办单位都取消了。）

2012 年，在被中国校园戏剧节拒之门外之后，得不到这个"体制"的认可，《蒋公的面子》在南京得到了江苏省委宣传部（同样是"体制"）的支持（"省委宣传部长并没有找吕效平再谈，而是把话剧《喜剧的忧伤》捐给南京市的 200 万元给了吕效平带领的南京大学艺术硕士剧团。"[《〈蒋公的面子〉走红记》]），并且还获得了企业的演出赞助。2013 年初，在江苏南京完成了社会公演之后，《蒋公的面子》继续展开了与各地演出商的合作，开启了商业巡演之旅。进而，导演吕效平也喊出了在 2013 年"100 场、1000 万"的目标:"本月南京商演结束后,《蒋公的面子》还将开启全国巡演的剧目,该剧导演吕效平预计演出场次能达到百场,票房预计将超过 1000 万。"(《蒋公的面子》启动百场巡演,《扬子晚报》2013 年 3 月 6 日)。

"中国校园戏剧节"听上去并不是什么特别重要的"节"。但毕竟是"国字头",属于"中国戏剧节"的一个子奖项,虽然不那么起眼,但级别高——与戏剧梅花奖等属于一个等级。而且,教育部也是中国校园戏剧节的主办方之一。这样的戏剧节及其背后的评奖体系,对于各省高校来说,还是相当重要的。比如说戏剧梅花奖,对于不在戏剧领域的人来说,可以说一点影响都没有;但对于地方的演员与院团来说,却又是必须争个头破血流的事情:对于院团,事关荣誉,事关今后的经费;对于个人,事关分房、职称,当然更事关今后的发展。国字头的奖励,一直激励着各个省、各个部门冲击。因此,由教育部挂名主办的中国校园戏剧节,对于各地的高校还是有着很强的吸引力。只不过,当《蒋公的面子》在今天已经可以这样轰轰烈烈地对着中国校园戏剧节"打擂台",也确实在说明,这样一个体制虽然外表光鲜,但其实也是危机重重。

之所以这样的体制危机重重,首先是体制内部已经有了非常复杂的分化。《蒋公的面子》没能参加教育部等主办、中国剧协承办的"中国戏剧节"之后,但还能得到江苏省委宣传部的支持。眼下虽然人们总将中国一切"体制化",也总能随便地将一切归于"体制"问题,但事实上在这个"体制"内部,早就分割成了无数的有着不同利益诉求的"块块"。在《蒋公的面子》这一个案里,在被中国剧协拒绝之后,却得到了省的宣传部的支持;而《蒋公的面子》同时也是立足于学院的基础。目前,各个高校的资金、资源越来越多——不说别的,单就《蒋公的面子》的出品方而言，至少获得了"话剧《喜剧的忧伤》捐给南京市的 200 万元"（见前文所引）。

如果说体制内部的多重要素，给了《蒋公的面子》"100 场、1000 万"的底气；而对于《蒋公的面子》这部作品来说，当评奖的内部机制变得无望，在今天，它还可以诉诸另外一个评价因素也就是另外一个体制——这就是市场。但正如笔者在前面部分对于体制的内部分析所强调的，虽然是面对市场，《蒋公的面子》和其他赤手空拳走向市场的商业戏剧是不一样的，它是立足在江苏省委宣传部、大学体制支持的基础之上走向市场，也是这三种机制的基础上，才有可能展开它的"100 场、1000 万"的市场之旅。

相比于中国剧协主导下的中国校园戏剧节这样保守的旧体制来说，市场虽然新鲜，但市场这个新体制也并不那么容易操作——尤其对于这样一部以学生为创作主体的作品来说。目前中国的话剧市场，仍然是以北京、上海两地为核心，连广州、深圳等地都算是话剧的二线城市——迄今走遍了全国各个省的，恐怕只有《恋爱的犀牛》一部。因而，要在全国戏剧市场中完成 100 场，并不是容易的。

但市场这个欣欣向荣的新体制，至少还是提供着另外一种可能。近年来，随着文化大发展大繁荣，各地兴起了建造剧院的热潮。剧院的出现，对于"好作品"有着强烈的需求。但是，虽然当下好作品是稀缺资源，但什么是"好作品"的"好"，又是一个麻烦的问题。在中国当下，戏剧市场并不成熟，戏剧还很难说是日常的文化消费，因此，好作品的"好"，往往是以"明星"的大小来确定的；戏剧能否销售得好，也往往取决于"明星"的影响力。

在有着江苏省宣传部、南京大学这些体制保障的基础上，这部没有任何"明星"的作品，要想获得影响力——而且，这样的影响力绝对不能在戏剧圈，群体太小，根本不足以完成 100 场、1000 万的宏伟目标，就得不断地制造话题，制造影响，也要制造自己的"明星"。

《蒋公的面子》的"明星"，表面上看是后来获得各家媒体采访的温方伊；但温和的、年轻的温方伊事实上很难承担市场社会造星运动所需要的将一切极端化的素质。因而，事实上《蒋公的面子》真正的明星，是老师、导演吕效平。

作为老师、导演的吕效平，在《蒋公的面子》的巡演过程中，一直是扮演着一个挑战者的角色，扮演着一个孤独地挑战体制的"死磕"的"英雄"角色。笼统来说，这位英雄，"死磕"的并不是体制，而是体制的某一部分——具体来说就是中国剧协。前文笔者已经描述过在 2013 年 5 月在北京参加南锣鼓巷戏剧节，在东宫剧院的第一场演出，吕效平在演出后的发言就直接抨击中国剧协；7 月，在上海演出时，上海《新闻晨报》的新闻标题即为"《蒋公的面子》炮轰剧协副主席，自称最好"（吕效平在微博中特意@了这篇报道中所涉及的两位剧协副主席的一位，指出这是"标题党"所为。笔者在这里引用一下原报道的内容：观众一边倒热评的同时，业界也有些不同的声音，对此，吕效平有不同看法："上海有个罗怀臻，全国剧协副主席，他跟我讲，'我们做的是主流戏剧，你做的是非主流戏剧，大家互相支持，相安无事'。还有一个剧协的副主席、国家话剧院的王小鹰在研讨我们这个戏的时候说，'它肯定不是中国当代的主流戏剧，但是，全世界的主流戏剧都是这个样子的'。我要把这话往前推，你能忍受十几年、几十年后，中国的主流戏剧仍然不能和世界接轨吗？"[《新闻晨报》2013年 7 月 15 日]）。

将中国剧协塑造为《蒋公的面子》事件中的"反面角色"，在笔者看来，是有一定策略的选择。在《蒋公的面子》面对的诸多"国字头"的体制中，中国剧协可以说是最弱势、最边缘——中国剧协可不是中国足协。但对于公共媒体来说，无论中国剧协如何弱势，它也仍然是"体制"。吕效平对于中国剧协的攻击，也足以成就其对抗体制的孤独英雄的身份。为了《蒋公的面子》这样一部作品、这样一种现象能够在社会上引起广泛的关注度，吕效平确实功不可没。

坦率地说，如果一部作品的内在力量足够强大，对社会的影响足够深远，在当下的文化生态环境中，也许在投入市场之初需要人为地制造一些影响。这是可以理解的。但随着时间的流逝，这些刻意制造的要素会逐渐弱化，而作品本身的力量才会逐渐凸显。《蒋公的面子》更需要的，是在抛开吕教授的孤独英雄形象之后，历经时间的检验，仍然能够对人心留下深刻的影响，赢得观众的尊重。

宣传与内容的裂隙

在吕效平不辞辛苦地为推广自己的作品大战"中国剧协"成就英雄形象的同时，围绕《蒋公的面子》这部作品面向市场的包装也开始出现。这也是这部作品非常特别的地方，它以"蒋公"作为戏剧的题目，本身就有一定的微妙的地方；而它所处理的"民国"时期的内容，也暗合了当前"民国范"社会环境；其所依据的故事底本：蒋校长请三位教授吃饭的故事，也应和着知识分子不畏权力的想象。但也正是在这个地方，牵扯到笔者在上文所说的作品与宣传的"裂隙"。

如果从作品的实质内容分析，对于年轻的创作者温方伊来说，她关心的更多是在"文人相轻"的层面上（见央视《中国周刊》对温方伊的采访）。从作品中透露出来的，也是每个冠冕堂皇的文人暴露出的私心："温方伊想说的，更多的是知识分子'永恒的精神困境'——既

要有自由独立的思想，又要吃饭；既要有社会责任和担当，又要和官方、政治保持距离。"（《南方周末》）

对于真正的自由主义思想者来说，如解玺璋，他很敏锐地意识到这里的"薄弱环节"，意识到这里的主人公们还是传统社会的文人，而非现代意义上的"知识分子"，甚至连"公民"都不是：

> 他（蒋公）的缺席，或将直接影响该剧所要表现的文人与权势者的关系。由于少了这个重要的对应物，只剩下几个文人的自说自话，所以看上去，更像是对几个文人的挪揄和嘲讽，而并非是对文人与权势者关系的探讨和解读。……但这个戏毕竟把文人的丑陋暴露在舞台上，它提醒我们应该尽早跨过历史的门槛，走进现代社会，做一个公民而非臣民，虽已迟迟，犹未晚矣。（《蒋公面子欤？文人面子欤？》，财新《新世纪》2013年第23期）

事实上，解玺璋是从自由主义思想者的立场对这部作品的立意，提出了微妙的批评。类似的评论我们其实还可以看到很多，只是在宣传时，宣传者非常有意地屏蔽掉了这些声音。比如在北大演出时一位观众的博客所言：

> 我甚至认为，与其说《蒋公的面子》讲的是知识分子面对权力时的复杂心态，还不如说是"百无一用是书生"的知识分子形象，是以"知识"的名义行之于世的人性本身。权力其实没那么重要，权力就是个药引子，或者说是抱有某些期待的观众的主观情感投射。
>
> 这里的人物形象，跟海报上的宣传词之间，构成了一股耐人

寻味的张力："一个公知"，"一个五毛"，"一个打酱油的"，"令人捧腹不已"……再加上"90 后编剧"、"80 后演员"的噱头，站在讲堂门口等着检票的时候，这个文案看得我直倒吸凉气。幸好戏本身没有这么浮夸，角色的脑门上没贴这么鲜亮的标签——如此看来，《蒋公的面子》从外宣策略上看，着实很不高明，靠这张海报吸引的观众群体，与《蒋公的面子》事实上最理想的受众之间，本质上存在着不小的差距。（转引自"天马行空"的博客 http://blog. sina. com. cn/renzicai）

事实上这位观众对了，也错了。他对了，是他很敏锐地触及了这部作品宣传与内容上的"张力"；但错了，是认为这样的策略"很不高明"。其实，这是这部作品面向市场、面向大众的很高明策略。一部单纯地讲"知识分子"（或者"文人"）形象，对文人的品性进行探讨的作品，怎么可能比"一个公知"、"一个五毛"、"一个打酱油的"更让人浮想联翩呢？

这也是《蒋公的面子》这部作品的吊诡之处。原本并不是一部"民国范儿"的作品，原本也没有那么"公知腔"，但作品的宣传却引导着这部作品往"民国范儿"的方向，而且，还要往着对抗性的社会情绪走。

比如，在宣传上放大了作品中一些潜在的可能会让政府不安的要素。这也是在网络上、报道中被摘引最多的两段。一段是：

卞从周：延安就有民主自由吗？

时任道：总比这里民主自由。

卞从周：我只听说它有民主集中，没听说它有民主自由。都说自由，那《中央日报》也有造谣的自由。

时任道：所以现在还有人信《中央日报》吗？

卞从周：你看，这就是自由的坏处。

时任道：这是滥用自由的坏处。

一段是关于"腐败"：

卞从周：……现在的人，天天说政府不好，似乎只要骂两声腐败，便是个进步人士了。

时任道：还不该骂吗？中国政府腐败已是国际闻名了。美国红十字捐送奎宁极多，却被利益集团全存在中国银行库里，不给伤兵使用，只为出售获利，这等不顾国难之举竟无人拦阻。以致该会已不肯再捐药品。国耻，国耻！骂两声"腐败"，总比呼三声"万岁"强得多。

这样的段落，在微博可能根本不算什么。但是，谁让戏剧就是个公共空间呢？在公共空间，这样的声音被放大，被引起共鸣，被报道，被宣传——在报道上，这两段看上去很出格的话，总会注明是出自《联大八年》。

这些对抗性要素的确在《蒋公的面子》中存在。笔者也同样认为这部作品中包含着对权力的讽刺、控诉的意味——不仅在这两段非常鲜明的对话中，也在时任道等人的情感世界中。只是，这些对抗性的情绪并不构成这部作品的主旨；只是，虽然这样的段落并不构成《蒋公的面子》的主旨，虽然非常多的观众在微博等自媒体上表达着看完这部作品后对它走向的认识，表达着与前文所引两位同样的态度，但是，如果真的按照作品本来的意趣做宣传，是否能起到现在这样的市场效果？

笔者的用意并不在指认策划团队刻意"炒作"。笔者想说的是，这部作品的这些段落，或者说这部作品中潜在的某些要素，虽然不是它的主流与方向，而恰恰是这部分要素与当前社会的一部分潜意识合拍，因而，这部分潜在的要素，往往会脱离出作品原来的走向，在网络、舆论的力量下，成长为可以自圆其说的意义代表；而在有些刻意的策划下，这部分内容，也就成长为《蒋公的面子》这部作品的"意义"。

因而，在笔者看来，宣传方向与戏剧内容之间的裂隙，总体来说是这部作品中某些要素被放大，而宣传与策划也就"自然"（真的"自然"吗）地顺着社会情绪的方向，向公众推介自己的作品。这种做法，使得批评者即使看到了这部作品宣传方向与作品实质的内在差别，都相对谨慎：因为，一方面这种社会情绪是真实存在着的，另一方面，在策划者借用市场、体制的操作背后，还是有着年轻学生的热情、努力与才华。而且，即使如解玺璋这样严肃的作者诚恳地表达自己的意见，不也是在喧哗的网络声中被有意无意地淡化了吗？

笔者在这里分析这其中内容与宣传的裂隙，梳理这部作品的成功如何有着社会情绪的推动，策划者又是如何运用社会情绪的力量来推介自己的作品，只是希望展现《蒋公的面子》这部作品在当前社会中运作的基本状况。一部作品，在一时一地，因为呼应了某种社会情绪，的确会成为当时人们热议的话题。但这部作品是否能够走得更远，恐怕并不简单取决于社会上是否存在着与之相呼应的情绪，更不取决于在策划宣传上是否尽力地贴近某种情绪，还是取决于这部作品本身对于这种社会情绪的把握与理解吧。

面对《蒋公的面子》这样一部校园"神剧"在 2013 年在社会上引发的热度，指责它的炒作，褒奖年轻创作者的天分，或者抨击它的立场、分析作品表现上的弱点，在笔者看来，都不是很有意义。它的重要意义或许在于，批评者应该能剥离出现象背后的逻辑，通过它，认清一个无论是体制还是市场、舆论还是商业运作的一些基本事实。

尽管笔者也如许多批评者一样，对于分析这部作品有着投鼠忌器的犹疑，但笔者之所以还愿意借助这样一部作品，厘清这样一部作品背后运作着的体制与社会情绪等诸多力量，还是希望通过对这一现象的深入剖析，认识戏剧艺术的复杂面。戏剧艺术，在创作上是非常复杂的一种艺术门类；而中国的戏剧艺术，在目前也还在艰难的发展过程中。戏剧建设，是一条很艰难的道路，不要因为一部作品，一个现象，就把一切问题简单化。

对于《蒋公的面子》背后那些年轻的创作者，他们也需要看到，在他们才华背后，有着"体制"的隐秘运作，有着社会情绪在这里的"意外"爆发。对他们来说，如果真的能认识到体制的内在奥妙，认识到自己作品所依赖的社会情绪的推动力，也许，才真的有助于他们在将来创作中开掘出真正属于他们自己的深度吧。

【讨论】"面子"要好看，"里子"得做足

参与者：尚思伽（《北京青年报》记者）、靳大成（中国社会科学院文学研究所）、陶庆梅

【尚思伽】 陶庆梅对《蒋公的面子》的分析，很精彩也很全面，本无我置喙的余地，姑且尽己所能，围绕看这出戏前后的感触来谈一谈。

　　我只看了戏，没读过剧本。从剧作层面来说，《蒋公的面子》确实才华闪耀，气息清新，有些台词很妙，富有戏剧性和喜感。但赞美要有个限度。我认为该剧只是一个独幕剧的体量，剧情的推进、人物的刻画都还有不少空间，如果以其演出时长、作为一出完整大戏来要求，其实尚未完成。如果向它索取人性的复杂和历史的高度，目前来看有点不切实际。所以那些溢美之词，那些不厌其烦又千篇一律的人物分析，让我颇为困惑。此外，如果从导、表演，灯光等舞台呈现层面来说，取宽容的态度，该剧也就是刚刚及格——事实上我认为问题非常多。

　　《蒋公的面子》，更吸引我的是"戏外戏"。在 2013 年 5 月看戏之前，有关该剧的讨论已经很多了。我看得粗略，确实以为是一出赞美民国知识分子"独立之精神，自由之思想"的戏（"无论这三位教授有着怎样的差别，是拥护蒋还是反对蒋，总体上看，他们都有着一个共同的价值，那就是知识分子人格的独立。他们并不把蒋介石请吃饭当做是皇帝的赐宴。即使是官方化的教授卞从周也没有这种倾向。"南大的董健教授如是说，见豆瓣网），结果进了剧场一看，这不是一出讽刺知识分子的戏吗？见识有限却拉帮结派争吵不休，既要名声又要实利，跟知识分子独立性哪儿有半点关系？某些没看过戏的"五毛"对着该剧及"果粉"粗暴地抡起大棒，恐怕也是误会了。

　　这种错位感，也就是陶文中所说的"宣传方向与戏剧内容之间的裂隙"，是《蒋公的面子》戏外戏中很有意味的一笔。无论有意还是无意，这样的宣传口径及大量的评论，或可视为对近年来"民国热"的下意识反应。而前身为"中央大学"的南京大学作为该剧的出品方，也使得"戏外戏"先天具有一种微妙的张力。"民国热"是作为今日社会的镜像，在知识界、出版界以及有一定阅读习惯的人群中兴起和传播的，以"还原历史"为己任，却陷入了新的想象和幻境。如果说在对历史一次又一次的重构中，"民国热"有什么特殊性的话，那就是它否定当下的意图过于明显，二元对立的思维过于简单，失去了哪怕作为装饰也属必要的、最低限度的历史感，有时会使自己陷入幼稚可笑的境地。

还是回到《蒋公的面子》之戏外戏，也很赞同陶庆梅的看法，"真正的明星"是吕效平导演。制造话题并非新鲜的营销手段，但《蒋公的面子》所引发的话题不可一概视为营销，它可能是包括吕导演的个体意识在内的多方合力的结果。事实上吕导演的言论、行为乃至性格让我非常感兴趣，我认为他"演"活了一个当代中国的知识分子，即便是本色出演，也远比《蒋公的面子》中的角色丰富和复杂。他作为该剧的导演不能说水平有多高，但他在"戏外戏"中的言行，却更为深刻地勾画出当代知识分子的困境和欲求。

最后还要啰唆地赞美一下编剧温方伊，除了创作的才华，还有她在《蒋公的面子》所引发的种种议论中表现出的温和与理智。在纠结、躁郁的社会氛围中，这是一种令人愉快的感受。

【靳大成】 我比较看好《蒋公的面子》这部戏，它属于剧坛久已不见的优秀作品之类，原因之一，就是陶庆梅文中提的它不是"明星扎堆儿的戏"，其创作起因、冲动、素材、表现过程，都清清楚楚是想做一部"戏"，一部好看的有意思的戏。现如今，戏成了各种"探索"或试验性的散文套话，文宣片，大红大紫地俗，或者自说自话的癔症，没得看。这部戏，有得看。

陶庆梅混迹戏剧界多年，明眼人，她的文章把戏里戏外的人事人际，说得明白透亮。她没太说戏本身，好像有点什么投鼠忌器的犹疑。其实没啥，在演出现场我直观地感觉出编剧严肃认真稚嫩的目的和努力，还真得好好表扬。导演经验老到，加之巡演了几十场（我看的是在北大百年讲堂第二场），磨粉成浆，味道够足，角儿们的戏码给得够足，戏缝也抹得平，逮漏儿不容易。看戏，要的是真得是那个东西，得有那个玩意儿；同时，还得是那个意思，至少得有那么点儿"意思"。可就这点意思，引起了不少网上坊间的争论，高人也好，戏油子也罢，都在议论纷纷。有趣的是，好像导演也在就事儿说事儿，引得年轻编剧也作文解释。这也成了作者关注的重点。要是让我说点批评意见，只就舞台呈现和表演来说，我倒觉着是这个"民国范儿"呈现得还不够，就像戏一开场牛棚里楚亭相泣的老教授们，给我们的是"文革"的鬼画符，就是个摆设，气氛，劲道，没传达出来。倒不见得是编者太年轻，就说历史而言，我们后来的人，只要没生在当世亲历其事，都属"年轻"。你要是对比一下张恨水三四十年代写的那些大后方小说，其中传达出来的人情世故、人生百态，陪都重庆众生相和氛围，就能看出不足来了。这些烘托氛围的小细节、活道具、时行用语，吃穿讲究、流行话题，得下工夫才行，光靠恶补式的"努"是努不出来的。就说吃这一项，西南联大的教授们千奇百怪、苦中寻乐，战火荒年仍有其自得其乐的活法。夏小山似乎只是一个饕餮食客，似乎连《闲情偶寄》或者《石头记》里的美食都未曾见过。南京、上海和苏杭一带的老店名厨不少，也没见报出几道菜名。或许读读高阳小说，对金陵苏杭一带的吃食吃法，食人食性，会有生动具体的了解，能带着色香味端上台来。这只是一例。戏情，角儿，演得这种人情世故要想出彩，没有这个幕后的工夫，看着显得单薄，有时是夹生。这你只要看过《茶馆》就能明白。在这儿我不是故意地过分吹求，实在是太想看一出完整的好戏了。这部戏有基础，创意选材不错，要想成熟，恐怕光演个百八十场还不够，还真得当经典来下工夫，好好打磨。

演多少场，该留不下来仍留不下来，因此目标既不能是大学生戏剧节获奖，更不能是上百场的轰动效益。真得把玩意儿玩好，真得下力气去改。至于人言言殊，议论纷纭，各种人对戏的"意思"有不同看法不同理解，皆自然，任由他去。但怎么把戏做好做足，能成为南大校史或当代戏剧史上留下来的东西，那是从事演戏这行的追求，一点儿马虎不得。台上台下，明眼人多。戏里戏外，千秋功罪，人焉廋哉？我看好这出戏，但若如老斯坦尼说得能演出角色的真精神，就得传神。这个标准和要求，不低，也不高。是所望焉。并表祝贺！

【**陶庆梅**】 谢谢二位的回应。

对我来说，《蒋公的面子》之所以有趣，的确是尚思伽所说"戏外戏"的这一部分。靳大成"从'面子'到'里子'"的分析，我做得少，倒也不全是"投鼠忌器"。戏剧，对于当下中国的戏剧创作者来说，无论体制内外，都仍然是一个非常艰难的过程（这艰难，又有更为复杂的原因，在这里我就不多说了）。因而，每一次实践虽不可能十全十美，但每一次的实践都弥足珍贵。对我来说，《蒋公的面子》在文本上呈现出的清新风格，在台词上的聪明与智慧，已经是弥足珍贵的创新。但我还是认同尚思伽所言，就作品而言，要认识到她的好处，但要有个"限度"——往往，在一片叫好声中，保持"限度"是非常难的。在对《蒋公的面子》作品本身的评价上，我有我自己的"限度"。

因而，我更愿意将我认为《蒋公的面子》最为有趣的地方——即这部作品和这个时代之间具体的、复杂的、情感的、利益的联系——描述出来。

《蒋公的面子》最为有趣的就是台上与台下，戏里与戏外的互动关系。它是一个小小的个例，清晰地呈现出在当下中国社会文艺与现实之间的某种"颠倒"关系。当下，我们可以在各种媒体上看到各种人生龙活虎、自觉不自觉的表演，看到无数个真实的个体如此"自然"地演绎的一幕幕生动的、有时又骇人听闻的社会现实——而这些在生活中的现实，有时要远远比我们的文学艺术创作更让人印象深刻。

　　或许，现实走在了艺术的前方？

青春袭人，黑暗无边

——2013中国话题电影

张慧瑜 *

2013 年国产电影给人的印象，如果用一句话来概括，那就是"青春袭人，黑暗无边"。不再是古装武侠大片中血雨腥风的宫闱斗争，也不再是近现代历史中的大屠杀、大饥荒的民族悲歌，而是"一万年太久，只争朝夕"的《北京遇上西雅图》、《致我们终将逝去的青春》（简称《致青春》）、《中国合伙人》、《小时代》和《青春派》，或许还应该算上宫廷版"小时代"《宫锁沉香》。中国影坛一夜之间完成了"更新换代"，一批并非科班出身的青年导演徐峥、薛晓路、赵薇、郭敬明等用最直接的"高票房"成为电影市场的新宠儿。不过，这一波"与青春有关的日子"看不见"梦想照进现实"的理想破灭，也看不到"那些年，我们一起追的女孩"的怀旧感伤，在这个"小时代"里上演着

* 张慧瑜，为《话题》系列著有《"芙蓉姐姐"的迷思》（《话题 2005》）；《"谁的"爱，奉献给"谁"——抗震救灾中的"人道主义"话语表述》（《话题 2008》）；《"谍谍"不休：谍战片的后冷战书写》（《话题 2009》）；《为何"进不来"，为何"回不去"——"蜗居"、"蚁族"与"中国工人"的"相遇"》（《话题 2010》）；《"重新归来的陌生人"——主流文化与"孔夫子"的和解》、《"见证奇迹的时刻"——"草根达人"的显形术》（《话题 2011》）；《"屌丝""逆袭"职场剧》（《话题 2012》）等。

另一种"青春残酷物语",这就是"黑暗无边,与你并肩"(《小时代2》的宣传语)的腹黑故事。

致什么青春

与《杜拉拉升职记》、《失恋 33 天》相似,《致青春》也改编自已经畅销的同名网络小说,这种网络文学、图书营销与电影产业等关联行业如此密切的互动效应,充分说明青少年消费者、青春文化在文化市场中的重要位置。如同 2012 年青春剧出现"腹黑化",《致青春》与其说在怀念已然消逝的青春,不如说恰好讲述了一个没有青春的青春故事。这部电影有一款分成上下两部分的海报,上半部分是几位主角分别拿着西瓜(郑微)、鱼缸(阮莞)、建筑模型(陈孝正)和录音机(林静),下半部分则是这些物品在坠落中狠狠地摔碎,中间则是影片的名字。这款海报清晰地说明了影片的主题,就是讲述这些俊男靓女们无比珍视的"青春象征物"被毫不留情地毁灭的过程。《致青春》所念兹在兹的"青春"究竟指的是什么呢?

电影片头段落是郑微的公主梦,使用了两个经典的童话故事,一个是娇嫩的豌豆公主,一个是穿上水晶鞋的灰姑娘。这两个故事都是一种低阶层的女人如何一夜之间变身公主的奇幻记,这也正是浪漫爱情在大众文化书写中所承担的基本功能,呈现一种跨越阶级鸿沟的白日梦。与这种越界之爱不同,《致青春》中郑微拒绝了灰姑娘式的选择,富家公子许开阳追求郑微时送给她一个豌豆公主的玩具,郑微没有接受这份豌豆公主的"指认",而是选择了与自己"不打不成交"的穷小子陈孝正。当陈孝正答应做郑微男朋友之时,她感觉到自己穿上了那双水晶鞋。在"玉面小飞龙"郑微眼中,这种"错过嫁入豪门"、"错过当校长女婿"的爱情才是真爱。不过，爱情很快遇到了冷冰冰的现实。在周围都是镜子的水房中，陈孝正再次说了人生格言"我的人生是一栋只能建造一次的楼房，我必须让它精确无比，不能有一厘米差池"，任凭郑微说出即使做贫贱夫妻也愿意"终身相伴"的表白，也无法阻挡陈孝正这位下岗工人的儿子改变命运的决心，因为他清楚地知道出身平凡的郑微无法给他带来从丑小鸭变成白天鹅的"魔力"。正如影片中郑微的另一位室友，出身小城市的"势利女"黎维娟，在考上大学之后断然与同甘共苦却没能考学成功的男友分手。除了郑微，影片中还有一个人相信爱情的存在，这就是布依族美女阮莞，她精心呵护着与高中初恋男友的恋情。可是，男友出轨后找阮莞求救，蒙在鼓里的阮莞与男友出现在墙面镜子中的一角，暗示出这份初恋只能是水中镜月。如果再加上阮莞穿着婚纱揽镜自照，可以说影片中几次出现的"镜子"彻底击碎了青春恋情的迷梦。

《致青春》呈现了两种青春梦，一种是郑微、阮莞所坚持的"青春不朽"的梦，也无非就是与所爱的人"喜结良缘"，她们并不拒绝现实生活，只是觉得爱一个人就应该在一起；第二种是陈孝正、黎维娟式的把改变阶级命运作为首要考量，正如黎维娟很清楚地知道只有通过与年龄大的富商生孩子才能实现命运的逆袭，除此之外没有其他的现实选择。《致青春》就用第二种现实梦否定了第一种青春梦。正如影片结尾的高潮段落，阮莞在结婚前答应初恋男友去听 Suede（山羊皮乐队）北京演唱会，以此来给青春恋情画上彻底的句号，结果却在赴约的过程中遭遇车祸命丧黄泉。阮莞为"青春不朽"付出了惨痛代价，她的死不仅是对青春的献祭，更是对青春价值的否定。显然，阮莞的死亡说明这是一个连个人之爱都无法找到归宿的时代。最终郑微选择离开初恋男友林静，在搭乘的货车上，她看着大自然的风景产生了新的感悟："我们都爱自己，胜过爱爱情，现在我知道，其实爱一个人应该像爱祖国、山川、河流"，画面是湍急的河流和峻拔的高山。这段很像革命历史电影中经常使用的"触景生情"式的升华段落，或许就是郑微求一己之小爱失败之后产生的"爱祖国"等超越性价值的顿悟。

值得追问的是，在《致青春》中郑微的爱情为何会与陈孝正的个人成功相冲突呢？对于陈孝正来说，与郑微在一起和他实现从穷小子晋级为成功者的美国梦是如此的不可兼得。影片还讲述了一位同样出身底层的"假小子"朱小北捍卫尊严的故事，她因被诬蔑从超市偷东西而愤然砸烂超市，最终被学校开除。影片结尾处改名为刘云的朱小北开办了一家儿童记忆培训公司，专门教人过目不忘的"刘云记忆法"，而此时的刘云却彻底遗忘或拒绝"朱小北"的名字，这种记忆/失忆恰好呈现了刘云/朱小北所遭受的屈辱是如此之痛切，也只有通过个人式的成功才能找回丧失的尊严。这种无处不在的"偏见"在电影一开始就存在，正如陈孝正/黎维娟都宣称有洁癖，要用布帘子把自己与其他室友区分开，这种可见的帘子就是一张埋在陈孝正/黎维娟内心深处的阶级区隔，他们非常清楚"人生是一栋只能建造一次的楼房"，所以郑微与陈孝正的偶遇就暗示他们不可能在一起的结局，因为郑微弄坏了陈孝正的建筑模型，这无疑动摇了他的人生大厦。

《致青春》在呈现陈孝正、黎维娟、朱小北没有选择的人生际遇之时，也借郑微的目光把这种屌丝逆袭的故事"宣判"为一种不择手段的、薄情寡义的人生之路。2012 年播出的青春剧《北京爱情故事》同样把农家子弟石小猛讲述为唯利是图、一心往上爬的小人和把女友作为人生交易的薄情郎，因为大学毕业之后的石小猛面对北京这个欲望之都，知道无论自己如何努力、奋斗都不可能与同窗好友"高富帅"站在同一个起跑线上，甚至连入场的机会都没有。在这里，这些影视剧文本非常真切地呈现了当下年轻人在现实结构中的困窘和压力。《致青春》并没有把20世纪90年代的大学校园书写为"纯真年代"，反而说出了当下大学生"暮气青春"的社会缘由。就在《致青春》落下帷幕之际，一部讲述90年代大学生创业成功的美国梦/中国梦的电影《中国合伙人》上映，他们不仅获得了比陈孝正更大的成功，而且这种成功充满了在华尔街上市的"民族自豪感"。

两种"美国梦"

美国梦是这30年来中国大众文化中生产最多的美国想象，20世纪80年代以来随着市场经济改革，讲述个人成功的梦想以及财富梦的故事就是大众文化最重要的主题。最初是"勤劳致富"、个人致富，后来则是树立民族品牌的创业梦。近些年在流行文化中作为成功梦代表的则是随着互联网经济出现的"知本家"马云、李彦宏、马化腾等，他们以科技、知识的名义成为新的财富神话的代言人。美国梦具有两个不同的面向，一个是白手起家成为产业大亨的梦想，二是老老实实地做一个有车有房的中产阶级。这样两种不同的美国梦与美国历史有着密切关系。19世纪的美国是相对于老欧洲的新大陆，没有历史遗留下来的贵族制、等级制，于是，伴随着屠杀印第安人的西进拓荒运动，美国成为小企业主的天堂。19世纪末期，随着产业垄断以及西进运动的终结，这种个人成功的美国梦就失去了现实基础，20世纪的美国梦主要是中产梦，这与"二战"后美国采取凯恩斯主义的福利制度和产业向其他地区转移相关，中产阶级成为美国社会的主体。电影《中国合伙人》和《北京遇上西雅图》分别讲述了这样两种不同的美国梦。

由香港导演陈可辛执导、中影集团出品的电影《中国合伙人》所涉及的是一种个人奋斗成功式的美国梦。这部电影呈现了 20 世纪 80 年代的三位大学生经历种种时代与个人的变故之后创业成功的故事，影片结尾处幻灯片般展现了多位当下中国最有名的商业精英（柳传志、俞敏洪、王石、冯仑等）创业之初和成功之后的对比照片，为这部带有怀旧色彩的影片提供了清晰的叙述主体，这不是普通人、小人物的青葱岁月，而是商业上的成功人士的临渊回眸。借用《中国合伙人》的英文标题 "American Dreams in China"，在中国照样可以实现 "美国梦"，就像片中合伙人之一孟晓骏没有在美国找到成功的机会，反而 90 年代回到国内获得事业成功。这部电影有趣之处在于，其中所提到的新梦想教育公司以及现实中的新东方学校，都是以培训英语，以贩卖成功梦、美国梦发家的公司，也就是说通过出售美国梦实现了美国梦，正如新东方学校的著名口号 "从绝望中寻找希望，人生终将辉煌"。这种竞争者文化、这种通过残酷的 "PK" 比赛决定胜负的游戏，成为丛林法则和 "适者生存"、"优胜劣汰" 的最佳写照。这也正是《星光大道》、《中国好声音》等选秀节目如此不厌其烦地讲述草根实现梦想的神话。这是一场只有少数人能够幸存下来的比赛，这种优胜者文化发展到最后就是 "一将功成万骨枯" 的 "饥饿游戏"。不过，在社会主义中国讲述成功故事并非如此 "天然" 和 "自然"，正如《中国合伙人》中用一种民族自豪感为公司到华尔街上市寻找合理性，只有把从白手起家到百万富翁的奋斗故事与 "民族" 话语结合起来才能获得道德正义性，这也是民族主义、爱国主义的另一面，就是弥合不同阶层的民族认同。

在电影《北京遇上西雅图》中，文佳佳所追求的则是作为中产梦的美国梦。与其他 "爱情 + 喜剧" 的类型相比，这部电影最大的卖点在于故事发生在异国他乡。爱情这一浪漫主义的永恒主题本身带有奇幻记的特征，是一种对社会常规秩序的想象性打破，《北京遇上西雅图》也是如此，文佳佳要突破在北京做"贵夫人"的寂寞无聊，选择与平民大叔在美国共享小资情怀。影片从文佳佳在西雅图入关开始到最终结尾文佳佳与 Frank 邂逅在纽约帝国大厦，这部影片都在向一部经典的好莱坞爱情片《西雅图未眠夜》（1993 年）致敬，而《西雅图未眠夜》中男女主角在帝国大厦约会的噱头却来自于《金玉盟》（1957年），这部电影又是对更早的一部爱情片《缘分的天空》（1939 年）的重拍。问题不在于这些彼此互文的影片串联起不同的时代，而在于一部中国电影终于实现了与好莱坞电影的文化"对接"。中国电影人、中国青年观众对《西雅图未眠夜》的喜爱正是中国重新引进好莱坞大片的时刻（1994 年），也是 20 世纪 80 年代以来把美国作为中国现代化的理想目标的时代。

如果说 1993 年一部红透大江南北的电视剧《北京人在纽约》借纽约的背景讲述了中国人在自由竞争的丛林社会中奋斗的故事，呈现了90 年代之初中国人刚刚遭遇市场化、下海的震惊体验，那么《北京遇上西雅图》不再是实现个人成功的美国梦故事，西雅图对于文佳佳来说就是消费、挥霍的大卖场。短短 20 年，中国已经从全球化时代的打拼者变成了拉动全球消费尤其是奢侈品消费的金主。不过，文佳佳飞越太平洋来到西雅图与其说是为了购买名牌，不如说更是为了实现一次文化怀旧，她要像《西雅图未眠夜》那样，不仅在西雅图遭遇单亲父亲，更要在帝国大厦上与之擦出火花。正如影片结尾中，拿到美国医生执照的 Frank 与创业成功的文佳佳终于"占领"了纽约文化的地标帝国大厦。这部电影中有一个看不见的角色就是包养文佳佳的大款老钟，老钟的不可见恰如看不见的虚拟资本，成为供给文佳佳在西雅图/纽约畅通无阻的生命线。相比于回到北京的文佳佳身处一个建国前的、西方贵族式的奢华空间，Frank 所置身的美国则成为中产者可以勤劳致富、共享家庭之欢的地方。文佳佳对老钟的抛弃，与其说是厌倦法餐、游艇的奢华，渴望过豆浆、油条式的小日子，不如说封闭、压抑的北京已经无处安置文佳佳的中产梦，只好远赴重洋来到金融危机的美国寻找"两个孩子和一只大狗"的中产阶级式的生活，只是正如影片中 Frank 的妻子所选择与跨国大资本联姻的升值路线，西雅图真的是拯救中产阶级的另一个彼岸吗？

《小时代》 并不"小"

随着《小时代》的上映，微博上又掀起"意料之内"的争议，这次争论主要是知名影评人、电影人不满于影片的浮华、空洞及其市场的垄断，甚至掀起如何在电影市场中保护多样性的争论。这也再次印证《小时代》的市场威力和商业价值，让其他电影人不得不拿起反文化垄断的盾牌，而郭敬明及其身经百战的"郭粉"更不忌惮争议，因为争议不仅是影片放映期间最佳的吸引眼球的方式，而且他们拥有这个时代足以称霸武林的"杀手锏"，就是"市场万岁，票房万岁"。这种回应策略屡试不爽，即使"抄袭门"也无法抵挡郭敬明亮出作家富豪排行榜的"独孤九剑"，只要百万、千万粉丝依然在消费"小四"的书及其旗下的产品，任何批评和质疑都是毛毛雨，都是"So What"！果不其然，坚挺的"郭粉"已经创造了两部《小时代》超过八亿票房。

《小时代》的流行除了郭敬明作为文学市场中最有号召力的作家外，还与当下影院观众整体低龄化有关。自 2002 年电影产业化改革以来，国产电影的消费者就变成以都市青年群体为主，据统计，进入影院85% 的观众是 15 岁到 35 岁的人群。与此同时，这些青年群体也是畅销书、热播影视剧、网络游戏、小剧场话剧等主要的文化产业类型的消费者，也就是说，这些收入并不丰厚的年轻人（相当一部分还没有工作）是当下中国文化消费的主力军。其实，这也不是中国特殊的现象，从上世纪七八十年代以来，包括电影、流行音乐在内的大众文化其主要的消费对象就是青年人，以至于青春主题、青年文化成为文化生产的主体类型，就不用说好莱坞大片越来越变成一种奇观性的视觉影像以及近几十年最流行的畅销书就是带有校园文学、儿童文学痕迹的《哈利·波特》系列小说。

具体到国产电影来说，尽管青年人是国产电影市场的核心消费人群，但是在相当长的时间里占据银幕的是好莱坞大片和国产古装大片，很难看到与青年群体现实生活有关的国产电影，只有都市喜剧片和恐怖片在讲述年轻人的喜怒哀乐，正因为如此，这些中小成本的喜剧片和恐怖片也成为大片之外少有的可以赚钱的类型片。不过，这种状态已经发生了很大的变化，特别是2013年上半年，几部中小成本的国产电影创造了远远超过进口片的票房成绩，尤其是《西游·降魔篇》（票房12.3亿）、《致我们终将逝去的青春》（票房7.19亿）、《中国合伙人》（票房5.37亿）、《北京遇上西雅图》（票房5.15亿）等。从这里可以看出，讲述现实、青春题材的影片大获全胜，国产电影总算找准了影院观众的口味和消费年龄。这也为主打"青春牌"的《小时代》以及暑期上映的《青春派》提供了市场基础。

在这些青春片中，《小时代》依然是比较特殊的一部，这不仅在于其改编自已经畅销的同名小说，也不在于这部作品的监制来自有"台湾偶像剧教母"之称的柴智屏，而是郭敬明确实讲述了一个属于他的"小时代"。显然，"小时代"的命名来自对"大时代"的戏仿，仿佛这是一个个人再也不需要裹挟到"大时代"里面去的小时代，一个个人可以做出选择的"小时代"。"小时代"在哪里呢?"小时代"位于90年代中国经济改革的核心地带上海。在小说《小时代》的开头,郭敬明写道:"北京早就被甩出去八条街的距离了,更不用提经济疯狂衰败的台北。香港依然维持着暂时优雅的领先,但在身后追赶的,是一头核能动力般的机器巨兽,它的燃料是人们的灵魂,它的名字就叫上海。"在这种北京、台北、香港和上海的地形图中,上海成了"一个以光速往前发展的城市"。在电影中,"小时代"变成了一种空间形象,正如影片的片头,在光怪陆离的上海外滩之后,"小时代"的片名如积木般突然矗立在高架桥旁边,地标建筑般的"小时代"一点都不"小",郭敬明及其打造的文学帝国要"占领"上海陆家嘴。

电影《小时代》中有一个最成功的时尚杂志《M.E》,其主编宫先生不仅拥有独一无二的掌控力,而且还有久居高处的孤独感,就像"公民凯恩"一样虽然拥有富可敌国的财富,却永远无法满足自己童年的创伤。考虑到现实版的郭敬明购买了上海市中心地价最贵的老公寓,而且这间公寓兼工作室与住所于一体,可以看出郭敬明的文化公司与宫先生的企业帝国之间的相似之处。一方面郭敬明要成为这个时代最耀眼的成功者,这就是在影片宣传过程中,郭敬明最大的形象就是他是这个时代的成功者,不管是作家还是企业老总,他的成功看得见、摸得着。这也是很多人从这部电影中所看出的无处不在的赤裸裸的物质主义,当然,这也正是这个时代、尤其是以上海外滩为代表的资本至上的逻辑。另一方面郭敬明又要打造一个远离喧嚣的童话王国,正如《小时代》中的人物就像生活在一个主题公园里一样,每个人如同置身于上海外滩的迪斯尼乐园,一会儿刮风、一会儿下雪,时而忧伤、时而欢乐,缺少成人世界的凛冽和残酷。

在上海弄堂女孩林萧眼中,顾里、宫洺都是"那些金字塔顶端的有钱人"，"他们是活在云端的命运宠儿"，"他们占据着上海最美的地段，最美好的光线，享受众人羡慕的目光"，这些青春稚嫩的脸庞是这个时代的主人。在这个鎏金华丽的主题公园中上演着"黑暗无边"的故事。在《小时代2》中富家女顾里一开始就遭遇父亲意外离世和闺蜜众叛亲离的双重打击，这个被朋友尊称为女王的弱女子一夜之间就承担起家族企业并购的资本大戏中。一袭黑衣的顾里不仅没有退缩，反而心思缜密、合纵连横最终获得事业和爱情的双赢，成为与宫洺比肩的"时尚女魔头"。可以说，一旦走进黑暗的"小时代"，接下来的选择不是要"出淤泥而不染"做特立独行的梦想家，也不是逃离这个黑暗之地寻找"美丽新世界"，更不是"金猴奋起千钧棒"造黑暗王国的反，而是以其人之道还治其人之身、以更大的黑暗对抗黑暗，他们像甄嬛一样用"黑暗"的方式占领"黑暗世界"的制高点。

这就是这个"飞快旋转的城市"的另一面："这是一个匕首般锋利的冷漠时代。人们的心脏被挖出一个又一个洞，然后再被埋进滴答滴答的炸弹。财富迅速地两极分化，活生生把人的灵魂撕成了两半。"也就是说，《小时代》既呈现了以陆家嘴所象征的金融资本的魔力，如历史的"黑洞"摧枯拉朽般把无数的人吸引过来，又呈现了生活在"小时代"的人们处在一种无力、无助、"飞蛾扑火"的绝望之中，以至于"躺在自己小小的被窝里"成为临时的庇护所。可以说，这些生活在"小时代"的主人翁并没有"主人"的感觉，他们有着清晰的"自知之明"："我们活在浩瀚的宇宙里，漫天飘浮的宇宙尘埃和星河的光尘，我们是比这些还要渺小的存在。"如果说在80年代个人、个人主义曾经作为历史控诉和思想解放的主体，许多文艺作品里用天空中一行人形的大雁或者茫茫雪地里巨大的人形图案来反思革命的伤痕，那么90年代"一只特立独行的猪"（王小波语）成为市场经济时代

"独立"、"自由"的象征，而新世纪以来这些"大写的人"却变成了微不足道的蚂蚁、炮灰、粉末和屌丝，恰如最新的后宫片《宫锁沉香》中闭锁在深宫"小时代"里的"笼中雀"。于是，面对无边的黑暗，"我们"这些"小小星辰"只能"在大大的绝望里小小地努力着"，这也是同样带着稚嫩面孔的影院观众最为真切的心声。

【讨论】 青春何来暮气

参与者：董阳（《人民日报》文艺部文艺评论版副主编）、张成（《中国艺术报》编辑）、李松睿（中国艺术研究院《艺术评论》编辑）、张慧瑜

【董阳】 慧瑜驾轻就熟地对这一波青春片浪潮进行了精彩的社会/文化解读，读出了残酷意味，尤其是"当下年轻人在现实结构中的困窘和压力"，比如对两种美国梦的分析刀刀见血，成为解读和记录这个时代社会心态的一个上佳文本。我所苛求的是，他的"六经注我"式思维可能会造成新的遮蔽，即青春片不应仅是社会学文本，它的美学结果被悬置了。如果我从放大了几百倍的幕布上没有受到有力的能量传递，那我到底为什么要赞美？如果不是因为过人的艺术才能，难道是郭敬明收获的钞票吗？还是我们看到了一群老家伙"围殴"一个曾经自卑的可怜小男孩（其实郭敬明是强大的资本家，影评人才是可怜虫），心中澎湃而出的正义感？还是，仅仅因为它让我们看到了久违的"现实"？我倒并不觉得粉丝们对所谓的现实感兴趣，这"现实"只是一种摆也摆脱不了的自然投射。要求一部电影"现实"和要求一部电影有"健康的价值观"一样，是一种流行的政治正确，但这只是底

线，有"健康价值观"并不意味着有审美价值，"现实"也不构成赞赏的理由。电影市场的青春转向，说到底，还是商业的自觉，但是电影的美学——"拍得好不好看"是永远不可缺少的维度，至少《致青春》、《小时代》在美学上的不足是显而易见的。

【张成】　几年前，"得大导者得票房"。2013年，情形好像突然改变了，题材多元了，创作力量年轻化了。尽管仍有各式各样的骂声，但已经不是一边倒了。"得粉丝者得票房"，郭敬明是个最好的例子。总的来看，2013年比较有分量的电影大致勾勒出了中国电影未来几年的发展方向，要么尝试好莱坞叙事中国化，像《中国合伙人》、《北京遇上西雅图》、《人在囧途之泰囧》等；要么为自己，也为粉丝拍相对个性化的"定制影像"，像《致我们终将逝去的青春》、《小时代》等。只是希望来年的电影不再"袭"人，而是多一些醇厚和温暖。

【李松睿】　这篇文章用青春这个主题，把《致青春》、《中国合伙人》、《北京遇上西雅图》以及《小时代》等2013年的大热影片串联起来，分析这些电影所呈现出的时代症候性。曾几何时，青春意味着梦想、激情与特立独行，意味着超越现实的羁绊，追寻理想的光芒。然而正像慧瑜所分析的那样，青春与梦想在我们这个时代已经褪色、消亡，功利主义和物质至上成了压倒一切的力量，而财富也就成了这个社会标识成功的唯一标准。虽然2013年的这些电影纷纷向青春致敬，但片中的主人公却大多是一些早熟的年轻人，他们纷纷向现实逻辑妥协，急匆匆地进入到成人的世界中。不过我对文章深感认同的同时也略有不满足，在指出问题之后，我们似乎更应该去追问，究竟为什么今日的年轻人过早地丧失了对于梦想的追寻？为什么在举国大谈"中国梦"的时代，梦想反而在国人的生活中渐渐消逝？

【张慧瑜】　谢谢三位的点评，指出了我讨论中的不足和需要深入讨论的地方。董阳兄提出这种社会化的文化批评对美学维度的忽视，我确实没有从影片艺术的成败来展开分析，而更多地关注影片所呈现的文化症候。这些电影正如张成兄所说，是一种"好莱坞叙事中国化"的尝试，不是采用大片的方式，而是一种中小成本制作，也是新世纪中国电影产业化改革以来少有的小片获得市场认可的现象，这充分说明新一代的电影制作人对当下青年观众心理的敏感把握。其实，好莱坞电影的魅力正在于及时地呼应"现实"的变化。松睿提出青春梦消失的问题，我想引用郭敬明的话来回答，这种"渺小的存在"被郭敬明作为一代人的成长体验，"我们这一代人，活在一个孤独而又庞大的时代，从出生起，我们没有兄弟姐妹，我们仿佛一个孤零零的调频，在巨大的宇宙里呐喊着"。这与其说是"独生子女"政策所造成的孤独感，不如说是在强调个人主义的市场化改革中，体制、社会、组织的解体使得每一个孤零零的个人需要独自面对市场经济的浩瀚宇宙，"温室里的花朵"背负着越来越多的"社会"负担，这也是青春暮气的由来。

百年昆曲史，"非遗"变形记

陈 均[*]

在新世纪以来的文化现象中，一个重要的变化就是"人类口头与非物质文化遗产"（以下简称"非遗"）的命名、引入与体制化。2001年，昆曲被列入首批世界"非遗"，至 2013 年，昆曲已历"非遗 12年"。仿佛亦是"一觉醒来"，昆曲发现自己成为"非遗"，进而似乎成为当前中国社会的"历史流行文化"的一部分。

在这 12 年里，随着"非遗"的体制化，昆曲作为"非遗"之首，在中国的社会文化空间里也占据了越来越重要的位置。在涉及昆曲的诸多领域中，既有着来自官方、民间及市场之间的角逐，亦表现出历史与现实、传统与创新、艺术与政治之间的纠葛。2013 年 6 月，《世界遗产》策划了一期名为《昆曲非遗十二年："文艺复兴"抑或"虚假繁荣"》的昆曲专题，可以说是近年来最全面的关于昆曲行业与现状的调查。这一命名相当尖锐亦清晰地表露出"昆曲热"之下的观念

* 陈均，为《话题》系列著有《"文化长城"OR"借体还魂"——"京剧进课堂"之争议》（《话题 2008》）。

的差异与冲突。而专题的"代编后记"则呼吁"昆曲期待新共识"。

"非遗 12 年"里，有哪些足以表征我们时代的昆曲观念的重要的昆曲现象？近代以来的昆曲兴衰，与中国社会文化的变化有何关联，又呈现出如何的面相呢？以下我将分析"百年昆曲"与"非遗 12 年"这两个时空，来探讨昆曲的变迁，以及描述作为"非遗"的昆曲的"变形记"。

昆曲"非遗"12 年

在昆曲成为"非遗"后，在昆曲领域，有哪些影响比较大的事件或言论？我采用"倒放电影"法，从最近的事件谈起，首先是 2012 年 11 月的"南北昆曲名家演唱会"和"于丹被轰"的事件。

2012 年 11 月，皇家粮仓策划并举办了"南北昆曲名家演唱会"，在北京大学百年讲堂演出。皇家粮仓举办这一次演唱会，目的是为厅堂版《牡丹亭》站台。厅堂版《牡丹亭》是皇家粮仓策划的一个主要项目，至 2012 年底，厅堂版《牡丹亭》的演出已超过 600 场，为了庆祝 600 场，扩大声势，就筹办了此次"南北昆曲名家演唱会"，当时盛况空前，而且也开启了一个模式：汇聚中国最有名的昆曲艺术家，进行正式的商业演出——2013 年 3 月，上海举办"兰韵正浓——昆曲国宝艺术家专场"；5 月，南京举办"纪·忆——昆曲国宝级艺术家演唱会"。这两次演唱会虽然在具体细节上略有差异，但均延续了皇家粮仓的"南北昆曲名家演唱会"模式，也颇受欢迎。

但是在北大演出的"南北昆曲名家演唱会"即将结束时，出现了一个意外事件，就是"于丹被轰"事件，使这次演唱会在几天之内成为全国性话题。在一些批评者眼中，于丹现象被当做中国社会体制的某个症候，如朱大可认为："1988 年在蛇口，李燕杰和曲啸在痛斥改革开放现状后，遭到深圳青年当面质疑和挑战，酿成'蛇口事件'。2012年，鼓励民众以阿 Q 式幸福感面对贫苦的于丹，在北大'被嘘'。历史以轮回的方式，重演了它的反思逻辑。"因为"于丹被轰"，昆曲一下子成了话题的中心，但是它的起因是于丹并不被传统的戏曲爱好者所认同。在"于丹被轰"事件的背后，隐藏的其实是在当前中国社会里面昆曲观念的复杂性。

其次，就是关于"转基因昆曲"。"转基因昆曲"也是近几年在昆曲领域里面出现的一个名词，以"转基因昆曲"作为批评对象的，有丛兆桓、张卫东、顾笃璜、田青等人，譬如，丛兆桓将某些戏曲大制作称为"转基因昆曲"，但又认为"转基因昆曲"并非完全不好，因为"古老的艺术要在现代留存，必须有所改革"。而张卫东列举了"转基因昆曲"的七条标准，譬如"文本非古人所作"、"大型乐队的演出"、"有吃喝的地方"、"园林昆曲"、"做昆曲文化生意的表演"等，并予以批评。虽然他们谈论"转基因昆曲"的指向不同，态度亦有所差异，但"转基因昆曲"作为对于一种不同于传统昆曲的新编昆曲的描述，包含着批评者的立场与态度，并可作为思考昆曲现状的一个概念。

2012 年 6 月初，在上海出现了关于《2012 牡丹亭》的争论。《2012 牡丹亭》是由京剧演员史依弘和昆曲演员张军合演的一版昆曲《牡丹亭》。但是这版《牡丹亭》采用了新的形式，比如舞台和传统的昆曲舞台不一样，用了一些水晶亚克力的道具，还运用了一些象征手段——舞台有一道光环，这个光环据说代表杜丽娘心中的一个枷锁，自始至终在舞台的上方，把这种内心的意象具象化。而它引起争论的导火线之一就是翁思又在微博上发表了一个观点，认为这个杜丽娘提高了两个调门是创新，是"新而不怪"。这个评论在微博上受到批评，有人评价说是一种"高级黑"，本来是"夸"主演，就变成了"黑"主演。之所以引起争议，是因为它里面涉及到"涨调门"的观念：昆曲一直强调"满宫满调"，"涨调门"的提法违反传统的昆曲观念。涨了两个调门，还被赞扬为一种被认可的创新，所以引起了一些昆曲爱好者的反对。

接下来是著名昆曲表演艺术家蔡正仁批评《2012 牡丹亭》，该文载于《新闻晨报》2013 年 6 月 6 日，新闻正标题为"水晶很亮，却亮过了演员的眼神"，副标题是"蔡正仁、张静娴严厉批评张军、史依弘版昆曲《2012 牡丹亭》"，蔡正仁所批评的最主要的一点就是它的"昆味不正"，比如说它的乐器，它的"涨调门"。但是蔡正仁的批评随即遭到反击，上海知名主持人曹可凡在微博上说这是一种"恶婆婆"的行为。于是，上海的不同报纸登出不同立场的辩论文章，形成了 2012 年在媒体上影响比较大的聚焦昆曲观念之争的一次辩论。

2012 年，除了昆曲之外，还有一些相关事件，如"比基尼京剧"。在一次比基尼秀里，因模特采用了传统的旦角装扮，被称作"比基尼京剧"，成了批评京剧创新的一个事例。其实，这是一次利用传统戏曲元素进行走秀的表演，用的是昆曲，放的音乐是《牡丹亭·惊梦》里的曲子，但被人认为是京剧的。此次事件，也是因为公众的误解，变成一场关于传统艺术创新与保持传统之争的"喧哗"。京剧《新霸王别姬》也引起了较大的风波，这一版《霸王别姬》和梅兰芳的《霸王别姬》不一样，运用了很多新的手段。比如说，它的武打场面，不是用传统的京剧对打，而是像游戏里面的"切西瓜"，此外还有真马上台。《三联生活周刊》上有关于这个争论的报道，记者站在制作方立场称赞《新霸王别姬》，批评《新霸王别姬》的戏迷是顽固派戏迷。

我们再来回溯，2006 年，在苏州举行了"中国第三届昆剧节"，参加此次昆剧节的各院团演出的几乎都是新编大戏。此后，一些港台学者给政府"上书"，批评这种行为，提倡传统的昆曲艺术。为什么在第三届昆剧节上参加展演的剧目都是新编大戏？据说与文化政策有关，譬如，各院团排戏，如果是新编的大戏，就能获得100万的资金；如果是整理改编的作品，则只有50万。因此，当然是新编大戏占据多数，这也说明了昆曲与体制之间的关系。正是因为这种体制内的运作，导致了2006年中国昆剧节的怪现象。

往前到2004年左右，苏州昆剧院的全本《长生殿》在北京演出，《中华读书报》发表了一篇对张卫东的访谈，题目是《正宗昆曲 大厦将倾》，张卫东对"非遗"之后的一些昆曲现象提出了批评，譬如"台上搭台必伴舞，做梦电光喷云雾，中西音乐味'别古'，不伦不类演出服"。

这是从2004年到2012年昆曲领域里的一些比较大的事件。此外，在这些年里，可以构成话题的大戏里面，有如下几种，它们反映了这些年来昆曲观念的变化。比如说，首先是青春版《牡丹亭》。它的巡演从2004年开始，此后它的一些观念在中国社会得到传播，并且流行。比如"青春版"，"青春版"这个概念虽然不是青春版《牡丹亭》首先提出的，之前在越剧也有"青春越剧"的提法。但青春版《牡丹亭》以后，昆曲大制作大多使用这个概念。又比如"全本"，青春版《牡丹亭》号称"全本"，它是演三天，苏昆的全本《长生殿》也是三天，后来上海昆剧团的《长生殿》，甚至出现了四本，就是演四天。"全本"的概念也成了一种重要观念。

还比如"原汁原味"。真正做到"原汁原味"是不可能的，但是"原汁原味"作为一种观念，经过巡演也开始传播，后来又有《1699桃花扇》，为什么在《桃花扇》前冠以"1699"呢？因为1699年是

《桃花扇》开始上演的年份，这部昆剧冠以"1699"就是说明这个《桃花扇》是"原汁原味"的，是1699年的《桃花扇》，这个命名就显示了对"原汁原味"概念的运用。还比如厅堂版《牡丹亭》，它使用的一个概念是明代的"家班"，按照明代"家班"的形式来演出。这其实也是变化运用了"原汁原味"的概念。

从这几个影响较大的新制昆曲的演变来看，我们可以看到青春版《牡丹亭》运用和阐发的几个概念，在中国社会的昆曲观念中所产生的影响。到了《怜香伴》之后，昆曲和大众文化的关系有了一个变化，因为青春版《牡丹亭》运用了很多大众文化的手段，但是到了《怜香伴》，虽然影响较小，但是对这一关系实现了一个颠倒。在皇家粮仓排演《怜香伴》时，是以"用男旦来演女同性恋"作为市场卖点。之前的序列里面，是昆曲运用了大众文化的手段来运作、传播，而到了《怜香伴》，就是大众文化把昆曲纳入其间。大众文化为了它自身的商业目的、市场目的，而以昆曲作为一个入口，通过策划昆曲项目来获得市场利益，这是昆曲的生产方式到了《怜香伴》出现的一个变化。到了这两年，北方昆曲剧院排演了豪华青春版昆曲《红楼梦》，这部《红楼梦》，可以说是有史以来投资最大的昆曲大制作，据说是花了几千万。昆曲《红楼梦》的制作过程，标志着政府、也就是体制对于昆曲控制的加强。青春版《牡丹亭》，主要是通过募捐等公益形式来运作。到了厅堂版《牡丹亭》，变成了一种商业运作，也就是皇家粮仓为了商业目的而选中了昆曲项目。到了《红楼梦》，则是一个政府项目，也就是政府通过它的拨款，来直接掌控这样一个剧目的运作，而这个剧目也是在体制内来运作，并获得它的荣誉。"非遗"之后的12年，这些新制昆曲的运作，代表了昆曲的观念以及昆曲与大众文化、与体制之间关系的变化。

百年来昆曲之消长

将以上这些现象，放置于清末以来百年昆曲兴衰的时空里，或许更能看清它的脉络。

清末民国时期，昆曲呈现衰退趋势。如今对于昆曲的历史叙述，一般认为昆曲的衰落是在乾隆以后，比如说道光帝将南府改成昇平署，缩减了宫廷伶人的数量和规模。此后昆曲开始衰落。其实也许昆曲的衰落可以从光绪时期算起。在 1933 年出版的《剧学月刊》第 2 卷第 1 期上，出身宫廷伶人的曹心泉曾写过一篇《近百年来昆曲之消长》，他认为昆曲至乾隆为"初盛"，至同治为"极盛"，至光绪十年之后才开始衰退。这一叙述或回忆与我们现在的昆曲史以及一般的昆曲观念是不一样的。为什么我们现在认为在乾隆之后昆曲就走向衰落，而曹心泉会认为直到光绪才衰落？这可能是由于我们现在的昆曲观念的局限。比如说，往往认为昆曲是一个南方的剧种，譬如陆萼庭的《昆剧演出史稿》，强调昆曲产生于苏州，是一个南方剧种。也有人认为苏州昆曲才是正宗昆曲，而在京剧里面的昆曲、其他地域的昆曲，往往被忽略。譬如京剧里的昆曲，程长庚等京剧形成期的奠基人，同时也是非常好的昆曲伶人。而且，据梅兰芳的自述，直到他父亲那一辈，刚开始学戏时，开蒙戏就是昆曲。只是到了梅兰芳，皮黄的开蒙戏，取代了昆曲的开蒙戏。

由此可以知道，京剧的形成期，其实也是昆曲的一个发展时期，只不过由于如今的昆曲观念，把京昆截然划开，认为京剧是京剧，昆曲是昆曲，甚至以为京剧里的昆曲，是京剧而不是昆曲，于是否认了京剧里的昆曲。此外，从清末到民国，虽然皮黄盛行，但是在当时的堂会里，是经常演出昆曲的。这些昆曲演员在戏园子里也许不是很受欢迎，但是也有它的空间——在堂会里演出。所以，或许可以依据曹心泉的说法，到光绪年间，昆曲才真正开始了衰退。

这种状况到了民国六七年时，有了一个变化，当时在北京出现了一次昆曲的复兴，也有人称这次昆曲的复兴为"文艺复兴"。这个"复兴"是怎么来的呢？当时河北乡间的昆弋社到北京来演出，一些北大学生去看戏，有一个学生叫刘步堂，是高阳人，去看荣庆昆弋社的戏，这个荣庆社是从高阳来的，刘步堂认识了当时还没有出名的旦角韩世昌，后来他在北大帮韩宣传，一些学生就经常去看韩世昌的戏。由于他们是学生，往往下课之后才去看戏，而当时的韩世昌还不是主角，他的戏经常在前面演，最后的压轴戏、大轴戏都是主角演的。这些北大的学生，他们专门去看韩世昌的戏，可是每回他们下课去看戏，韩世昌已经演过了，所以他们就要求把韩世昌的戏放在后面，结果韩世昌的戏就排得越来越后，最后到了大轴，韩世昌渐渐就成了荣庆社的主角，成了一块招牌。

这些北大的学生不仅仅为韩世昌获得了主角的位置，而且还组织了社团，叫"青社"，专门捧韩世昌，就像梅兰芳有"梅党"一样，韩世昌就有一个"青社"。有了"青社"之后，这些学生就为他印花谱，写文章，还关心韩世昌的教育，比如介绍当时在北大教昆曲的吴梅、赵子敬来教韩世昌的昆曲。在这样的氛围之下，韩世昌就成了当时最走红的昆曲旦角，后来被称作"昆曲大王"。那时有一份《春柳》杂志，每期都有一个名伶表，根据读者投票，来记载名伶动向，名列其中除了京剧名伶梅兰芳、杨小楼之外，还有好几位荣庆社的昆曲名伶：韩世昌、郝振基、陶显庭、侯益隆……他们只是小小的昆弋社的伶人，但是在《春柳》杂志里面，他们和知名度很高的皮黄名伶并列。

在此时的北京，不仅仅是昆弋社演昆曲，京剧名伶梅兰芳、杨小楼等人相继提倡昆曲，从而形成了北京的"昆曲热"。比如说梅兰芳学昆曲，当时齐如山给梅兰芳排戏，因为齐先生在欧洲待过，他认为欧洲的神话戏非常好，希望梅兰芳在京剧里面也能够排一些神话戏，并且建议梅兰芳学一些昆曲，以便去排一些优美的身段。梅兰芳于是开始学习昆曲，大概学了几十出折子戏，也开始演出《游园惊梦》。

有一位北大学生张厚载，在他的观剧日记《听歌想影录》里，写了当时看戏的经历。他写到梅兰芳演《游园惊梦》，韩世昌也演《游园惊梦》，红豆馆主、袁寒云的票房也排演《游园惊梦》。本来在北京好些年都没见到演《游园惊梦》，一时之间，在北京的舞台上，忽然出现了好几个地方都在演《游园惊梦》、都在演昆曲的盛况，所以张厚载写剧评称作是"文艺复兴"。

因此，在北京就出现了两个"文艺复兴"：一个是《新青年》提倡的"文艺复兴"，另外一个就是由张厚载以当时昆曲的盛况提出的"文艺复兴"。那么，"文艺复兴"是新文化运动，还是昆曲呢？这就产生了一个"话语权"的问题。胡适在《新青年》上策划了一个戏剧改良专号，约张厚载写文章，再找一些张厚载的同学如傅斯年等去批判张厚载的观点。胡适这些新文化运动的同人对"旧戏"的批判，现在一般是被当作对京剧的批判，其实这些文章针对的是"旧戏"，不仅是京剧，也包括昆曲，包括川剧……而导火索是昆曲。

这就是在民国初年北京的一次昆曲的"文艺复兴"，这次小小的"昆曲热"过去不久，昆曲又恢复常态，昆曲伶人继续辗转在北京、天津、河北之间演出。1920 年，韩世昌在上海演出，刺激了上海的曲家。因为，现在北京居然还有昆班，而南方最后一个昆班全福班已经解散了。于是，苏浙沪的曲家共同筹备、建立了"昆剧传习所"。因此，从北京的昆曲"文艺复兴"，到南方的"昆剧传习所"，实际上存在着一条隐约的线索。

北方有荣庆社和一些其他的昆弋班社在京津冀演出，南方有昆曲"传"字辈在苏浙沪演出，这构成了民国时期昆曲的两个主要区域。但是到了1940年代，由于战乱和社会动荡，这两个班社都相继解散，虽然之后有一些临时的零星演出，但没有了正式的、长期的昆曲戏班的演出。

到了共和国时期，昆曲《十五贯》"一出戏救活了一个剧种"。在新中国成立初期，对昆曲是一个压抑的态度，譬如认为昆曲是封建地主阶级的艺术，而当时提倡的是"人民的艺术"。由于《十五贯》出现以及被领导人的肯定，在一定程度上改变了这种形势，《十五贯》是由当时浙江省委的宣传部长策划，配合了当时中国的政治形势，"平反冤假错案"、"提倡清官"等。他把《十五贯》改编成一个清官戏，正好迎合了这次运动，受到了毛泽东的肯定。于是，中国相继建立了昆剧院团。

《十五贯》证明了昆曲实际上是可以为共和国所用的，可以为新建政权所用，成为政治的工具，从而获得了生存的空间。所以在《十五贯》之后，我们可以看到，昆曲基本上是朝着一个通俗化、迎合政治形势的目标来发展。譬如，从《李慧娘》里可以看到当时中国社会的一个隐喻，李慧娘和贾似道之间的矛盾，成为一种政治隐喻，所以《李慧娘》就有了这样的命运：一开始很红，"南有《十五贯》，北有《李慧娘》"，很快就变成了一株"大毒草"。而且，随着政治形势的变化，各昆剧院团更多的是演出现代戏，而非传统剧目，随后剧院的建制也被撤销。到了"文革"前后，昆曲消失了13年。

从 1950 年代一直到"文革"，由于《十五贯》，昆曲获得了一次复兴的机会，但仍然受到很大的限制，而且对于昆曲的发展产生了影响。到了"文革"之后，昆曲开始恢复，由于中国社会进入到市场经济时期，所以昆曲一直都处于边缘状态，既处于社会的边缘，也处于体制的边缘。在 20 世纪五六十年代，昆曲可以迎合政治形势，来获得关注。但是到了八九十年代，中国政府的目标逐渐从政治转向经济，或者是把经济当作政治。昆曲在这个体制的边缘，就被冷落，尤其是到了 1990 年代，昆曲到了低谷。一直到了 2001 年 5 月 18 日，昆曲成为首批世界"非遗"。

从官方至民间又至官方

百年昆曲的兴衰，可以描述为一个民间和官方互动的过程。在明清之际，昆曲是宫廷艺术，但清末之后，"礼失而求诸野"，昆曲进入到民间。昆曲的生存和发展，转而由一个比较稳定的小圈子来维系，这个小圈子主要是由爱好昆曲的文人和商人组成，譬如荣庆社和北京大学的关系、昆剧传习所和苏浙沪曲家的关系。以韩世昌为例，韩世昌首先是由北大的学生捧起来，这些学生号称"北大韩党六君子"，其次还有报界、商界的"韩党四大金刚"。

在南方，同样也是如此。昆剧传习所是上海、浙江和苏州的曲家筹备、建立的。上海的穆藕初是爱好昆曲的大商人，创办或接办了昆剧传习所。为了支持昆剧传习所，上海曾组织昆剧保存社，组织演出筹款，上海的名票友、名流来演戏，穆藕初也亲自上场，收入全部捐给昆剧传习所。

到了共和国时期，由于昆曲迎合了政治形势而获得了生存的机会，它被纳入共和国的文艺体制里面，昆曲就成为共和国各种传统艺术中的一种，因而也受制于这样的一个体制，依照国家的文化政策来进行昆曲生产。以"大跃进"时期为例，因政府提倡全民"大跃进"，北京市的文化系统开了"万人大会"，在一个很大的体育场里，很多单位都游行，提出自己的目标。当时有一个歌剧《红霞》，类似于刘胡兰的故事，正在北京演出。于是北方昆曲剧院提出十五天排出昆曲《红霞》。

到了20世纪八九十年代，昆曲仍然是处于体制内，体制仍然容纳着昆曲，但是政治已经不太需要它了，除了通俗化、政治化、话剧化，它还面临观众减少的局面。

从1949年一直到20世纪八九十年代，昆曲的观众群一直在萎缩。虽然在相关材料中，也显示有演出昆曲满场，甚至连演很多场的时候，但大多是符合政治形势的剧目，如《红霞》、《李慧娘》、《师生之间》、《奇袭白虎团》等。但是一般的昆曲戏，在北京、上海这样的大城市里，传统的固定观众可能也就是三四百人，这是昆曲的固定观众。"文革"以后，随着时代的变化，这样的观众越来越少，有时还会出现台上的演员比台下的观众多的状况，台上有一大堆演员，台下只有四五个观众。

昆曲的处境，在民国时基本处于民间状态，到了共和国时期，昆曲处于体制内。但是这里又有一个分层，昆曲的院团是在体制内，但是在民间，也有爱好昆曲的曲友、戏迷，因此存在着官方和民间这样一个分层。而且民间亦是一个鱼龙混杂的空间，既有曲友、"顽固派戏迷"，亦有着追星族、粉丝等，不一而足。所以，在"非遗"12年里，昆曲的观念、话语不仅有着很大的差异，而且时有短兵相接。这些差异、冲突，从对青春版《牡丹亭》、厅堂版《牡丹亭》、《2012牡丹亭》、《红楼梦》等剧目的批评和争议，在"转基因昆曲"、"顽固派戏迷"、"涨调门"、"于丹被轰"等话语的讨论中亦能显露。

"非遗" 12 年，在昆曲领域发生的一些变化，至少可列出三个：

第一个就是昆曲观念的变化。在为《话题 2007》所写的关键词《青春版〈牡丹亭〉》里，我谈到一个很大的变化就是昆曲从被认为是"陈旧落伍的艺术"，变成了一种"可消费的时尚"。在"非遗"，甚至在 2004 年之前，谈起昆曲，大多认为是老年人才看的，年轻人听到笛声或者是锣响就跑掉了，认为昆曲是"陈旧落伍的艺术"。青春版《牡丹亭》的运作，导致了一个观念的颠倒，就是在它的宣传里，把昆曲当作是"可消费的时尚"，所以无论是否爱好昆曲，昆曲和我们所说的古典音乐、芭蕾一样，是一种时尚，是青年人的时尚，是可消费的。这是一个很大的颠倒，把人们的观念颠倒过来。

第二个变化是昆曲观众群的扩张。从 1949 年一直到 20 世纪八九十年代，昆曲的观众呈现出一个缩减的趋势，但是自从"非遗"以后，"非遗热"以及青春版《牡丹亭》热，使中国社会出现了"昆曲热"，大大增加了昆曲的观众群。而昆曲的观众群非常重要，有什么样的观众，也就有什么样的昆曲。因为昆曲的制作和演出的最大对象，就是观众。比如说，如果观众需要新编戏，它可能会向新编戏发展。观众爱好传统戏，它也就试图向传统戏方面尝试。这是昆曲观众群的变化。

第三个变化是在昆曲领域里形成了三种势力的博弈：文人、商人和官员。比如说文人，在民国时期，蔡元培、齐如山这样的文人在一定程度上影响了昆曲的发展。而到了"非遗"之后，也有文人参与昆曲制作，白先勇可以作为文人参与昆曲领域里的一个典型。还有商人，像皇家粮仓的厅堂版《牡丹亭》，它为了皇家粮仓的项目，制作出一个旅游昆曲的升级版。前文提到的"南北昆曲名家演唱会"，自从

2012 年底出现后，也成了昆曲演出的一个模式了。还有就是官员，因为昆曲一直是处于体制内，是在国家的文艺体制管理之下的，所以官员对于昆曲掌控是最主要的。

近年来，官员对于昆曲领域的参与、掌控，又有了一些变化。在 2004 年之前，昆曲处于体制的边缘，可有可无，所以官员与昆曲的关系，处于一个相对松散的局面。到了后来，随着昆曲在中国社会上影响的增强，官员对于昆曲的掌控越来越厉害，比如《1699 桃花扇》。《1699 桃花扇》是继青春版《牡丹亭》之后一个影响比较大的新编大戏，但是《1699 桃花扇》的出现其实是跟当时中央推行的文化体制改革相关，是文化体制改革的样本。再如北方昆曲剧院的《红楼梦》，是一个政府的投资项目，一开始是怀柔区政府的投资，后来是北京市政府的投资，总共投资了数千万。最后，《红楼梦》几乎获得了现在中国社会上与戏剧有关的主要文化奖项，并到世界各地巡演，此后又拍成昆曲电影，还要制作交响乐昆曲《红楼梦》。政府通过投资的方式，渗透到昆曲，掌控昆曲的制作。这就是昆曲在体制内循环的运作模式的加强版。在这三者的博弈中，其实有着虽相对独立，却又彼此渗透的情形。总体而言，官员依然占据着主要位置，而文人、商人在昆曲上的策划与运作虽可借助其他资源，但来自官方（官员）的诸多资源（譬如政策、资金等）仍具有相当的影响力。

总而言之，百年昆曲的兴衰，实则是一个昆曲从官方至民间又至官方的沉浮史。2001 年 5 月 18 日，昆曲成为世界首批"非遗"，之后因为中国政府对于"非遗"的体制化和社会动员，昆曲在中国的社会文化空间中暂时获得了百年昆曲史上从未有过的重要位置，并对中国社会产生一定的影响。在这一逐渐展开的场域里，官员、文人、商人出入于其间，从而上演着一幕幕属于我们时代的"非遗"变形记。

【讨论】我们今天如何看待昆曲

参与者：张卫东（国家一级演员）、刘沔屺（北京大学中文系博士生）、林佳仪（台湾新竹教育大学中国语文学系助理教授）、许诗凰（英国伦敦大学皇家霍洛威学院博士生）

【张卫东】 昆曲被确立为世界文化遗产已历十二春秋，在此期间昆曲界演绎了哪些恩恩怨怨？为复兴昆曲，各文化团体又做了哪些努力？当代艺人们又该如何坚守艺术节操？这些问题在我所写的文章中已有解释，有些虽属谶言，可经过这几年已经成为事实。

鄙人崇古法、好雅乐，是传统昆曲和老北京文化的传播者。致力于研究、传承昆曲、八角鼓、古诗文吟诵、京味儿美食等文化，在拙著《赏花有时　度曲有道》里，对近来做昆曲文化买卖的现象说出就里，早在八年前《中华读书报》便有篇《正宗昆曲　大厦将倾》之危言，读者们对此种改良昆曲入骨之说曾引起很大反响。

2001 年 5 月 18 日，昆曲被联合国列入世界首批"人类口头遗产和非物质遗产代表作"，其实就是认准了它是濒临灭亡的艺术。它有很多文字资料，有那么多曲友和艺人在传承，传承后的昆曲应该是原汁原味的原生态艺术。所谓原生态，就是要尽量保持古法。我们可能做得不完全似古人，但我们面对一个在古代已经完成历史使命的艺术，要做的就是承袭古法把它传下去，把它作为一个真正的文化遗产来对待。

现在的昆曲职业创作人员总认为年轻人看不懂昆曲，为了迎合观众的心理习惯，还浅薄地要让这些观众们看懂，审美观点把典雅的东西有所变异，这是一种无知的坏方法。要知道复古也是一种创新，一些有曲谱却没有在舞台上演过的戏，我们按照古代的服装穿戴、利用程式化把它重新立起来，这也是一种恢复创新。还是不要再想发昆曲的遗产财才好，职业剧团要脚踏实地地干实事儿才是正理。

昆曲不是由艺人创作而成的，它的主要作者是元明以来那些能够动笔写诗词、执笔撰文的文人们，他们都是有深厚儒学修养的人。昆曲就是在这种儒学基础上，继承了北金、南宋朝主流音乐文化的一门艺术。在演唱南北曲的基础上，舞台艺人们拿来加上身段表演成为戏曲典范。如果按照严格"非遗"划分，昆曲在舞台表演方面传下来的不过占五分之一，而其他多数是在古典文学以及古典音乐方面的成就。

昆曲是儒学的正声艺术，在明清宫廷已经被视为礼乐的延续。昆曲的衰败源自儒学的衰微，之所以久衰而不亡，就是因为还有文字版本的传承、曲谱的传承，除了戏班职业艺人以外，还有业余曲社曲家们的言传身教传承发展。而昆曲现在没有诸多观众追捧是很正常的事，没有中国古典文学的基础听不懂昆曲也是很正常的事情。

鄙人三十多年来从事昆曲做过一些总结，与当代戏曲改革创新的昆曲观念不合，但是从另一个方面可以看出昆曲没必要创新！如要发展继承学习也就是了，延续昆曲的本真，一样是很好的发展方向。

在我即将被职业昆曲团体开解的前夕，也为读者留下了几笔有关昆曲发展的经验文字，使当代青年人知道什么样的昆曲可以欣赏，什么样的昆曲剧目是伪古也就心安啦。还要说明，唱昆曲必须从古文诗词方面入手，业余曲友习曲切莫玩物丧志。

一个昆曲演员没有了舞台也就没有了生命，但是这个舞台不是你想登的遗产舞台，这也就等于浪费生命！

时势造英雄，英雄造时势……即便是全中国人民都会唱昆曲，按照如此普及改革方向也注定不会是真正的昆曲！而目前最让我们着急的就是中华五千年的文史即将毁于一旦，在古典文学方面我们损失的太多啦！这也是不懂昆曲创作人群乱改的原因之一。只有不懂儒学的人，他们才会肆意毁伤古文字；只有不懂昆曲的人，他们才会大肆宣扬改革、创新、发展。当然这些英雄们也就是如今的政治边缘化人物、文化商人、学术领军人等，再有就是犹如走马灯不断更换的昆曲剧团领导们啦……

【刘汭屿】　张先生的文章强调昆曲应该遵循古法尊重传统，不可按今人好恶随意改动，切中当今昆曲发展生态的关键，对业内外同人均有重要的启示意义。先生又谈到昆曲艺术的高雅定位以及受众群划分的问题，这个问题近来讨论亦不少，网上流传的意见各有见地。这里我作为一名普通的文学专业研究生和昆曲爱好者，讲两个北大中文系师生观看昆曲"西厢戏"的有趣情形，供大家一笑：

一是 2009 年 6 月北方昆剧院在北大百年讲堂上演的元大都版《西厢记》。

元大都版《西厢记》是北方昆剧院 2008 年编排的新戏，采用王实甫《西厢记》杂剧底本，加入现代舞台手段，以昆曲元素模拟元杂剧形态，算是古典与现代结合的"试验剧"。由于这是近年第一次将原本"王西厢"完整搬上舞台，因此北大中文系很多同学——尤其是古代文学、古典文献"两古"专业的同学——纷纷欣然前往。大体说来，这些同学都颇有传统文学文化素养，虽然缺乏戏曲音乐与舞台方面的专门知识，但因北大丰富的传统戏曲观演资源与浓郁氛围，对昆曲艺术并不陌生。

然而最后的观演结果与评价，却发生了重大的分歧：

古代文学专业宋元明清方向的同学，借着看戏机会重温经典，纷纷感慨"王西厢"本身结构的精研、词采的华茂、戏情与人物的生趣灵动；更重要的是作为学院研究生，目睹从前案头熟读的经典文本终于搬上真实舞台，感到亲切激动，因而对北昆编排与搬演此剧的艰辛比较理解宽容。

而古典文献专业与古代文学宋前方向的同学，则多停留在对全本"王西厢"曲词本身的震动上。这些同学平时的研究与关注方向，多集中于先秦两汉典籍或传统诗文；之前对"王西厢"的了解，可能限于本科阶段古代文学史与作品选的学习（多为《闹简》、《哭宴》几折）。北昆的搬演，使他们第一次系统接触到完整的《西厢记》杂剧文本。因此，当他们看到带有相当情爱色彩的《酬简》一折时，纷纷表示惊讶：此前他们大概不知道，王实甫还写过如此直白露骨的曲词；更没想到，如此"有伤风化"的戏段居然可以真的搬上戏曲舞台。

于是，忽视"王西厢"《酬简》文辞本身的细腻唯美与舞台表现上的操作难度，几位同学由此坚定了传统戏曲多为"淫词艳曲"、"不登大雅之堂"的印象（这也是宋前研究者对宋元以后通俗文学常有的偏见），同时还连带着对昆曲艺术的"高雅"定位发出了尖锐的嘲讽与质疑。知识体系与专业（方向）背景的差异，令同属古典文学文化领域的同学，对王实甫《西厢记》产生了完全不同的评判，其差异根由着实耐人寻味。

二是 2013 年 7 月苏州昆剧院在国家大剧院上演的《西厢记·红娘》。

不同于北昆复排"王西厢"的尝试，苏昆此次呈现的《西厢记·红娘》，用的是明清剧坛流行的"南西厢"系统：即以崔时佩、李日华《西厢记》传奇（改编自"王西厢"杂剧）为底本，将其传世的（同时也是与红娘相关的）《游殿》、《寄柬》、《跳墙着棋》、《佳期》、《拷红》数出连缀改编而成，亦是"南西厢"的精华所在，反响不错。

　　恰逢其时，北大中文系古代文学教研室宋元明清方向的几位教授老师，组织学生一起观看了此剧。这些老师中，虽然没有专注于戏曲研究的学者，但大多都集中于通俗文学研究领域，在各自的研究课题上造诣颇深，对王实甫《西厢记》杂剧文本及其本事流变过程也都较为熟稔。

　　但可能由于第一次接触"南西厢"，几位老师对这部戏的观感普遍比较糟糕。他们认为该剧"红娘"的角色设定太过市井刁钻，不符合相府丫鬟和少女的身份；且整个剧情安排太俚俗喧闹、草根趣味，文辞亦少风采，缺乏"王西厢"的典雅蕴藉。

　　对于崔、李改编"王西厢"为"南西厢"、使之流行于南曲舞台的得失功过，从明代后期起便争议不断；古代文学教研室老师们对"南西厢"的天然反感，其实与明末清初文人曲家如出一辙。但令人意外的是，老师们似乎并未看出这部戏的"传统"痕迹，没有想到它是明人的作品，而将其误认作今人胡乱改编的结果。于是，基本遵从明清昆曲舞台"南西厢"传统的演出，被他们看成"搞怪恶趣"，甚至调侃为"后现代"、"怕是周星驰编导的"，因而"完全不像昆曲"——真真冤枉。

　　究其原因，除了学院派老师对"王西厢"的深刻情结，更重要的是他们对昆曲艺术风格的接受问题：受昆曲"申遗"以来努力提高自身文化品位的影响，普通观众（尤其文化层次较高却又非戏曲专业的人士），对于昆曲的印象主要集中于文学价值较高的《牡丹亭》、《长生殿》等几部经典作品，多关注巾生/冠生和闺门旦/正旦之间的戏份，对于昆曲的美学风格理解比较单一；对昆曲中偏于民间生活和市井气息的内容，与昆曲行当中非常重要的花旦戏、净丑戏，以及昆曲文辞组织中对舞台效果有着重大影响的散白、科诨部分，既不熟悉也不感冒。由于类似对昆曲艺术本身丰富性的隔膜误解，因而对明清舞台一直流行的"南西厢"也产生了莫大的反感，不能欣赏其舞台表现的佳处。

我身边这两个真实的小故事，显示出深具传统文学文化根基的学院学人们，对昆曲"雅"、"俗"之间迥别的衡量标准与观演体会；从接受心理学来说，折射出这个一直被戏曲界高度关注、却较少在专门戏曲讨论中发声的特别群体，对于昆曲艺术不同于戏曲界固有想象的审美理念与关怀期待。这对于今天关于昆曲艺术的文化定位与行销推广问题，或有些许参考价值。

【林佳仪】 究竟是幸，还是不幸呢？具有五六百年历史的昆曲，离开了传统社会生活，还能在当代舞台上创作演出，不仅是活态保存，甚至蔚为时尚！

我们今天看待昆曲，究竟是从"表演艺术"，还是"文化遗产"的角度来切入呢？当代昆曲只能存在一个面向吗？或者，只能有一个面向获得奖励吗？

每个人心中都有一把尺，问题的答案见仁见智，也各有拥护者，争论起来，想必又是喋喋不休。就我自己而言，最在意的其实是：找到坐标位置！不论是传统/新排的折子戏，或是仿古形式的演出，或是古剧新诠，或是新编剧目，或是小剧场昆曲，如果创作者、观赏者知道这个制作在昆曲史，或表演艺术上的位置，不管古意犹存，抑或新意迭出，进了剧场，没有不适切的期待或宣传，那该多好！

刘汭屿分享北大中文系师生看北方昆曲剧院元大都版《西厢记》、苏州昆剧院《南西厢·红娘》的感受，不同文化群体的差异理解，相当有意思！我也分享一点在台北看昆曲的经验，提供参考：

首先，在台北看昆曲，除了台湾本身的昆剧团（由曲友组成，或由京剧演员演出），也常有内地的专业昆剧团访台演出，大型的制作，诸如苏昆三本《长生殿》(2004)、青春版《牡丹亭》(2004)、上昆四本《长生殿》(2010)、北昆《红楼梦》(2012)等，固然没有错过；特殊空间的演出，如兰庭昆剧团《寻找游园惊梦》在古迹演出(2007)、水磨曲集昆剧团"歇脚·喝茶·听昆曲"系列在古迹红楼剧场定时定点演出(2005—2007)，也曾尝试经历；新编昆剧、实验剧场演出，也能轮番登场；但不论内地剧团、台湾剧团，只要邀演/主办单位坚持，折子戏的演出不会少，虽有串折子为全本的，或是主题式折子戏展演，但更多的是一场场的折子戏演出，一晚演个四出左右，连演数天；当然有观众觉得怎么老是演这些戏，但也有新观众在重复上演的折子戏中，见识到昆曲的经典；台湾的昆曲演出，折子戏不是唯一，但堪称常态，而这个常态，即使未必成为媒体宠儿、未必票房长红，仍能获得政府补助；即使并非文化界的盛事，在戏曲界里，折子戏的演出，不独昆曲，许多戏迷深知"内行看门道"，折子戏最能够看到一个剧种的典范，即使一般观众，也能跳脱对完整故事的期待，而愿意看精华篇，于是，名家登场当然不容错过，没看过的折子戏也令人期待，全本戏、新编戏或者大制作，固然有其优势，但观众未必一味竞逐，折子戏的演出，在台湾始终是延续不绝，历久弥新，而且不可或缺。

其次，台湾的戏曲学者，不仅是戏剧系的，包括中文系的，通常是会进剧场看戏的，尤其是在演出频繁的台北，在他们的课堂作业里，观剧心得是少不了的，而且，这个剧场，还不仅限于新式剧场，与庶民宗教祭仪结合的野台戏，也在推荐之列；而有些学者，或者在求学过程中曾经粉墨登场，或者担任剧本整编/编剧，或者策划戏曲活动。于是，他们影响之下的戏曲教学，从自身到学生辈，其实早已不只文本，而是综合艺术，课堂上的教材，除了剧本，还有演出录像。就说我自己的经验吧：老师说："学戏曲哪有不看戏的！"而且以身作则，所以，不看戏可是会受责备的；不过，如果因为看戏而请求在师长的餐叙中提前离席，则可获得谅解。因此，我们不仅在学术研讨会上领略师长论学的风采，我们还共同在剧场里品头论足、俯仰兴叹。而且，戏曲学者们的关注对象，也不仅止于文学史上的关马郑白、南洪北孔等，不论在教学、研究或看戏，清中叶以后的花部戏曲、当代戏曲，皆在讨论之列，不仅看昆曲，也看其他剧种，不仅赏鉴文采风流，也熟悉科诨表演，不仅生旦戏受到瞩目，也体察小人物的情感。在这样的看戏氛围与影响之下，昆曲的独特性与丰富性，不同背景的观众们，渐渐熟悉，对于一场戏的评价固然众说纷纭，但各自看到戏里不同的精彩与缺憾，不论见树或见林，互为陈说，似乎不至于针锋相对、水火不容！

张卫东先生在昆曲演员里显得很独特，许多演员追求舞台上的表现与开创，不仅在塑造折子戏人物时力求精进，也期待在新编剧目中创造一个新的舞台形象，但张先生不是，主张继承和保存也是一种发展，希望发展原生态的昆曲；他还体认到昆曲不只是表演艺术，背后还有更深层的文化底蕴，多年来奔走传授昆曲，不仅止于拍曲及排戏。张先生的话语未必人人爱听，但走过昆曲"非遗"12年，经历了各式热闹、变形，似乎该回头思考，昆曲当年虽然主要以"表演艺术"之姿赢得"非遗"荣耀，但具体保护的做法，即使不愿局限于固守家门传统，也该时时观照"文化遗产"的意涵，昆剧院团未必要承担大量的责任与资源，视听之娱也非唯一的追求。陈均先生的文章倒放12年的昆曲非遗记事，追索百年昆曲兴衰过程官方与民间的拉扯，放入悠长的历史脉络，生活步调紧张的当代人，当能偷得喘息与驰想的空间。

或许繁华落尽，才见真淳！

【许诗凰】　身为旅居伦敦多年的留学生，见证英国九年来对中华文化越来越重视并积极参与的过程，对东西文化融合的现象，我有些观察。特别是当 2008 北京奥运前后几年，在伦敦这个高度国际化的城市里随处可见英国政府独独对中华艺文活动不吝的推广。

但在此刻我却也观察到，在英国甚至欧洲虽然许多人已经体认到了解今日亚洲的必要性，特别是以中国为中心的大中华金融区的发展，他们对中华文化的认识仍有很大一部分停留在一种神秘东方的、充满异国情调的幻想。其中，大多是对于中国古代文化的浪漫想象。就此而言，或许马上可以引用著名后殖民主义学者萨义德的东方主义理论来评论这种西方的观点。但我却想提出一个反面思考：在今日全球化、东西方资讯几乎是以等速度交流来进行的时代，我们是不是也有意无意地对西方输出文化时，故意强调那些中国古代浪漫的一面，比如才子佳人那些贵族式的美好，以供应消费者的需求并达到经济利益。这其中古代中国社会里的现实面被有意识地忽略，尤其是那些真实反映大众生活的庶民文化。

21 世纪以来的昆曲发展似乎就有如此倾向。这十年来最普及也最受欢迎的昆曲剧目莫过于白先勇的青春版《牡丹亭》。之后开始出现许多以青春才子佳人演绎浪漫美丽昆曲的例子，比如省昆的《1699 桃花扇》、北昆 2011 年的《红楼梦》，这些制作也都带有制作宏观的国际水准的大戏的意味，并多多少少，只要机会许可，试图输出其他亚洲国家和西方（虽然《1699 桃花扇》因为资金的筹措问题只达到瑞士，而北昆的《红楼梦》只有以影片的形式在巴黎放映，以及以浓缩版形式在伦敦的剧院演出）。另一方面，另类（alternative）非传统体制内创造出来的昆曲制作，如北京皇家粮仓版《牡丹亭》，和上海课植园的实景园林版《牡丹亭》，也专注于呈现一种古代的浪漫，并极致地美化和精致化，以吸引一些以往不知昆曲的观众、年轻人以及外宾（不成文地指向"西方"世界的外宾，而非无条件的任何国外）。以上这些可说是为了"非昆曲内行"观众打造的制作，可能对于实际普及昆曲上有许多意想不到的效力；不知这门艺术的观众都因为它们而知道了。这也可能造成越来越多人所知道的昆曲或对昆曲的印象，就是这些国内、国外，中国、西方一同都看得懂的昆曲：一种营造古典浪漫情怀外，也有志一同地宣称原汁原味、最明朝的明朝昆曲；吊诡的是，它们却也不得不为了让现代观众能够欣赏和理解，在舞台调度上充满了当代剧场的影子，服装设计多有调整，叙事多有重新编排。

这些是不是又反映着，生活在现代，甚至某种程度上是西化环境的中国人，对于自己的古代生活和传统其实也抱着一个寻觅乌托邦式的美好幻想？换另一个方式来说，如今大量从电视媒体接收欧美文化霸权的我们，是否在意识上已不自觉地陷入用西方想象东方的观点来追求一个东方神话？这又是不是一个中国人的后殖民危机？而或是，其实在欧美文化霸权早已渗透世界各角落的当代，西方文化的观点与非西方的他国文化交互影响，甚至相互寄生，相互借彼此茁壮，早已是非西方各国不可能摆脱的命运。所有原生文化都已不可能纯粹，只能借着片段的民族记忆去拼凑，和想象去重建，尤其对于在19、20世纪经历大量战争的国家。现在所看到的传统，精确地来说，也是再创造和再塑造的传统（invented tradition）。其实这些对于昆曲艺术也并不见得是一种危机，接收到新刺激的传统艺术也可以演化出新意的、有创意的新传统艺术，只是在行销昆曲时，面对那些未知昆曲的观众和外国人，是否愿意坦然承认所做的是从现代角度诠释出的古代？不然一味地强调是在恢复最真实的传统并歌颂那真实才是何等美丽，并不像近代老化的落伍的昆曲，似乎有落入鼓吹文化民族主义之嫌？在今日，区域、身份，甚至国籍等以往有比较绝对区分的概念在全球化下已变得可以游走或是重叠，甚至随着国与国、族与族、文化与文化间的开放，这些区分淡化了，它们变得很弹性；文化跟艺术更可以有无限可能而不局限某一样貌，当它们具有了弹性并且欢迎自由实验，各种元素，现代的跟传统的，东方的跟西方的，一起碰撞，或许它们能更精彩，也能在西方这种对于原汁原味本身就抱持质疑和批判态度的地方得到真正的欢迎。

"来学"与"往教"的转换

——孔子学院从教攻略

鲁　竹

《礼记》曰："礼，闻来学，不闻往教。"按照这个逻辑，孔子学院恰与祖宗遗训背道而驰，倒是承继了西方传教士的衣钵。无怪乎孔子学院的老师被冠以"文化传教士"之名，其迅猛发展的"中国速度"也令世界为之侧目。对国人而言，孔子学院学生于2011年、2013年先后登上春晚舞台；众多媒体尤其是《人民日报》等权威媒体的报道，使得孔子学院走入大众的视野。2012年5月，美国爆出了驱赶孔子学院教师的新闻，网络上各种正反面的声音营造出一派众声喧哗的场景。那么，究竟孔子学院在做什么？孔子学院的老师是如何工作的？国内外对孔子学院的态度又是如何？

去国外当"外教"

大一时，我跟学理工科的同学说：你们好好建设祖国，等全世界人民都学汉语了，我就可以出国当外教了。当年，理工科和外语专业的同学都有过"出国梦";只有我,在中文系读书,从没想过出国。没想到,一句玩笑话会在 20 年后应验。20 年后,孔子学院以令人瞠目的速度在世界各地遍地开花,我也于 2010 年 9 月真的出国当了"外教"——作为一名孔子学院的老师,教外国人学汉语。

常有同学问我:她也想出国教汉语,行不行?按说我的同学都是中文系的本、硕、博,应该是最佳人选了吧,但实际上不是那么回事。如果想走国家公派的路子,你不行——因为,"汉办"(即教育部所属的汉语国际推广领导小组办公室)的公派教师目前只在大学教师中招聘。如果想去孔子学院任教,首先得留心汉办的网站,每年二三月份是他们招聘老师的时节,一些纸媒会发布相关消息。不过最主要的途径,是"汉办"下发文件到各个大学的国际处;或各省教育厅,再下发到省属院校,由学校组织老师报名。

"汉办"筛选过简历,会打电话通知面试的时间地点。面试分四部分:对外汉语教学、传统文化常识、外语口语和心理测试。没有普通话等级证书的还需要考普通话。教学是给一篇课文,准备一个教案,试讲 15 分钟。大致说来,你需要具备《现代汉语》、《语言学概论》、《中国传统文化》、《对外汉语教学法》、《对外汉语教案设计》等等知识,免得被问到"关于"与"对于"、"帮"、"帮助"与"帮忙"的区别,怎么教复合趋向补语等等专业问题时,张口结舌。

"传统文化常识"异常简单,我被问到的题目是"中国的四大名著是哪些"。由于出国对外语的要求较高,报考与被录取的老师多为外语专业,有些人对传统文化不是很熟悉,也有人被问倒。有人被问及"程朱理学是什么",就完全不知道。外语能力是出国工作必备的。如果除了英语还会第二门外语,特别是你申请要去的国家的语言,会有更多的机会。

心理测试都是选择题,设计了国外可能遇到的各种情境:工作,生活，与领导、同事以及外国人的关系；自我情绪的调节与文化冲突等等。主考人一再说没有标准答案，只是看看各人性格。出题人大约是希望借此测试各人在面对问题与文化冲突时如何解决：是我行我素，还是有合作或者服从精神；遇事是乐意与领导同事沟通还是自我封闭自行解决；遇到不同的意见，是避而不谈、婉转化解还是针锋相对等等。总的感觉是，题目设计得倾向性过于明显。记得一道题大意是：在国外如果和外国人的聚会中，有人大谈"中国威胁论"，你是：

A 我对政治不感兴趣；

B 我们何不谈一些轻松的话题呢？

C 我们中国的发展威胁到谁了？

D 你们发达国家在发展过程中难道就没有浪费资源掠取能源吗？

有一个常识很多人不懂，即并不是会说中文的人，或者中文系的人就能教中文。一个有经验的老师，拿到一篇课文，马上就知道这适合什么程度的学生，他们大概掌握了多少词汇、大致学过哪些语法与句型；这篇文章的重点词汇和句式、语法是什么；如何导入，如何展开教学，如何练习、复习，如何总结、巩固。但对于一个母语为汉语的人，往往习焉不察，搞不清哪些是简单的哪些是难的。在爱尔兰时面试海外志愿者，很多人完全不知道怎么组织课堂，不懂教学环节应该有哪些。记得其中有一个国内英语专业毕业的男士，英语非常流利，但教得一塌糊涂毫无章法；反而是他的爱尔兰籍妻子，虽然不会几句中文，但由于是爱尔兰的中学老师，略经培训就可以讲授中国文化了。

通过考试，接着参加培训。我是 2009 年暑假去吉林大学参加培训，一共 50 天，号称半军事化管理，进行了三天半的军训。每天早上

6 点半起床学太极拳；然后上午、下午排满了课，晚上还有心理辅导、集体备课，一直到晚上 8 点半，弄得大家叫苦不迭。课程为讲座形式，大致分为三部分：中国传统历史与文化、国际政治与关系、对外汉语教学。请的老师有国内外的专家，也有驻外使节、有关领导和汉学家。因为学员们的学历基础、知识背景与个人修养的不同，对这些讲座褒贬不一，吸收也各不相同。主办者的意图是竭力想在最短时间内打造出一个"文化大使"。不过，任谁都明白，一个人的学养、见识与学术能力都不是短时间内能够速成的。

在派遣人员方面，汉办其实没有绝对的用人权。他们选派师资优先考虑合作院校的教师；也就是说，如果你是北大的老师，你会被优先派往北大建立的孔院。北大、人大、北语等大学建立的孔院最多，本校师资根本不够，他们才考虑其他人选。汉办向孔院推荐，由孔院最后定夺。我作为北京交通大学的教师，原本要被派往北京交大在比利时的鲁汶工程大学孔子学院，但比利时要求工作签证，而欧洲的工作签证管理十分严格，如最低年薪为 35600 欧元（当时约合人民币 33 万元）等要求我们根本达不到，最后被改派。汉办项目官员先征求我的意向，再把我的简历发给其他孔院。爱尔兰都柏林大学孔院看了我的简历，又打越洋电话考察了一下英语口语，就决定录用我。爱尔兰是访问签，比较容易。因此可以看出，汉办像是一个分配器，最后每个老师去哪儿都不一定。

孔子学院在做什么

我在到达爱尔兰孔院的时候，并不清楚孔院有什么样的学生和课程；除了教汉语，我们还要做些什么。按照汉办官网所言，孔子学院的主要职能包括：开展汉语教学；培训汉语教师，提供汉语教学资源；开展汉语考试和汉语教师资格认证业务；提供中国教育、文化、经济及社会等信息咨询；开展中国当代研究。实际上，由于各自的师资、规模、影响力、策划活动的能力不同，国情不同等等因素，能全部做到以上五点的孔院为数不多，各个孔子学院能够发挥的功效也大相径庭。

都柏林大学孔院的大学学位课为商学院国际商务专业，中文是他们的第一外语，三年级在中国学习。孔院还在四十多所中学开设中国文化和语言课，一般是志愿者老师们去上。除了大学生和中学生，孔子学院还开设晚间成人课。学生五花八门，学习的动机也各异。有位中年女性，领养了两个中国孩子，她来学习汉语，是想孩子不要忘记自己的母语。有位 70 岁的老人，因其儿子在上海工作，他到中国旅游了一趟。七八岁的孩子是因为其母觉得这个年纪的孩子学习语言的能力最好。事实也确实如此。不过孩子太小坐不住，老师只好让他学一会儿就玩一会儿，可以在教室里跑来跑去。对于老师来说，这样的课堂教学特别难组织，因为学生的反应快慢不同，接受程度不同。如何掌握节奏，令他们都有所收获，不要让他们觉得太难而失去信心；或者太容易了走神，是比较头疼的问题。

多数学生是 20 至 40 多岁的，因为工作需要而学习。他们有些是公司有中国方面的业务；有些是所在的跨国公司有中国分支。我们孔院最忠实的学生是一个曾经在中国教过半年英语的男生，在都柏林大学攻读国际政治博士学位。他从零开始，每学期都来，坚持了两年多，考试过了 HSK 四级（一共六级，四级可以申请中国的本科）。他的发音不大好，有时我们老师听起来都有点吃力，但是他非常有毅力，敢于开口，每次见我们都坚持只用汉语。

孔子学院采取与当地合作的关系，没有统一的模式，各个孔院做什么，能做什么颇为不同。首先自然是教汉语。国外的各种汉语培训机构不少，为什么选择孔院？因为多数人相信孔院教师大都是政府选拔的，有语言教学经验的合格教师，这是我们吸引学生的招牌。但是，如果想学习中文专业，拿到学位，那就得视你所在的学校而定了。因为，很多孔子学院的主要工作是非学历教育，尤其在北美、英国等已经有很好的汉学系的大学，孔子学院只能着重开发中小学课堂与非学历教育，或面对社会招生；有的甚至只有远程教学。在汉语教学比较薄弱的国家，大学往往没有汉学系，才有可能开设中文学位课。例如爱尔兰的两家孔子学院，都柏林大学孔子学院和科克大学孔子学院都有学位课，科克大学还开设了中国研究的硕士学位课程。

有的孔院则很少开设语言课程，多开展文化活动。例如比利时鲁汶工程大学孔子学院一直没有国内派去的汉语教师，据我所知应该没有成体系的汉语课，只开办一些短期培训、中学生夏令营、中国文化展等活动。对于希望了解中国文化的外国民众来说，孔子学院是一条途径。因为孔子学院不是单纯的教学科研机构，他们的使命之一就是开展文化活动，传播中国文化。尤其每逢中秋、春节等传统节日，汉办的新闻网页上充斥着各地孔院欢度节日的消息，不外乎书法、太极、美食、茶道或者座谈、文化展览等等。除此之外，有的孔院还组织教师承担科研项目（绝大多数为汉办的项目）、编纂教材、组织汉语桥比赛、HSK（汉语水平考试的拼音缩写）、YCT（中小学生汉语考试，Young Chinese Test）考试等等。

如何开办一家孔子学院

首先，需要明白的一点是，孔子学院是中外合作的民间机构，但不是个体行为。海外华人可以受聘于某大学，然后寻找中方合作伙伴，再申办孔子学院。这个合作伙伴可以是中外的大学、研究所、社团或政府。如纽约—孔子学院为华东师大与纽约华美协进社（China Institute）合办。该社成立于 1926 年，由著名学者杜威和胡适等人共同创建，是美国历史最悠久的专注于中国文化的非营利性民间文化机构。芝加哥孔子学院则是汉办与芝加哥公立教育局合办。不过，目前以中外大学之间合作办学的模式最为常见。汉办的网上有详细的申办孔子学院所需的资质以及如何申办的程序。

此前，国内的大学与国外多有各种学术与文化交流，尤其是一流的综合性大学，各种姊妹学校非常之多。于是，借着国家鼓励申办孔子学院的东风，各个高校纷纷寻找合作伙伴成立孔子学院。由于师资、名声与办学思路等原因，不难理解，一流综合性大学或偏文科类院校建立的孔院最多，如北京语言大学有 17 所、中国人民大学有 13 所、北京大学有 9 所。我所在的北京交通大学曾有教师在比利时访学，就与比利时鲁汶工程大学谈成了合作，于 2008 年 11 月建立了孔子学院。2013 年 4 月又在美国得克萨斯南方大学建了一所。我们教研室的一位同事 2005—2009 年为苏丹喀土穆大学的汉语教师（喀土穆为苏丹首都，据说喀土穆大学就是苏丹的北大），也曾向校领导建议办个孔子学院，同时合作开发汉语国际教育硕士学位点，对苏丹招生。苏丹的中国公司很多，学会汉语会有更多的就业机会，因此汉语几乎可以说是苏丹的第一外语。无奈交大的校领导不大重视文科，他们只想跟欧美发达国家的理工科院校建立联系，只好作罢。后来，另一个在那边的西北师范大学的老师做了中间人，西北师大遂与喀土穆大学共同建立了孔院。可见和谁建，怎么建，与双方的决策者有莫大的关系。此前有人嘲讽美国的孔子学院大都建在二三流大学，这就难怪中国人民大学与美国常青藤盟校之一的哥伦比亚大学合办的孔子学院揭牌，央视新闻都大肆报道。

孔子学院的启动资金原则上是中外方各自一半。日常的行政经费以中国政府提供为主；外方提供场地、教室、设备、器材以及外方人员的工资。如此中外合作办学的模式，其优点是便捷又经济。因此，开办孔子学院的"中国速度"令世人瞠目。2004 年 11 月 21 日，世界上第一所孔子学院在韩国首尔成立。最近几年里，孔子学院以差不多每周一所的速度在世界各地遍地开花。迄今为止，在全世界 110 个国家和地区，有 420 所孔子学院及 550 多个孔子课堂，其中在美国有 92 所孔子学院和 320 多个孔子课堂。

孔子学院分设外方院长和中方院长，以外方为主。外方院长由外籍人士担任，多为懂汉语的外国人或者长期生活于国外的华裔。比利时鲁汶工程大学孔子学院的外方院长白伟恩（Wim Polet）是曾在南京大学中文系学习的比利时人，非洲贝宁孔院的外方院长是在中国取得博士学位的贝宁人。美国孟菲斯大学孔院的外方院长为台湾人，移民美国 40 年，英语和汉语都非常好。参加汉办培训时，有三位做讲座的美国孔院的外方院长都是国内英语专业出身，90 年代初出国，在美国多年的国人。爱尔兰都柏林大学孔院外方院长王黎明博士 1988 年被公派英国留学，1995 年获得英国女王大学经济学博士学位。英国诺丁汉大学孔院院长姚书杰教授也是早年到英国留学，取得经济学博士学位。虽然不知道具体数字，但可以肯定地说，海外华人担任外方院长的不在少数。

中方院长则由国内合作院校委派。按规定，均为副教授以上职称或者博士学位，有的是合作院校的中层领导，有的是对外汉语教学方面的专家。一般来说，中方院长负责与汉办的联系，但具体的合作方式、分工与领导模式自然各个孔院不尽相同，中外方在领导方式与文化方面的差异与矛盾有时也在所难免。

巨大投入值不值

孔子学院的主要行政经费、所需教材、教师工资与国外的房租以及意外伤害保险、部分医疗保险、任期首尾的往返机票、一年一次探亲假机票，全部由国家承担。如此大手笔地派人"往教"，很多人禁不住要问，对于中国这样一个发展中国家而言，在孔子学院上的巨大投入值得吗？会不会影响其他更加需要投入的领域？一个耳熟能详的说法是：花那么多钱来教老外汉语，不如花在自己的乡村教育上。为其辩护者则认为，花这些钱值得，推广我们的语言文化是百年大计。

实际上，通过文化机构宣传自己的语言文化并非中国所独创。孔子学院常常被用来与英国文化协会（British Council），德国的歌德学院（Goethe – Institute），法国的法语联盟（Alliance Francaise），西班牙的塞万提斯学院以及意大利的但丁学院等文化机构相类比。

这其中，大致可以分为两类。英国文化协会、歌德学院和塞万提斯学院是完全的政府行为。由政府出资，行政和领导、师资全部由本国派遣。英国文化协会始于 1934 年，以宣传英国语言文化为己任。它在英格兰、威尔士、苏格兰均作为慈善机构注册。它受英国政府外国语联邦事务部资助，但它的日常运作是独立的。歌德学院的前身为 1925 年创立的德国研究所，1951 年创立为歌德学院，立足德国悠久深厚的历史文化，力图在"二战"后宣传德国的语言文化，树立德国积极正面的形象。法语联盟则是另一类。法语联盟创始于 1883 年，迄今已在全球 133 个国家设立了 1000 多个同名组织或相关机构。法语联盟以所在国为主，由当地主办，依靠学费、考试费以及场地器材使用之租金维持，法国政府出资只占其经费的5%，行政和经费都十分独立。

综上可以看出，孔子学院似乎综合了几家的特点，既是民间机构，中外大学之间的合作；其行政与经费又是一种政府行为。因无须政府之间的签约，只是团体之间的协作，开办比较灵活。以外方为主，场地器材等等直接使用外方的，既节省了大量资金，同时也使得主办者能够根据自身条件和机制因地制宜，因材施教。如此模式的缺点恐怕就是，由于主体条件不同，各自的人员、师资、学术能力、办学条件、活动能力等等无法保持统一的水准。这是和歌德学院等其他类似机构迥异的地方。

此前，中国的对外文化传播在西方世界普遍处于失语状态，西方受众大都只从西方媒体中得知中国。而孔子学院建立以来，开办了各种层次的语言课程和各种形式的文化活动，接触到世界各国的普通民众，一直到中小学生及其家长，使得那些对中国异常陌生，只能从媒体中看中国的西方普通民众有了另一条了解中国的渠道，并与中国最平常的老师和学生有了直接的交流，其积极的效果还是颇为显著的。

私意以为，后者尤为重要。因为文化不是死板的书面的形式，文化就在每个中国人的血液里。当今中国年轻人的言谈举止、所思所想，他们的生活方式与价值观念，都在这些普通老师和学生的身上体现出来。并且，传统也不仅是在博物馆里，而是切切实实体现在中国人的日常生活当中，包括中国人待人接物的含蓄、礼貌、客套，都是文化传统。当然，这并不是说每一个汉办选派的老师都是合格的"文化大使"；实际上，师资恐怕是目前孔院面临的巨大难题。既有教授语言的经验，又有较为深厚的传统文化素养，还具备跨文化的交际能力，对另一种文化的理解力的老师并不是很多。但是，正是这些不完美不整齐划一的老师和学生，恐怕更能令世界各国的人们看到一个活生生的中国，充斥着问题与活力的、流动与变化中的中国。特别是85后的年轻老师，外语流利、思维活跃，他们是看美剧、听英语歌，吃麦当劳长大的一代，对西方流行文化十分熟稔。记得我们请爱尔兰老师为志愿者们做讲座，之后请他们自由提问，有一个女生脱口而出：West Life（爱尔兰著名乐队西城男孩）在你们这里还流行吗？这让爱尔兰人对中国年轻人的印象十分深刻。

但是孔子学院强烈的政府背景与放卫星般的"中国速度"同时也是其为某些西方社会所质疑与排斥的主要原因之一。我们用两三年时间就远远超过了英国文化协会60年间在全世界200多家的规模；而英国文化协会是歌德学院的两倍，是日本协会（Japan Foundation）的12倍。乐观者曰：仅用短短几年就走完了英法德西等国语言推广机构几十年甚至上百年的路，和中国经济发展一样，堪称世界奇迹。然而，有没有人论证过，如此大规模不计成本，不管分布地摆摊设点；每个大学都争相设立孔子学院，不惜重复，是否科学而必需？是否只是长官意志的结果？全中国学英语的人数，从幼儿园算起，起码两三亿，英国文化协会在中国不过五处。中国学习德语和西班牙语的人数，跟德国、西班牙学习汉语的人数孰多孰少，答案很明显。而歌德学院在中国仅仅三所，塞万提斯学院只有一个。可孔子学院在美国有92所，英国17所，德国13所，西班牙5所。汉语教学和文化传播真的需要如此的规模与数字吗？至于到某年达到500所孔子学院、1000所孔子课堂的宏愿，是拍脑袋的想法，还是出于文化、语言、国情、地区以及财政的实质考虑呢？

再有就是腐败问题。网上有人根据财政部 2009 年公布的招标数据，爆料称网络孔子学院只需十几万元，而汉办的招标却高达三千多万元。我们使用网络孔子学院的一线教师都知道，网络孔院不仅仅是简单的网页设计与维护，还开发了大量原创的视频、音频、Flash 等教学资源。因此，批评者所谓只需十几万元的预算大约也不一定确切。当然，由于缺乏监督机制与公开透明体制，汉办的资金运用，每个孔院的财政拨款与具体运用这些过大的问题，平常百姓无由置喙。究其实，中外很多高校积极兴办孔子学院，与目前国内流行的重大课题、创新工程一样，都面临一个如何鉴别真正的成效与圈钱行为的问题。而脚踩东西文化的一些海外华人由此找到了安身立命之本，也难免遭到"假洋鬼子"回国捞钱之讥。

并且，汉办的浪费确也有目共睹。一年一度的世界孔子学院院长大会邀请全球的中外方院长以及国外合作大学的校长出席，还邀请世界各个孔院的学生来汇报表演，作为孔院的成果展示，所费不赀。2011 年 12 月，都柏林大学孔院向大会输送一个中学孔子课堂的合唱团，表演中文歌曲，学生们加上两个带队老师共 21 人，往返机票加上在北京一周的食宿和游览参观，至少二三十万元。每年很多孔院都会组织中学生夏令营、中学校长访华团。国内的汉语教学基地还有针对外籍教师的短期培训班。除了路费外国人自己负担以外，落地以后一切的费用：食宿、交通、旅游和学费都由中国政府埋单，简直称得上量中华之物力了。如果说孔子学院是一个中外文化交流的平台，那么文化交流的起码基础应该是平等，但是我们听说过哪个歌德学院、塞万提斯学院和法语联盟组织过德国、西班牙和法国的免费参观学习旅游呢？细究之下，无非近代自卑自傲的心理在作祟。一方面为自己的文化自豪；一方面又不自信，于是希望外国人喜欢、欣赏、相信。

离中国文化有多远

孔子学院的初衷是提升中国的软实力。这一点，在国家领导人一再强调其重要性，将孔子学院视为"对外宣传"重要平台的讲话中；在领导人们不断走访世界各地孔子学院的行为中都明确地昭示于世人；而这也正是国外某些批评的火力集中点。著名学者余英时接受自由亚洲电台主持人的采访时，也着力抨击孔子学院"政治目的超过了商业目的"，"就是统战"。就我个人的观感，这些在上者与国外批评者可以说是一种合谋，从正反两面共同营造了一个关于孔子学院的想象。但是，具体运作的孔院师生，千差万别的个体与这个想象之间，不啻以道里计。

约瑟夫·奈尔（Joseph Nye）将"软实力"定义为：一个国家通过吸引力而不是威压或者金钱获得它所想要的能力，它源于一个国家的文化、政治理念和政治方面的魅力。而孔子学院目前的态势能否担当此重任，各路人马莫衷一是。在令人鼓舞的数字背后，是否每一个孔子学院，或者说大多数的孔子学院都可以承载展示软实力的重任，恐怕还得打上一个问号。余英时也指出，孔院"教员水准实际上也不是很高，没有文化修养，也没有学术修养，就是会说北京话而已，只是教教汉语"。这从反面证明了，孔院的老师，包括我自己，没有进行意识形态宣传或统战工作的能力与意愿，我们就是汉语教师，乐意教那些对汉语感兴趣，愿意学习一门公认很难的语言的人。

比较吊诡的是，尽管国家领导人与国外媒体普遍认为孔子学院是中国"软实力"的一大策略。国内教育界和汉办的一些领导人却竭力在淡化甚至否认这种说法。汉办主任许琳就回应道：孔子学院无意输出中国价值观,因为那种做法与中国传统理念不同。这并不难理解:因为具体运作的教育界和汉办人士,会意识到国外对此的微词甚至反感,于是更乐意强调孔子学院是文化机构、学术机构,以增进学术交流与双边理解,希望外界不要将其政治化。然而,作为学术文化机构的孔子学院与中国政府的关系又有点难以厘清。伦敦政治经济学院教授克里斯托弗·休斯(Christopher Hughes)就公开批评伦敦政治经济学院接受中国政府的资助是继接受卡扎菲政府捐助之后的另一桩丑闻。

孔子学院是理事会负责制。因此,为孔子学院辩护的人都以此为论据,声称孔院并非直接受命于中国政府,而是由理事会管辖。但是,由于其行政经费的来源,加上中国的国情与体制,孔子学院并非完全独立于中国政府的国外学术机构也是不容辩驳的事实。爱尔兰都柏林大学孔院曾经受命于中国驻爱尔兰大使馆,主办了一次关于西藏问题的讲座。主讲人为中宣部委派的国内专家,其针对刚刚访问过英国、爱尔兰的达赖喇嘛的意图颇为明显。使馆要求讲座规模不要大,不能直接在大学校园布告栏打广告,以免听众过多,难以控制局面。因为他们前一站在英国就与听众发生过激烈争执,乃至有了肢体冲突。最后我们预订了一个一百人的阶梯教室,请了一些向来比较友好的人士与华人代表,包括我们自己的员工都坐在下面充数,填满整个场地,使 CCTV 的新闻不至于不够好看。西藏问题在西方国家是一个开放的自由讨论的问题,可是在孔子学院衔命举办的这场活动中,显然对外宣传的意识形态意味浓厚。

此外,传播什么文化,如何传播是另一个问题。众所周知,语言的背后是文化,学习汉语自然会接触到中国文化是毋庸置疑的。稍稍浏览其他语言文化机构的网页,发现他们正在和将要举办的音乐、电影、文学、戏剧、摄影、文化讲座等都是高端精致的文化盛筵,相比之下，我们的孔院热衷于教老外用筷子、编中国结、打太极拳。中国文化是否就是京剧、烤鸭和长城故宫？事实上，仅仅会说"你好、谢谢、再见"的外国人，离真正了解中国文化还差得远。目前孔子学院的摊子虽然铺得很大，但其深度还远远不够，仅仅停留在教汉语、太极拳等等表层上；各种文化活动也多流于表面。有学者认为，这只是"术"，不是"道"。孔子学院应该是一个传播文化、价值观的地方。不过，要走到那一步，对孔子学院而言，可谓路漫漫其修远兮。

美国斯坦福大学在给汉办的申办孔子学院材料上，第一句话这样写道："为了培育未来了解中国的美国领导人"。在全球化的今天，互相学习对方的语言和文化是潮流所向。中国经济的飞速发展吸引了世界的目光与兴趣，中国的语言文字与悠久文化自有其独特的魅力。相信无论怎样，美丽的中文总有人愿意学；丰厚的中国历史文化总有人乐意去了解。孔子学院作为一个文化语言机构，有其存在、发展、壮大的理由和意义。至于如何发展，怎么办，是一个过于庞大复杂的问题，需要时间，可以拭目以待。

【对话】"增强软实力，讲起来容易，做起来难"

参与者：王黎明（爱尔兰国立都柏林大学中国研究院院长和孔子学院外方院长）、菲斯（DALA. FAIZAN，中国政府"孔子学院奖学金"学生，就读于北京交通大学）、鲁竹

【鲁竹】　对孔子学院批评最大的应该是经费问题。网上有人说中国花了很多钱做这种事情，还不如多建几所希望小学；也有些人觉得，这是一个不可预计的软实力的投资，您作为外方院长，您觉得呢？

【王黎明】 我也注意到关于孔子学院的国家投入这类议论，主要是说，我们还有一些贫困地区，还有一些贫困得上不起学的孩子，为什么我们要花这么多钱投到国外去搞孔子学院。我的基本观点是，目前据我所知，每年国家财政在孔院上的投入可能不到 20 个亿，就是十几个亿。按照我们收入和 GDP 的总量，以及我们在国际上现在 GDP 总量排名第二这个地位来看，投入 20 亿去增强中国的软实力，并不是一个值得讨论该投入还是不该投入的问题。拿我们目前投入孔院的钱，去跟希望小学或者贫困地区比，这完全是两个问题。作为这样大的国家，这样一个特定的历史发展时期，它完全可以同时存在的。就是一方面可能还有一些边远贫困地区，另一方面也需要为未来的国际地位、话语权作战略性的考量。

增强软实力，讲起来是很简单的一句话，但是做起来非常非常困难，需要现实的投入。我的基本观点是，在未来的 10 年、20 年，是中国经济发展的关键历史时期。一方面是一党执政的体制，和所谓社会主义的背景，另一方面是这一背景下中国经济这 30 年的突飞猛进，这让很多人体会很复杂：第一，是疑惑；第二，是一种威胁。为什么是种威胁呢，因为你不是他所熟悉的民主体制，他觉得你在想什么是一个谜，所以他不理解你不了解你。一个巨人在你身边突然崛起，你不心慌吗？不觉得这是一种威胁吗？

【鲁竹】 那您觉得孔子学院能够消除这种隔阂和威胁吗？

【王黎明】 过去我们也有一些其他的举措来提高软实力，也花了钱，但就我的观察，孔子学院是最有效的。因为他跟普通百姓接触了，跟小学生中学生接触了。过去侨办搞出国演出弘扬中国文化，能跟小学生中学生和普通百姓接触吗？

【鲁竹】 我是觉得我们孔子学院的老师，包括志愿者老师，都是普通的中国人。通过这些老师，他们能看到我们最普通的面貌，也还蛮好。

【王黎明】 对。孔子学院由于其存在的形式是依托于国外的合作伙伴，或者叫 host（主办方），所以它有外方院长。这个外方院长是中国人还是外国人不一定。即便是中国人，也是在西方生活很多年的，对西方的体制、思维方式甚至文化背景都很熟悉，这样最容易渗入民众。说到底，人家对你理解与否关系到你的话语权，你说的东西人家理解，你才有话语权。现在中国需要有话语权，基础是什么，是人家理解你。怎样才能理解？如果不懂中国文化，不懂中国文字，理解起来就很困难。不管中国的政治体制如何，首先是一个文化的概念。不同民族不同国度的人在一起，首先是文化的差异。我们说的误解、恐惧，都是因为文化差异带来的。因此，我觉得孔院的作用不仅仅是推广一点汉语课程，或者弘扬一点中国文化；其实最根本的目的，是应该让所在国的民众了解和理解中国文化。所以我认为，再加大点投入，让中国文化走出去是必要的。

【鲁竹】 关于经费还有一个问题，就是很多人抨击汉办的腐败和浪费。比如网上有人爆料说网络孔子学院只需要十几万元来做网页，但竞标是几千万什么的。

【王黎明】 这个我也是在网上看到的，道听途说，并没有任何内部的消息。说实在的，孔院的院长就是一个基层的小萝卜头，对于一些真正的核心内幕，自己也不是很清楚。但总的来讲，经费的管理肯定还有很多工作要做。孔院是一个新生事物，怎样把钱更好地用在刀刃上，怎样更有效地获得更大回报，确实是个问题。

【鲁竹】 每一个孔院和外方合作经费按说是一半一半的吧。

【王黎明】 按照汉办的要求，是一半一半。表面上看起来有一个平等的合作模式，也就是我投一分钱，对方要配套一分钱。但是它又有一个不平等的要求，就是说你外方作为 host，你的人员工资、校舍、场地是不能算钱的，这多少算是汉办强加给外方的。但海外的 host 不太能接受这个条件。从某种意义上来讲，严格按照汉办的项目要求，即我投一分钱，你也投一分钱的孔院实际上很少。估计汉办也明白这些原因，所以他也不是那么严格地追究配套资金。对于我们来说，我们尽可能在都柏林大学之外申请一些钱，来配套汉办的资金。像我们拿的那个欧盟的项目 CHAT（注：与爱尔兰都柏林理工大学合作的汉语聊天软件项目）那个等于就是配套的钱。反正一边是汉办出的，一边是欧盟出的。

【鲁竹】 管理方面，您了解其他外方院长吗？听说有些孔院的管理不是很顺畅，外方也不太重视。

【王黎明】 这个我也听说过，的确有的中外方院长合作不愉快，甚至基本上没法继续，但总的感觉是少数。

【鲁竹】 您见的外方院长，是您这样的海外华人多还是外国人多？

【王黎明】 还是外国人多。海外华人有一些，按比例来说，还是外国人多，很多学汉语的或者海外汉学家。

【鲁竹】 我们培训的时候，来了两个美国的外方院长，都是90年代初期出国的。跟您的经历差不多。

【王黎明】 对，我还是认为这样的外方院长更有优势，我是不看好不大懂中国的体制和办事方式的人来做外方院长的。

【鲁竹】 就您了解歌德学院、法语联盟这些德语、法语、西班牙语文化是怎样去传播的？他们是官办的还是民办的？还是说，只有中国才是这样的官办模式，跟中国的社会体制相联系？

【王黎明】 那倒不是，歌德学院的官办的背景更强。在北京的歌德学院、塞万提斯学院和法语联盟我都去参观过。据我了解，那些外语机构基本上都是官办的。官办色彩最明显的是歌德学院，直接由中央拨款，一直到每一个学院都是完全由德国人控制，直接是中央财政支持的。孔院不一样，孔院是一种合作方式，从治理的体制和架构上来说，孔院不算是官方直接控制的。为什么呢？因为从治理结构来说，我作为院长不直接对汉办负责，我是直接对理事会负责，我是理事会任命的外方院长。理事会的会长是我们都柏林大学的校长，副会长是人大的副校长。理事们都是两校相关的一些人士和教授。理事会中并没有一个汉办的工作人员。从这个意义上讲，孔院是一个相对独立的机构。

那么，孔院在哪种意义上受制约或受影响呢？就是在申请年度经费的时候。你要想搞活动，要有一定的经费和预算，要由总部来批。从这个意义上来讲，它对我们是有影响的。其实日常的管理，包括一些大的活动，汉办并不太干涉我们。

孔院是个新生事物，又是八仙过海、各显神通这么一个状况，所以各式各样的孔院都有。有的孔院很难成为高等教育的主流，因为人家汉学系早就在那儿了。也就是说，只是在他不做的边缘课程或活动，你来做一做。东亚系也好，汉学系也好，人家是大学的 main stream（主流），degree（学分）课程，人家根本不屑搞晚间课程。那你孔院去做一做。

我还是觉得，既然是新生事物嘛，各种模式都可以试一试，但最好有一种科学的规划。我们呢，可能开始的时候还是有些盲目，没有科学的规划。当然应该说首先要肯定短期内有三百多个孔子学院建起来了，这是成就。在这一前提下，的确也有一些问题。

【鲁竹】 为什么他们在推广语言和文化的过程中，那些法语、德语、西班牙语,没有那么多的批评;为什么我们推广中文的过程中,孔子学院会遭遇批评?我的一位清华师姐,2006 年去美国一年,她说到那边的批评声很大。

【王黎明】 树大招风。孔院现在有三百六七十所,孔子课堂有四五百所了,难免会遭到一些关注甚至批评。歌德学院全世界才有多少?远远少于孔子学院。而且它是一个按部就班的过程,很严格地论证布点,这样一层一层开展起来的。比起他们,我们就太快了,孔院是 2005 年才开始的。

【鲁竹】 这好像也是中国特色。我们社会政治的一个模式。领导人决定要做什么,就一窝蜂都上了。

【王黎明】 我倒是这样看,中国政府的干预,能够使事情在短期内更有效地完成,这也是一个事实。在世界上,中国速度已经是一个被公认的事实。当然这里面并不是说所有的有效率就都是对的,比方说对环境污染的控制,由于经济的高效可能就没有照顾到。但是处在这样一个特殊的历史时期,应该说你首先要承认在这么一个短短的时期建了这么多孔院,造成这么大的声势,不能不说是一个巨大的成就。就拿我们孔院来说,从我们搞的文化活动到中学教学,甚至我们的一些老师和平民直接的接触,都的的确确地增加了友谊和交往。我们中学的这个项目,也进入了主流的教育,这在历史上没有过。我 2006 年来的时候,人家还说汉语不行,不是我们的目标外语。那么到现在,教育部长明确说只要在师资允许的情况下,就可以作为他的 Leaving Cert. (注:爱尔兰中学毕业联考)。

【鲁竹】 这种事情怎么慢慢做成的?

【王黎明】 坦率地说,也不是很容易。一般人动不动就说从零起步;应该说,我们不是从零起步,是从负数开始的。为什么这么说,因为如果没有一个目标外语设在那儿，我们是从零开始。他现在的目标外语，亚洲语言当时推的是日语，汉语根本不在里面。也就是说，你根本就是负数。在这种状况下，怎样让爱尔兰中学的校长以及一些官员、部长改变他们对汉语的认识，是很不容易的事。除了中国本身的经济发展，中国国际社会的地位在改变，这是一个大的背景，不用说。就我们孔院这个角度，我们第一个做的是搞全国性的调查，以数据说话。我当时定的就是要组织三个调查，把家底把需求搞清楚。一个是调查中学；一个是调查公司对中国商务的需求；一个是调查大学生对学位课程和硕士课程的需求。爱尔兰的中学一共 750 个，我们每个中学都发了问卷，181 个回来，接着再跟校长们做回访。最后把这些东西集中起来，写成报告。2009 年 11 月我们办了一场发布会，让前任的外交部长 Nickle Martin 正式发布。于是 *Irish Time*（《爱尔兰时报》），*Irish Independent*（《爱尔兰独立报》），都登了文章。因为外交部长说了，要支持汉语进入中学。另外一方面我们又跟一些中学合作，开始中国文化和中国语言的教学，可以说我们是第一个进入爱尔兰中学教汉语的。关键的一步，我觉得很重要的还是调查报告的发布会，他们的教学大纲与考试评估委员会（National Curriculum & Course Assessment，NCCA）的 CEO 参加了这个发布会，就给我写了邮件，要讨论汉语进入中学课程的问题。实际上，从那开始，汉语进入爱尔兰的中学教学才有了一个历史性的转折。

【鲁竹】 那日语他们推了多长时间呢？他们现在的状况呢？

【王黎明】 日语的话，前前后后照他们的说法推了十年。他们现在的状况应该说并不是特别乐观。开始的时候，日本政府也投入了不少，也有一定的力度。在爱尔兰中学推日语，所以在爱尔兰中学里，日语变成了一个目标外语。

【鲁竹】 那日语进入 Leaving Cert. 了吗?

【王黎明】 嗯,进入 Leaving Cert. 了。日语前前后后花了十年的时间。所以当初,我问 NCCA 的主席,你觉得需要花多长时间。他说至少五年。当时我觉得简直不可思议,五年太漫长了。现在看来,几年已经过去了。现在汉语才进入 Transition Year(过渡年。注:爱尔兰独特的学制,初中与高中之间有一个过渡年。学生可以不选而直接进入高一,两年毕业。多数学生会选择这一年,即三年高中毕业),还没有到那个 Junior Circle(初中),再到那个 Leaving Cert.,还有两大步要走。从 2014 年起,汉语进入 Junior Circle,成为他的 Short Course(注:短期必修课,比主流必修课学时短)。从 2014 年再进步两到三年吧,咱们算算,进入 Leaving Cert. 的话就是 2016、2017 年了。所以他 2010 年说要五年,看来还是比较激进的了。我当时都觉得不可思议,还要五年;但现在来看,它要一步一步进入它那个体系,是比较难的。爱尔兰有个特点,就是任何外语进入爱尔兰都是第三外语,它已经有了英语和爱尔兰语,这比其他国家难度还要大些。我们慢慢走过来了,现在回过头来看,的确,在一个国家要进入主流认可的外语课程,不是一件容易的事情。我们现在说日语进了十年,现在日语状况不是很乐观。也就是说,像我们大概一代人都要投入进去,结果也许才会有个比较稳定的状态。当然日语现在也跟日本的经济以及国际地位有一定的关系,因为他不再是亚洲最大的贸易合作伙伴,中国从 2005 年开始就取代日本的这个地位了。

【鲁竹】 有人说中文现在的"热"搞不好会重蹈当初日语火爆的覆辙。日本 80 年代经济大发展,当时日语也很流行。

【王黎明】 对。我记得有一次在北京开孔院大会的时候,就有人提出这个问题,他说你不觉得日语红了一段吗,是不是汉语也会这样?

这是一个非洲人提的。我就跟他说，不可能。基于两个方面的原因：一个是中国无论是发展潜力和发展规模都比日本大很多，从经济上说是不可同日而语的。第二，汉语本身的 beauty（美）是日语没有的。因为汉语本身的特色，决定了它有生命力。四大古典象形文字，只有汉语存活下来了，已经存活了几千年。它有它内在的合理性和 beauty，所以才可能被人们保留和延续下来，这种是日语没法比的。日语是拼拼凑凑，拿来主义，外来语那么多，它没有自己的 beauty。所以我认为，汉语绝对不会重蹈日语海外推广的覆辙。

【鲁竹】　就孔院来说，主要的困难是什么？

【王黎明】　因为人家觉得孔子学院有政府背景，中国又是共产党国家，自然不自然地就带上成见，觉得你不是一个独立和学术自由的机构。尽管我本人是两顶帽子都有（中国研究院院长和孔子学院院长），人家看你就是孔院的，是中国政府的代言人，很多情况下媒体就习惯这么看。甚至不光媒体这样认为，校内也是这样，他们不认为孔子学院是很严谨、很严肃的学术机构。在任何西方体制下，一个学术机构，首先是学术自由的，那是灵魂。没有自由就没有灵魂。如果说你所工作的机构是一个没有自由的地方，那不是很悲哀很痛苦的吗。实际上我有自由，但他们认为我没有。

【鲁竹】　那您认为这只是一个误解吗，还是事出有因？

【王黎明】　我认为，其实还是大家对孔院的治理结构不是很了解。曾经有一次会上，人家当我的面就说你们孔院不是政府给的钱吗，你怎么能说你是相对独立的？我说我作为院长最有发言权了，我不对中国政府负责啊，我只对理事会负责，理事长是我们校长。理事里边，人大占五个，这边占四个。那么这种情况下，你怎么能说我没有自由？

【鲁竹】　你什么时候开始接触汉语的，怎么想起学汉语？

【菲斯】 我从 2008 年 9 月那个学期开始选修汉语课，学了一年，孔子学院开设的汉语课。学汉语开始是好奇，后来觉得挺有意思；而且，虽然总有人说中国的经济有多少问题，但我觉得中国还是非常有潜力的，学汉语很有用，有前途。学了一年，到 2009 年暑假，孔院给我们提供了一个月的机会到北京来，是一个暑期学校。我觉得这事很酷啊，所以就来了。那是我第一次到中国，感觉非常好，非常有趣，而且我还去成都看我的一个朋友。然后我有一年没有学汉语，因为要学自己的专业，做论文。2010 年 9 月，我觉得不能丢下，又跟孔院的老师申请，插进了中文专业的班级里。那个学期很难，他们都学了很久，我要跟上有点难，不过我进步特别大。

【鲁竹】 你对孔子学院的课程和老师还满意吗？有些人会觉得，有的中国老师不太适应西方的课堂和教学方式。

【菲斯】 老师们都还不错，有的老师可能是有点，不是很适应西方的语言教学，讲得太多，有点沉闷；有的老师很好，有很多的讨论和课堂活动。我们这学期商务汉语课的老师就非常好，很像西方的老师讲课的方式。我自己是学习英语教育的，再学了汉语，更明白语言教学的一些东西。

【鲁竹】 有一些西方人会担心孔子学院是共产党的宣传工具，你觉得呢？你在孔院的学习，接触了他们批评的那些吗？

【菲斯】 嗯，我们年轻人好多不这么想。我觉得这没有什么，学习语言也了解文化，挺好；像你这学期给我们讲的中国文学和文化，以前没有接触过，挺好的。年纪大的人可能会想得多，年轻人很多没觉得孔子学院有什么宣传，就是学汉语罢了。而且，我们也有自己的想法。总的来说，我觉得孔子学院还是很好的，帮助西方人了解中国，你知道，英国很多人以前对中国知道得不是很多，我们那儿也很少人学汉语，现在学汉语的人多了，知道中国的人也多了，孔子学院做了很多工作。

【鲁竹】 你在中国两年，哪些是你不适应的呢？

【菲斯】 我一直想说，我最受不了的是洗手间？对，洗手间里没有纸。我到现在都是，要上洗手间就得回宿舍。这么大的大学，也是很好的中国的大学吧，怎么这么小的事情都做不到，不能在洗手间里放一点纸呢？

【鲁竹】 哎呀，我真没想到你要说的是这个。我得说，我也不知道说什么好了，中国好多地方还在改进，需要慢慢来，包括人，只能说希望越来越好吧。

【特约】

当中国开始深入世界……

贺照田

一

中国大陆近年有很多不愉快的国际经验，在对这些经验事件的报道中，常常也包含这些不愉快事件发生地的人们有关这些事件看法的报道。这些事件发生地社会对这些和中国大陆有关事件的评论、理解和心理感觉，有一些中国大陆读者觉得很容易理解，有一些则让中国大陆读者相当困扰。

非常有意思但并不让人惊讶的是，中国大陆读者表示很理解的国外对中国、中国人的批评，其实也是很多中国大陆人关于中国大陆社会常常会作的那些批评：公德意识不足公共场合高声喧哗啦，不注意公共卫生随地乱丢垃圾啦，土财主暴发户式的消费表现啦，艺术文化品位低下旅游只知道在标志性景观照相了事，等等。相比中国大陆读者对这些中国大陆自身已有的批评方向言论能顺利地理解外，国外另外一些对中国大陆不友好的言论和做法，比如一些在中国大陆人们看来完全是出于莫名情绪特别针对中国大陆人的言语和身体攻击，等等，则不仅让中国大陆读者感觉伤害，而且百思不得其解。

在 1990 年代以前，中国大陆一般人还很少拥有国际经验的机会。从 1990 年代开始，随着中国大陆越来越深地卷入这个世界，有机会拥有国际经验的中国大陆人越来越多，特别是近年，中国大陆和世界很多地区的关系可说已至"我中有你，你中有我"的深切程度。而随着中国大陆和世界交往程度的加深，随着中国大陆国际交往经验的多样展开与积累，特别是随着中国大陆遭遇到越来越多超出它本来想象和理解准备之外的不愉快经验，中国大陆最近这几年在媒体上，特别是在网络上，和人们私下日常聚会的谈论中，都已越来越多基于中国大陆这些年展开相当多样的国际经验，试图赋予这些经验以一贯理解的尝试。

在相当意义上可说，这是中国大陆在真的深入世界之后不可免的，调整自己先前在国际经验有限情况下拥有的国际感觉、国际理解，形成新的国际感觉、国际理解的关键时期。说这个时期关键，不是说基于中国大陆和世界关系如此深入新状况的新的系统的国际观，会很快发展完成，而是说一旦某些感觉和理解在这个本充满多种可能性的阶段脱颖而出，这些脱颖而出的感觉和理解，包括其实很有问题的感觉和理解，便会在接下来处于非常有利的位置，参与模塑、范导、定型中国大陆在这个"中国—世界"关系新阶段，必然要加以调整、重铸的正式国际观的内涵与方向，从而极大影响中国大陆的世界感、世界理解。

很多人一定还清楚记得，90 年代中期中国大陆最有代表性的世界感是"与国际接轨"，这样讲当然有中国大陆内部的脉络，但仍然反映着其时中国大陆对美国所主导的世界秩序包含着更乐观、更玫瑰色的想象。即使其后有 1997 年的亚洲金融风暴和 1999 年的美国轰炸中国南斯拉夫使馆，使这种乐观蒙上了阴影，但仍不妨碍之前的"与国际接轨"感觉与理解仍占据主导地位。

虽然从"与国际接轨"思潮在中国大陆确立起主导霸权开始，就一直存在着和它的论辩诘抗，但哪怕是 2000 年前后蔚为风潮的"新左派"思潮，其展开最有力的，也主要是以其时国内、国际已大幅暴露的问题为背景，依托在中国大陆社会有广泛基础的价值、情感，通过聚焦"新自由主义"这个靶子来批判国际、国内现实，而并没有直接就现实的社会经济发展提出框架性的思路。（那时批判思潮当被问到现实应该怎么办时，最常用的回答是，他们致力的是打开想象空间、思想空间。也就是，他们关于现实社会经济发展还没有看起来可操作的框架性思路。）真正在社会经济发展方面给出一套——看起来有撼动挑战"与国际接轨"所隐指的"国际"社会经济框架能量的——说法，要到 2005 年前后在"华盛顿共识还是北京共识"这一挑战意味明确的口号下凝聚成的思潮。这一由外国作者提出的相对于"华盛顿共识"的"北京共识"，到中国大陆接受时表现为更具挑战论辩意味的"华盛顿共识还是北京共识"思潮状态，当然和中国大陆其时已达致的经济成就有关。（有关思潮状况，可参黄平、崔之元主编《中国与全球化：华盛顿共识还是北京共识》一书，社会科学文献出版社，2005年）这一思潮所透露出的中国大陆自信，当 2008 年底美国金融危机爆发后，世界很多地区的发展都受到影响，经济状况下滑，中国大陆则继续保持此前的 GDP 高成长率时，达到了高点。表现在思潮上就是比"北京共识"更积极自我肯定、自我评价的"中国模式"论思潮的快速兴起。当然，"中国模式"论思潮相比"北京共识"思潮，不仅在自我评价上更为自信，而且其自信的方面也不再限于经济领域，而突出扩及至政治存在、政治治理领域。就是，在许多乐观的"中国模式"论者那里，其所论辩的靶子对象已不是"新自由主义"、"华盛顿共识"，而是"普世价值"。也就是，这些论者通过批判"普世价值"，不再像当年针对"华盛顿共识"那样，自我肯定主要集中在经济领域，而进一步把对当代中国大陆的积极评价扩展到明确包含政治在内的治国实践、治国制度方面。在这一意义上，2012 年底胡锦涛在中共"十八大"上讲要"道路自信、理论自信、制度自信"，2013 年又为习近平所重述强调的："全国各族人民一定要增强对中国特色社会主义的理论自信、道路自信、制度自信，坚定不移沿着正确的中国道路奋勇前进。"其实很可视为"中国模式"论的官方版本。

虽然当我们认真检视这个由国家最高领导人提出的"三个自信"，我们很难厘清它的确切政治、经济、观念意涵为何，但放在中国大陆 90 年代以来的脉络里，有一点则很清楚，就是它在明确告别"与国际接轨"相应的那种观念感觉状态。

与上述中国大陆各时的世界感相关，但主要着眼点在国内的观念变迁相应，从 90 年代初到当前，中国大陆对世界的基本意识感觉也发生着重要变化。在 1992 年邓小平南巡讲话后中国大陆向市场经济大规模跃进时，邓小平所明确要求于他之后这一代领导人的，是在国际上韬光养晦，是不出头。直到 2003 年底，部分为应对随着中国大陆惊人的发展成就国际上越来越喧嚣的中国威胁论，部分为因应这一发展成就所带来的——中国大陆内在也有越来越强重新自我定位的意识涌动，这才提出了和韬光养晦很不一样的"和平崛起"。不过，这一当时在国内、国际上引起广泛反响的"和平崛起"论，并不能视为对"韬光养晦"意识感觉状态的告别。这么说，是因为在当时的有关表述中，重点常常并不是"崛起"，而是让世界放心，中国的崛起是加入世界现有的格局，而不是挑战现有的世界格局。真正和"韬光养晦"论根本拉开距离的，是中国大陆最近越来越作为国家外交论述框架的"负责任大国"观念。也就是，至此才可说中国大陆告别"韬光养晦"论。

二

　　从我上面简要的整理，我们可以看到中国大陆从 90 年代初到现在这 20 年，其在自我感觉和世界感觉方面发生了多大的变化："三个自信"是对"与国际接轨"论的告别；当好"负责任大国"则是对"韬光养晦"论的告别。不过，这些看起来有关中国大陆自我感和世界感的明确惊人的变化，在很多中国大陆人看来只是问题的一方面，就是在这些中国大陆人的感觉里，具体到中国大陆和其他国家、地区的经济面的互动，则不论是当年"韬光养晦"意识正强时的强调"双赢"，还是今天国力大增后要做"负责任大国"后强调的"共赢"，其核心都在传达中国大陆的发展对世界繁荣、发展有益，中国大陆也很有诚意和世界分享中国的发展成果。相比更侧重经济方面的"双赢"、"共赢"，在观念、政治、制度方面，今天的中国大陆虽然相比 20 年前实力大增、自信大增，但仍没有输出"革命"的想法，而是始终着眼于和平、合作。在很多中国大陆人的感觉里，这种对他国的平等、尊重意识，特别表现在中国大陆外交越来越强调"和"。因为在中文感觉里，强调"和"，就是从当年更笼统地强调和平发展，进一步发展为在尊重彼此差异的基础上，在承认世界多元、丰富的前提下寻求和平与合作。也就是，中国大陆所致力寻求的世界和平与合作，是彼此的个性都被尊重、被保证情况下的和平与合作，用中国大陆的表达就是，中国大陆所求的世界"和谐共存"，是以"和而不同"为其基本前提的。

　　在相当多中国人的感觉里，不论是"双赢"、"共赢"，还是"和"、"和而不同"、"和谐共存"，都是一种充分考虑对方利益、国格、人格的思考，是一种位阶很高的"善"。这也是中国大陆很多人，在面对自身许多不愉快的国际经验，会深感困扰、深受伤害的重要原因。就是，我们跟你们的互动是要跟你"双赢"、跟你"和"，这样，大家之间的关系应该越来越紧密、安好才对，即使退一步，也应该相安无事才对，怎么这些不同社会的民众，常常还会有针对中国大陆、针对在他们社会的中国大陆公民的强烈不满呢？

以这样一些心情、感觉为背景，这些年围绕中国大陆国家和在外公民不愉快的国际经验，逐步形成着一些很有代表性的解释回答。比如，一种很重要的解释是：我们遭遇的很多不愉快，不是我们的想法和做法不对，而是我们的自我宣传不够，对方因为不知道对我们的说法、做法如何理解，因而发生误会。另一种很重要的解释则是：这个世界在根本上是崇尚实力的，只有中国继续发展，进一步取得压倒性的成就与地位，这个现下价值、观念由西方主导的世界才会真正改变对中国的偏见。第三种有代表性的解释则是：这些年很多不愉快经验背后是某些国家、某些集团对中国大陆根深蒂固的敌意，这些敌意伴随着中国大陆近年的快速崛起，变得越来越强烈，因此，中国的发展就不能笼统地着眼 GDP，而还应该在大力发展经济时，特别着眼中国的安全，和中国大陆在外公民、在外利益的保护。相比前两种开始就有很多人接受的解释，第三种解释虽然在开始信众不多，现在影响却越来越大。

显然，这几种对中国大陆近年不愉快国际经验的回答与解释都是有现实后果的。比如，第一种解释方向，现实便对应着要多增加以宣传、说明、解释为重点的对外交流工作，以加强不同国家、地区人们对中国文化、中国大陆的了解。而第二种以实力逻辑为基点的解释，再向前一步就是，如果中国大陆足够富强，这些有关中国大陆利益，更有关中国尊严的被侮辱、被伤害经验才不会再出现。因此，为了国家和人民权益、为了在世界上赢得应有的国格和人格尊重，中国大陆当然不仅不应该放弃优先发展的思路，而且只要有可能，就应该抓住一切机会，发展、发展、再发展！而这也就意味着，经过多年的思想观念批判，经过对社会、经济、环境、生态等方面种种问题的分析、检讨，而在中国大陆初步丧失其信誉的发展主义，却会因对中国大陆国家和在外公民种种不愉快遭际的这一分析逻辑，可从最能刺激社会人们心理的国格、人格角度，获一有力支持。相比，第三种解释，不光在实际上内含了第二种解释所有的实力逻辑，从而可为在中国大陆已带来多方面后果的发展主义添一助力，而且其解释，稍加推演，便涉及——积极加强武力、注意发展军备、增强对世界的戒备意识乃至敌我意识，等等——这些既切实关系中国大陆自身基本状态，又很能牵动世界神经的诸多方面。

是以，如何对中国大陆近年不愉快国际经验进行整理、分析，和现实与未来都所关非小。不可否认，上述很有代表性的三种理解都非空穴来风，都有一定的经验事实可为根据，但同样不能否认的是，这三种很有代表性的回答方式也共有如下问题：就是对他们思考在心情、感觉上的出发点认定——为什么我们很多以"双赢"、"和"为基本指导框架的国际合作和交往，却会遭遇这许多不愉快经验——这样一些很触动他们的经验现象本身所可能蕴涵的多方面复杂性，先就缺少必要的分析、省思工作。比如，我们很少想，我们视为当然善的"双赢"与"和"，我们实际所赋予的内涵究竟是什么？根据我们所赋予这些观念的内涵所对应的心理和行为，落到另外一个和我们"历史—现实"过程不同的社会，其意涵与后果到底为何？等等。

我们知道，虽然"双赢"、"和"这些观念就其被提出的时刻而言，都有特定的国际情势为契机，其表述与内涵也都有脉络可追溯，但同样不能否认的是，当代中国大陆人在赋予这些观念表述以具体内涵时，不能不深深打上 90 年代以后有关观念状态的烙印。比如，跟"双赢"提出紧密相关的是当时中国大陆内部的"发展才是硬道理"思潮，对比中国大陆后来的试图给发展主义加上一定条件与限制的"科学发展观"，"发展才是硬道理"所表征的发展主义无疑是更绝对、更不容置疑的，而这，不能不把"双赢"这一内涵本来可以更为开阔、开展的意识，一开始就限制在发展主义感觉里。可惜的是，2002年底胡锦涛、温家宝主政后逐步开展完备的"科学发展观"，在表述上看似是对此前缺少自省自限发展意识的全面修正，但就其具体实践落实——比如，在 2008 年底因担心其时的金融危机影响中国大陆的经济发展速度，中央政府不惜急急投入四万亿元人民币来拉动经济——这样一些事例，可以清楚看到，在表述上被喊得很响的"科学发展观"的主要落脚点仍然不是"科学"，而是"发展"。而这样一种国内情势，当然也使得中国大陆人对出生时体质就带发展主义限制的"双赢"感觉理解状况，不可能得到根本改善。

相比"双赢"这个来自营销学，但又被赋予"和合"等中国意识解释的观念，"和"、"和谐"观念则直接源自中国传统自身。不过，我们若细究 2004 年以来被喊得很高、很响的"和谐社会"论所对应的中国大陆内部相应实际，我们会发现，"和"、"和谐"、"和谐社会"所对应的目标期待，不仅没有在中国大陆切实有效落实，而且其一些实践，相关实践中人们的感觉、意识，与"和"、"和谐"、"和谐社会"是表面相应，实际反在破坏、背离。就是，2004 年以来中国大陆国家重点提出的"和谐社会"论，在落实中颇多走样。这从前几年中国大陆网络中"被和谐"一语风行不已可以清楚看到，因为它的风行背景是，在涉及不管是言论还是利益和行为冲突时，"和谐"常被有权力者、管制机构作为压制无权者和弱者的理由与说辞。也就是，本来是对时代社会心理、时代基本问题状况有着敏感反应，刚出现时也对中国大陆社会心理有相当召唤作用的"和谐社会"论述，在几年内却因为缺少——足够细致深入的对中国大陆本身的认识，和以这些认识为前提的有灵感的实践设计——配合，便使得在"和谐社会"之名下的许多具体实践、具体观念状态成为了"和谐社会"的反讽。这反讽尤其突出表现在，随着"和谐社会"被宣传越多，被要求学习越多，是中国大陆在"维稳"*（维持稳定）上所花费人力、财力惊人的增长和动辄使用暴力。而在很多参与具体维稳责任的中低层官员，很能反映他们实际维稳运作时感觉理解状态的一句话是："能用人民币解决的是人民内部矛盾，不能用人民币解决的是敌我矛盾。"这句话先是在小范围里传，后越流传越广。它所以在理解上特别重要，是这句话同时呈现出：这些维稳的一线当事人多从经济利益的角度理解现实中的问题、不满与冲突；他们也特别习惯用经济的方式来处理问题；对那些不能用经济方式来处理或用经济方式起码有相当处理效果的抗争、不满，他们由于不知道怎么思考之、解决之，就会在他们的直接利诱、威胁都不能让对方"和谐"的情况下，倾向依赖体制压迫乃至暴力手段来使之"和谐"。也就是，取义很高很好的"和谐"，经这种认识、实践中介，反转成了简单的"胡萝卜加大棒"。而这也清楚反映出，"和谐社会"论要在中国大陆彻底脱掉经济主义体制，实现它所期待于自己的建设性，必须伴随多方面认识开展，和以这些认识为前提富灵感的实践设计。

明了"和谐社会"论在中国大陆的这些状况，便比较可推想，在具体实践中，相当部分中国大陆人为什么常常从经济角度为——紧接针对国内状况的"和谐社会"论，而于2005年提出的面对国际的

"和谐世界"论——赋予实际内涵了。这样，一方面陈义甚高，有跟中国传统讲的"和"相配合的境界与气派，一方面落实到具体事务中却极易受经济逻辑的笼罩。

这也就是我们常看到的中国大陆外交状况，它倡导"和"的外交观，但当具体落实下来时，却基本还是"互相尊重主权和领土完整"等和平共处五项原则与"双赢"（现在是"共赢"）。和平共处五项原则和"双赢"、"共赢"当然是对的，但符合和平共处五项原则，合同签订者双方经济上也可"双赢"的项目，当具体落实在一个社会生活、社会经济机体中，所涉及的当然并不仅仅是合同规定的那些经济内容，而还跟多方面有互动牵扯。这种情况下，主要是以国家间关系为思考安排对象的和平共处五项原则，和主要以直接经济利益为考量的"双赢"指导原则，再加上通常都会强调的尊重对方礼俗的告诫，显然还不足以指导——我们如何在异国社会既自然、舒心，又不无视、破坏对方所珍视的生活感受脉理、意义感受脉理、社会感受脉理。

三

显然，上面所举的三种关于中国大陆近年国际不愉快经验的认识检讨，都没有触及上面所讨论的层次，而许多不愉快经验的发生，乃至一些整体性对中国大陆友好、不友好的看法，恰恰和这里所述层次的互动经验、互动感受密切相关。

而正由于我们缺少对这些层次上的经验与问题的细致反省与分析，我们才容易有又挫伤又困扰的感受：明明在交往中，我们已经作了很多的自觉努力和自觉的自我约束，为什么你们却不仅不好意回报，还恶言恶行相向呢？而也正是由于对这些不愉快经验中的相当部分不能真的贴近本身去分析和理解，我们才会把这些经验中的某些现象环节直接认定为这些经验的核心本质，而不会思虑这种认定和根据这种认定所产生的理解，根本没有抵达这些经验最值得分析、把握的内在核心。

当然，我知道，没有经过细腻深入整理的这些不愉快经验，所以容易让中国人很受伤，还和中国人长期形成的文化心理有关。因为在很多中国大陆人感受里，"双赢"、"和"等提法，不仅和帝国主义所加给中国的近现代百年屈辱创伤经验有关，表明中国大陆和帝国主义决绝划清界限的心理意识、价值意识，而且"双赢"、"和而不同"等这种"我想发展，我也要别人发展"，"我不愿别人强加左右我，我也一定不要强加左右别人"的观念，还包含着"推己及人"、"己欲立而立人，己欲达而达人"的价值观。而这样一种对他者的价值心理感觉方式，从孔子正式提出到现在已有两千多年的历史，在中国一向被认为是一种层级很高的善。而这种一向被认为很高的价值感觉方式，在今天正成为很多中国大陆人，对中国大陆近年不愉快国际经验深感困扰不解与挫伤的"深层文化—心理"背景，就是：明明我们最看重的都要和你们共享，为什么你们还这么对待我们呢？

而今天仍很强的这种"文化—心理"感觉也说明，中国大陆近年在检讨自己所遭受的不愉快经验时，并没有连带细思：这一中国传统关于"自我—他者"的理解，在中国和世界关系如此深入，如此你中有我、我中有你时，如不经某种调整，可能造成的问题是什么？如此说，是因为这一在过去如此被肯定被推崇的善，其多建设有效性来自它所依托的中华时空，就是在这一中华时空中的人们，基本上是大家共处一实际能相喻相知的"历史—文化体"中。也就是，这一中国过去非常宝贵的传统其所立基有一个重要前提，便是大家共处同一"历史—文化体"中。而这一基本前提在今天的跨国经验中，却因大家所成长处身的是不同的"历史—文化体",而不再存在。这样,在同一种文化、同一种历史中相当有效的善——"推己及人"、"己欲立而立人,己欲达而达人",在跨文化、跨历史时若不加以省思还像过去一样运用,当然会因条件的变更,而后果不同。比如,在同一"历史—文化体"中人可共喻的美意,在跨文化、跨历史时却常常反让对方感觉隔膜,感觉你"自我中心",而这样,互动交往中当然出现落差:就是你的主观好意,落到另一边极可能不仅不被领受,甚至还被误解、恶感。

而要克服这种跨文化中极易出现的误解、落差,让主观上的善意真正成为客观上对方能清楚领受的善意,让主观上的善意所推动出的行动真的对对方具建设性,就要确实进入对方的历史、文化脉络,努力做到在对方的脉络中感觉、理解、把握对方。就是首先要把他者作为"他者",而不能因自己主观上为善,便把"自己"直推至"对方",从而实质上无视他者作为"他者"的存在。而实质上不把他者作为"他者",再加上中国大陆自己这阶段有关"自我"的理解又那么狭隘,那么受经济主义逻辑左右,当然使得我们这跨出"历史-文化"共同体的"推己及人",更容易和他者所感受的他"自我"不相干,乃至冲突。

而要真正做到把他者作为"他者"来对待,所需要的当然不仅仅是心念意识上的调整,还必须许多相配合的理解、研究、思考工作,才可能把这心念意识调整真的落实为切实、有效的具体把握认知。而这样一种新的知识、理解意识,和这种新意识所要求的——偏偏我们过去有关积累极为不足,现实需要却迫不及待的——大量课题亟待开展的新知识格局,对中国大陆现有知识状况无疑构成着多方面的挑战。比如,这些年越来越和中国大陆关系缠绕深切的周边亚洲国家与地区,其大多数便和中国大陆有两个非常重要的不同,就是这些国家和地区或者有被殖民的历史，或者其文化传统、价值体系是以宗教为其基本骨架的，多数国家和地区且同时包含这两者。

这样，对中国大陆而言，要想对亚洲这些周边国家落实地拥有站在对方脉络感受、理解对方的能力，首先要努力获得的就是对殖民现代性及其所引发的多方面"历史—社会—文化—心理"后果的感受接通、理解接通，和对宗教作为文化、价值、意义感核心来源的文明类型的感受接通、理解接通。（而后一方面的不足，也是占中国大陆人口主体多数的汉民族社会，常常对中国大陆以宗教作为文化、价值、意义感核心来源的民族，不能深入理解、确切感知的重要原因。）

四

强大起来的中国大陆向何处去？这是今天很多人都关心的问题。在我的理解中，中国大陆能否更快地在把他者作为"他者"来把握和理解方面有快速进展，和处于这一历史时刻的中国大陆的今后走向问题紧密相关。

2008 年底国际金融危机爆发后，很多国家（包括发达国家和发展中国家）都提出了中国要更多承担国际责任问题。这一国际契机，加上 2009 年很多国家经济下滑，中国大陆经济相比却继续高速增长，胡锦涛在该年 7 月召开的中央第 11 次驻外使节会议上提出：希望中国"政治上更有影响力，经济上更有竞争力，形象上更有亲和力，道义上更有感召力"。而到了 2012 年中共"十八大"政治报告，胡锦涛则明确提出"建设与我国国际地位相称、与国家安全和发展利益相适应的巩固国防和强大军队，是我国现代化建设的战略任务"。这中间当然有会议场合不同的差别，有"十八大"（2012 年 11 月）召开前美国重返亚太的咄咄逼人，有东海和日本的冲突，南海和菲律宾等冲突这些现实背景，但不能否认，这一在党的代表大会的最重要报告中史无前例的表述，也和中国大陆近年越来越多以"双赢"（或"共赢"）与"和"为观念指导的许多对外合作与交往，常遭遇不愉快经验等也有关。也就是，当中国大陆自认为善意的行为没有收到相应的回报，反常有挫折，而与之相对，它却认为它所碰到的敌意是实实在在的，它当然就会因为自己善意无用的理解，而增强对世界的戒备心，并产生更强的孤独感和不安全感。而正是这样一种感觉，才会让中共党的"十八大"政治报告断言："我国面临的生存安全问题和发展安全问题、传统安全威胁和非传统安全威胁相互交织。"因此"要求国防和军队现代化建设有一个大的发展"。而中国大陆近年的不愉快经验，和越来越占上风的我上面所介绍的后两种对这些不愉快事件所以出现的解释，让中国大陆社会有非常多的人积极支持——中国大陆国家这一关于安全的论断和军事武力地位的新理解，认为"反映了党中央对国家安全形势的清醒认识和正确判断"。显然，这种感觉下的国家和社会，和2009年胡锦涛讲"四力"时国家和社会的感觉状态已相当不同。无疑，现在这种感觉状况更容易使中国大陆往一方面继续发展主义、一方面重视军事武力的方向发展。

这种情况下，如果让中国大陆国家和社会认识到：它之前很多善意所以没有它期待的反应和回报，反常常遭遇不愉快，实和它没找到合适方式深化自己的善意、落实自己的善意有关；就是，如果它的善意是通过深入有效的把他者作为"他者"的理解为中介的，它的善意互动一定会引起善意的反应和回报的；而且只要找到了合适的互动方式，看起来固定的敌意也不是没有化解，至少是削弱可能的。那么，中国大陆对世界的感觉就不会过快往不安和戒备方向发展。因为这一发展的另一面，就是对善的作用缺乏信心，而过分相信实力——经济实力和军事实力，在国际交往中的作用。而一旦当下中国大陆从自己经过新的思考意识和认知努力洗礼过的善意举动中，感到对方的理解、肯定和由衷的谢意，它就会因切实感到"善"的意义，而认识到胡锦涛2009年所说的"形象亲和力"、"道义感召力"，都是很有空间可实现的。而这，不仅有助于中国大陆放松自己今天过分且有固定化倾向的戒备心与不安全感，而且因这一过程所实在感受到的他者对何谓"共赢"、"和"的理解，中国大陆也会因之深化自己关于"共赢"与"和"的理解。而这经过拓展和深化的"共赢"与"和"理解所带来的进一步效应，当然更会推动中国大陆把今天一时看得过重的经济和武力放到适当位置。这么说，是因为我作为研究中国18世纪直至中国大陆现今的学者，我知道，即使到今天，也是中国大陆"政治上更有影响力，经济上更有竞争力，形象上更有亲和力，道义上更有感召力"，而不是靠经济、军事实力让人畏服，更让中国人感觉心安，更让中国人感觉自我实现。而只有从过于关注经济力、武力的状态回摆，中国大陆才确定不会是往帝国主义方向发展的，中国大陆的成长壮大才确定无疑是有利于亚洲地区和平与发展的。

中国曾是很有理想主义的地方，中国的强大应该有助于它更自由地飞翔，有助于它带动世界更多地方飞翔。

但也正因为如此，亚洲的飞翔更应该包含治愈这些伤痕的能量。中国是亚洲的一员，它的飞翔应该无愧于我们所期待于亚洲的飞翔，就是在消化西方所带给亚洲更生契机的同时，也消化掉西方曾带给世界的那些问题。而这样——

中国的飞才是亚洲的飞，亚洲的飞才能带起世界！

治理"民谣"，也要治理"官谣"

王旭明

2013 年，火了一个很时尚的名词叫做"治理网络谣言"，为此，有关部门还搞了一系列活动，比如净化网络环境专项治理活动、建立网络谣言举报查处机制等等。这当然是好事，而且对于促进网络环境的健康发展、促进网民素质整体提高无疑具有积极意义。

从治理的情况看，网络谣言（或通过其他形式散布的谣言）其实可以分为两种，一种是出于各种目的、网民自发散布或传播的谣言，我们不妨简称为"民谣"。治理"民谣"，有关部门热情特别高、措施特别好、舆论跟得特别紧，效果也相当不错。

2013 年 5 月 3 日清晨，安徽庐江籍女子袁某在北京京温服装商城内坠楼。网络上有传言称该女子死前遭遇了性侵，"身体里有六个人的精子"，此事还引发了部分在京的安徽籍群众上街。警方调查表明，根据视频死者跳楼前与其他人员没有接触，查看尸检报告也没有发现被性侵犯的迹象。日前，造谣者马某已经被公安机关抓获。马某在接受中央电视台记者采访时说："自己根本就不知道是谁，到底有没有被强奸，到底是自杀还是怎样，到底公安机关有没有立案，我什么都不知道，这真的是我的错。"看，查处及时、媒体跟进，挺好。

2013 年 8 月中旬又出了一条大快人心的消息：北京公安机关打掉在网上蓄意造谣传谣、扰乱网络秩序、非法获取经济利益的一个网络推手公司，网络红人"秦火火"、"立二拆四"等人因涉嫌犯罪被依法刑拘。据说，这二位"网络红人"自 2010 年 3 月至今共制造并传播谣言 3000 多条。8 月 26 日又证实，所谓"网络反腐维权斗士"、"网络知名爆料人"周禄宝因涉嫌敲诈勒索和编造虚假恐怖信息近日被苏州警方抓获。10 月 16 日，云南昆明市五华区检察院批准逮捕网络名人"边民"。"边民"，真名董如彬。警方认定其涉嫌虚报注册资本、非法经营、寻衅滋事等三个罪名。董如彬承认，自己收人钱财，替人发声，发表虚假不实言论。应该说，在治理"民谣"方面，警方出手快，公安机关力度大，我们迈出了可喜的一步。

现在的问题是，还没有迈出的另外一步，且迈出这一步愈发显得艰难的是对于"官谣"的治理。所谓"官谣"，就是不断有官方通过各种媒介以各种形式向社会散布传播出来的谣言。

"官谣"不是新名词和新鲜事。2009 年，北京某开发商拆掉了位于北京东城区的梁思成、林徽因故居的门楼和西厢房，在国家和有关部门特别是媒体的几经追问和关注下，2013 年春节期间梁林故居最后还是被拆除了。对此，北京东城区文化委称，开发单位是考虑到故居房屋陈旧等原因，进行了"维修性拆除"。又据网友揭露，重庆市近期将蒋介石行营拆除，该营为重庆市级文物保护单位，媒体揭露后，重庆渝中文广新局的副局长吴辉介绍，行营所在地目前业主单位为重庆市复旦中学，地块已划归教育用地，目前正进行"保护性拆除"。

针对北京市东城区文化委和重庆渝中文广新局的发言，国家文物局新闻发言人表示，所谓"维修性拆除"和"保护性拆除"没有任何法律依据，也违背了文化保护的基本原则，该发言人表示凡涉及不可移动文物的一切活动和保护维修项目的，都必须严格遵循文物工作方针，依法报批。对于违法损毁或拆除行为必须依法处理。

由国家文物局的新闻发言我们不难得出结论，北京东城区文化委和重庆渝中文广新局不仅创造了新的名词，而且创造了在逻辑上根本站不住脚的名词，其用意显然是抵赖和狡辩，当属公然对抗上级领导且拙劣的掩盖错误行为的胡说八道式发言。

值得注意的是，有关部门对"官谣"的查处远远没有对"民谣"的查处那样积极、热情、有力度和有责任心。一般是不提，或找临时工推脱，顶多问罪发言人。殊不知，"民谣"乱的是眼前，"官谣"惑的是人心；"民谣"骗得了一时，"官谣"骗得了长久；"民谣"群起攻之，"官谣"无人过问；"民谣"好治，"官谣"难防，尤其是在当下。我们看到许许多多"官谣"没人惩罚，甚至连提一句都没有。2013 年，民众对于治理"官谣"的重视也充满期待。

刘铁男被实名举报官方回应草率失实

5 月 12 日，监察部网站发布消息：国家发改委副主任刘铁男涉嫌严重违纪，目前正接受组织调查。而此前，公众街谈巷议、媒体追踪报道、有关方面却始终未正式回复的就是国家发展和改革委员会副主任刘铁男涉嫌严重违纪案件的发布。2012 年 12 月，《财经》副主编罗昌平实名举报刘铁男，曾得到国家能源局火速回应：上述消息纯属污蔑造谣。"我们正在联系有关网络管理部门和公安部门，正在报案、报警。将采取正式的法律手段处理此事。"时隔五个月，虽然时间长了点就被证明，官方发言是纯粹的谣言，是真正的谣言，是不攻自破的谣言，又是公众哗然却无人追责的谣言。

　　有人问，如果你的上司命令你说谎，作为下级该怎样对待。我的回答是，至少有两种选择。一种是道德选择，头可断血可流，不违心讲话的本色不能丢。古今中外，从几千年前被烧死在罗马广场、坚持日心说的布鲁诺，到十年动乱中惨遭杀害的张志新、林昭等无不都是我们抬头仰望和身体力行的榜样。另一种是职业选择，如果坚持不说谎，同时又保住名节和官位的选择有没有呢？有。比如躲避、拒绝接受采访、沉默或说无可奉告等等，这些都比散布"官谣"强。退一万步，躲不开跑不掉、领导逼迫你散布"官谣"，那就只好以组织的名义对外发布了。刘铁男被双规，实名举报成立。《人民日报》微博在评论中说："实名举报在先，组织调查在后，这再次说明，创造条件让公众监督，是反腐制度化不可或缺的正能量。同时也要警醒：新闻发言人本是公职，怎会沦为'家奴'，为个人背书？"说得对，亦也不完全对。因为，如果说追究责任的话，不应仅仅追究"家奴"，而更应严惩让"家奴"说谎造谣的"主子"。

　　如果说《人民日报》微博的"家奴说"不完全对的话，还有一个理由，那就是新闻发言人是一种职业行为（尽管在我国还是职务行为）。客观地说，试想一下你的顶头上司让你造谣说谎，当然上策是道德选择，中策是职业选择，下策是服从命令听指挥。而当事后追究责任时，我以为服从命令听指挥的罪过，要远比下命令和直接指挥者轻得多，若论罚当首先罚下令者和指挥者。我这样说，绝非乱讲话。早已有国际先例。最著名的例子当属萨达姆时期的新闻发言人萨哈夫和利比亚卡扎菲时期的新闻发言人易卜拉欣。当萨达姆被处以绞刑，美国开出多名战犯名单时，名单中并没有萨哈夫的名字。同样，当卡扎菲死于非命，卡扎菲政府的多名高官受到惩罚时，其发言人也安然无恙。我曾就此回答新闻发言人是否高风险之问时说，新闻发言人在国外并非高危行业，央视主持人崔永元回复说："两军交战，不斩新闻发言人。"

话说至此，我们又想到了 2011 年铁道部"7·23"甬温线事故的新闻发布会。不错，那是一场不成功的新闻发布会，但公众对事件处理的决定者、推动者的愤怒远不如对发布者的愤怒，这对发布者既不公平也有悖世界文明。这样说绝不是为发布者造谣说谎开脱，而是客观地、实事求是地告诉大家，新闻发言人和新闻发布是一种职业人所从事的职业行为，当然应当选择崇高的道德，但也应当允许发言人做更多的职业或职务选择，即使是在上司授意下造谣撒谎，承担主要责任的也应当是上司，而非发言人。

再有，无论是上司授意造谣说谎，还是发言人自行其是的造谣说谎，都需要从源头上和制度上加以治理。所谓源头，那就是从最高级的官员到最低级的公务员，从最有钱的企业家到最底层的打工者都要牢记，在公共事物上，在涉及国计民生的大事上，造谣说谎者都要受到严惩，并被钉在历史的耻辱柱上。假如每一个人都不做造谣撒谎的源头，谣从何处来？谎又从何处生？从制度上治理"官谣"，就是无论是新闻发布制度，还是官员对外讲话的一系列要求，都要把不能对公众说谎造谣作为一项硬性规定，凡造谣说谎者不提拔、不重用也不晋级，还要给予党纪政纪处分，直至追究其刑事责任。让说谎者因说谎而害怕，让造谣者因造谣而心虚，一提面对公众说谎就吓得要尿裤子，就活不下去、痛不欲生、生不如死，才成。

再给各级官员，也包括企业和学校等单位一句名言和建议，这句名言和建议是清华大学周庆安老师所讲。"面对各种突发事件和其他负面新闻，要快讲事实、多表态度、慎讲原因"，这一经典的确应该记住。比如刘铁男事件，发言人为什么不这样说呢："我们已经注意到网上和坊间有关刘铁男局长的议论（事实只能说到如此）。国家能源局一向高度重视人民群众来信来访和各种反应，这些来信和反应无论是通过什么渠道而来，我们都认真处理，特别强调以事实为依据，查实每一个线索，绝不辜负公众对国家能源局的信任和厚爱。请大家相信国家能源局以及它的上级单位会认真调查了解，给公众一个满意和负责任的答复的（多表态度）。"这样的表态，即使放在当时也应该说得过去，至少不背造谣说谎的黑锅，领导也没得可说。当然，如果刘铁男直接授意"上述消息纯属污蔑造谣"，等等之类，不那样说不成，那则另当别论。

值得注意的还有，当刘浮出水面后，媒体和公众又集中火力把板子打到发言人身上，而非针对造谣的始作俑者（如果查清事实是新闻发言人首创谣言和谎话除外）。警惕啊，善良的人们，防"民谣"，更要防"官谣"，防"官谣"更要问责制造者、下令者，而非仅仅谴责发布者。应该认识到，"官谣"制造者、下令者和发布者动摇公众对政府的信任，有悖党的实事求是思想路线和求真务实的党的"十八大"精神，与共产党人公开、民主和光明磊落的胸襟背道而驰。罪，莫大于此焉，必须问责和严惩。

薄熙来案件中"官方造谣"以滥用职权入刑

8月22日，薄熙来案件在济南市第二中级法院公开审理，公诉人历数薄的数宗罪中就有一宗"批准发布王立军休假式治疗"为滥用职权罪。公诉人说："2012年1月至2月，薄熙来作为中共重庆市委书记，在有关人员揭发薄谷开来涉嫌故意杀人及时任重庆市人民政府副市长王立军叛逃前后，违反规定实施了阻碍对薄谷开来涉嫌故意杀人案重新调查、批准对外发布王立军接受'休假式治疗'的虚假消息等一系列滥用职权行为,其行为是导致上述案件不能及时依法查处和王立军叛逃事件发生的重要原因,并造成了特别恶劣的社会影响,致使国家和人民利益遭受重大损失,情节特别严重。"

让我们回顾一下历史,2012 年 2 月 8 日上午 10 点 54 分,重庆市政府新闻办通过官方微博发布消息称:"王立军副市长因长期超负荷工作,精神高度紧张,身体严重不适,经同意,现正在接受休假式的治疗。"但 13 时许,该官方微博又删除了此信息。至删除时,该信息已被转发数万次。十余分钟后,该微博又称是工作人员误操作,又重新发布了该信息。

正当公众热议何谓"休假式治疗"甚至惊动了有些语言学家在做词语结构分析的时候,2 月 9 日,外交部发言人办公室应询答问时则表示:"重庆市副市长王立军于 2 月 6 日进入美国驻成都总领事馆,滞留一天后离开。有关部门正在对此进行调查。"而 2 月 9 日,新华网消息称,王立军已被移交中央纪委接受审查,由此可见,重庆方面之前发布的"休假式治疗"为谎言。

起诉书中这段话明白无误地告诉我们,官谣是犯罪,官方造谣、发布虚假信息属于滥用职权罪。

此举为官方造谣定罪,这真是开了一个好头,具有深远意义。

一是长期以来由于多种原因,我们对官方披露虚假消息包括各种虚假数字、虚假典型甚至造谣虽然深恶痛绝,但只是在认识上批判或行政规定范围内给予处理,没有或极少从法律上给予定性。这一次审理薄熙来案让我们从法律层面上认知了官方披露虚假信息或造官谣属犯罪行为,当然造谣者要承担法律责任。这种定性不仅使官谣这种罪行"名正言顺",而且也为今后官谣产生立了一个法律审判之参照。

二是给官谣定罪从思想认识上提高了各级各类部门和官员对官谣的思想认识。应该说，虽然我们党的传统是实事求是，但同样由于各种原因，浮夸、作伪和高大全式的人为拔高以及数字注水现象时有发生。我们常常把这些都列入工作失误，很少想到犯罪。将薄熙来批准发布王立军"休假式治疗"算一宗罪给我们的启示就是，今后再不实事求是，再胡说八道，甚至有意造谣，面临的不仅仅是行政追究，还要追究法律责任，这无疑为各级各类官员敲响了警钟。

三是通过公开审理薄熙来案，认定薄熙来批准发布王立军"休假式治疗"的虚假消息造成了恶劣的社会影响，致使"国家和人民利益遭受重大损失"，让我们深深认识到，再随意满嘴跑火车式的胡说八道会使党和政府形象受损并带来损失。长期以来，我们更重视看得见、摸得着的钱、物等"硬损失"，忽视看不见、摸不着的如形象、信誉等的"软损失"。时代发展到了今天，降低甚至损毁执政者地位的往往不是"硬损失"而恰恰是"软损失"。审理薄熙来案件，公诉人认识到了这一点并将薄批准造谣视为给党和人民利益造成"重大损失"，这在我们国家历史上无疑是一个重大进步。

将薄熙来批准发布王立军"休假式治疗"定位滥用职权罪，好！我们还要追究谁批准、谁发布的污蔑刘铁男举报者是造谣、污蔑，要报警的官谣，也要追究其滥用职权之罪。有薄熙来案在前，一定要有追究国家能源局官谣之滥用职权罪于后。不如此，就不能戒除官谣出笼的动力和肆无忌惮之行为。再有，今后谁再披露假数字、谁再树立假典型、谁再报告假事迹、谁再发布假微博、谁再提供假线索等等，民要追，要像追秦火火之类人一样追到底；官也要追，像追薄熙来一样，追官还要加上一条"滥用职权罪"。

倒退若干年，审判薄熙来并微博直播，把薄批准造官谣算一宗罪，连想都不敢想；现在不仅敢想，而且就这样成为了现实。在不断进步的法治中国面前，所有部门和官员须切记，政务必须公开，不公开是违规（目前尚无公开法，我们期待出台），该公开而不公开是违规行为；而公开却披露虚假信息、炮制官谣则属犯罪，属犯罪！

公众需要辟谣，公众更需要真相

在讨论官谣和民谣的过程中有一个人所共知的常识：谣言并不完全止于权力、武力和压力，尤其不能仅仅指望公安一家打仗似的集中整治，谣言更止于真相。这虽然是一个极其朴素的道理，但我们现在的问题是仍有些部门和官员宁愿用超过披露真相几倍、十几倍的力量去镇压造谣者，却不愿及时、有效、准确、全面地披露真相。几年前，我在接受中央电视台"新闻1＋1"白岩松专访的时候，曾经说过这样一段话：我们常常是这种现象，当谣言传遍天下，真理刚刚穿鞋，当谣言已经深入人心，真理开始上跑道，当谣言已经深入骨髓，真理开始全方位地出动做工作，老是慢半拍，所以事倍功半。——应该说，在微博微信时代，这种现象还较为普遍地存在。

比如说，我们已经知道了秦火火发布的三千多条谣言，但我们更想知道三千多条真相！

例如，根据媒体报道，秦火火等造谣集团被捣毁的引爆点是因为把谣造到了雷锋的头上。他们说："雷锋1959年为自己添置了皮夹克、毛料裤、黑皮鞋等全套高档行头。皮夹克、毛料裤、皮鞋加起来当时在90元左右，而当时雷锋一个月才六块钱。"毫无疑问这是谣言，但真相是什么呢？无媒体、无单位也无人告知。日前，我通过记者向一位雷锋研究专家请教，对方说，雷锋是买过一件皮夹克，这是事实。他当时也挣过六块钱一个月，这也是事实。但关键是时空错了，他买皮夹克的时候在鞍钢当工人，一个月工资将近40块钱，雷锋挣的工资不算低。尽管皮夹克是当时的时尚行头、青年人的奢侈品，但以雷锋的经济能力，他完全能够攒得起来这个钱。此外，雷锋是孤儿，在家庭生活上开支很少。不过，这位专家说，这件皮夹克雷锋只穿过一两次，还拍过照片，但被领导批评过一次，后来就收起来了。瞧，这样的解释就远比笼统地说秦火火是造谣充分和有力得多。

再如，秦火火造谣说张海迪拥有日本国籍。请问中国残联新闻发言人当时有没有站出来予以澄清并谴责这种造谣行为？据我了解，只是张海迪在她已经宣布停用的新浪微博上发了一个声明，影响力甚小。必须指出，原国家能源局新闻发言人污蔑举报刘铁男是造谣，其在发言人位置上是失职；张海迪主席身份被造谣，发言人没有挺身而出予以澄清也同样是失职。

公众需要辟谣，公众更需要真相。

三千多条的真相到底应该谁来给？无疑，不能仅仅靠公安部门一一核实，谣言所涉及有关政府部门、企业单位是新闻的释放者和给予者，媒体是加工者。中国有1958家报纸、9400家杂志，还有近六亿网民，每天都在吸收大量信息。他们需要的准确信息，如果没人给，就会有人到街道上去找、去挖，就从社会各个角落去了解，而这一过程就是完整信息碎片化的过程。谁让它碎片的呢？就是事主没有及时发出准确信息所致。

当前的问题是，如何使真相在纷纭复杂的网络生态中及时呈现。首先，新闻发言人在微时代必须挺立潮头，及时发声，不能成为聋子的耳朵——配头，更不能成为沉默的羔羊。应该强调的是，凡有损于党和国家以及部门形象的谣言出炉时，有关部门尤其是发言人应该主动出来通过选择权威或有影响媒体进行澄清，披露真相、及时辟谣应该成为各部委各单位新闻发言人的一种常态、一种工作机制，我希望今后对沉默面对谣言的部门和发言人一律视为失职，一定要问责。其次，以下三种渠道面对谣言和披露真相时尤其该有所作为：政务微博应该提高发布活跃度，使信息公开更加彻底；媒体应当加快对于未证实消息的确认速度，便于跟进或辟谣；各门户网站推送的手机新闻客户端的推送应注意及时跟进，尤其是推送热点谣言的辟谣信息。最后，跟踪和监控所谓网络"大 V"的信用体系，对于经常发布、转发不实信息的网络意见达人，在转发和搜索等功能上进行一定限制。此外，作为微博的运营商，想要把谁的微博推到拥有上千万粉丝，完全有运作的可能，所以运营商也有一份责任，出了问题难辞其咎。

近日，国务院总理李克强主持召开国务院常务会议，提出要"让政府政策透明，让权力运行透明，让群众看得到、听得懂、信得过"；会议还专门提出要完善政府新闻发言人制度。会议要求，各地区各部门要采取多种形式，加强新闻发布。了解民情民意，对社会密切关注的宏观经济、民生等重要信息，增加发布频次。此外，要主动回应社会关切。重要政策、法规出台后，要通过多种方式做好科学解读，让公众更好地知晓、理解政府经济社会发展政策和改革举措。对重要舆情和社会热点问题，要积极回应、解疑释惑，并注意把人民群众的期盼融入政府决策和工作之中。

李克强总理对于新闻发言人和新闻发布提出了更高要求。其中"增加发布频次"和"主动回应社会关切"正是很多部门和单位在新闻发布工作中所欠缺的，这一点在涉及公安的案件中尤其明显。日前，甘肃张家川中学生杨某因为发布了不实言论被当地公安局刑拘后被无罪释放。杨某所发布的不实消息与当地一青年离奇死亡有关。当地公安机关就此曾经在网上进行过一次公开发布,主要是如下内容:2013年9月12日早6时17分,张家川县公安局指挥中心接到张川镇桥南路马某电话报警:在张川镇原明盛楼对面的人行道上发现一人躺在马路上,发现一男子已经死亡。案发后,县公安局立即启动命案侦破工作机制,成立专案组。经初查,死者高某,男,回族,甘肃张家川县人,生前为张家川县人民西路"钻石国际"KTV大堂经理。随后,张家川县公安局召开专案组会议,综合调查取证、现场勘察、尸体检验等大量事实证据,排除他杀,确定死者系高坠致颅脑损伤死亡。

报道称,中学生杨某公开发布了很多不当不实言论,如"警察与群众争执,殴打死者家属","凶手警察早知道了","看来必须得游行了",抛开杨某的言语不说,我想指出的是,在某一个小城市或者县城,如果发现任何一个杀人案都是大事,由于亲戚的连带关系,一个人的死牵动的可能是几十几百人。因此,对于这种案件仅仅凭借一次网络的案件情况说明还远远不够,还要通过广播、电视、发言人接受采访等多种方式讲解当地公安机关侦破此案所费的周折,领导对此的重视,该青年死亡的原因及推定等等,如此,才能给群众一个满意的回复,才能防止谣言的产生和传播。

我们支持打击网络谣言,也同样出来谴责"助谣者",谣言之所以横行天下,有一部分是拜他们有意无意的帮忙,有媒体甚至批评一些发言人已经成为徒具表象的一堵墙。《新京报》社论指出,一些部门新闻发言人"静默"情形仍很普遍,不要说高频次的发布很难做到,甚至就连基本的"例行公事"也很难保证。尤其让人不解的是,一些部门的"新闻发言人"甚至成了推挡、封锁信息的借口、"隔离墙"。

有关部门可曾想过,在广大人民群众在听着各种议论、传着各种似是而非的谣言，而其中相当部分被后来证明并非谣言时，是否意味着政务公开包括正式的中央和国务院部门一级的公开和其他包括猜测在内的公开呢？如是，今后生活在当下的公众还要增加一个求生本领，即对除最高层外的发言均要质疑，国家还怎么治理？多么可怕啊！我坚定地认为，为了党和人民的利益，必须要让胡说八道发言的人和单位付出代价，严惩不贷！

在此，我再次坚定自己在《王旭明说新闻发言人》中的立论和观点：新闻发言和发言的人必须当好人才能敢说话，才能会说话。发言人可以不说，可以说无可奉告，但不能胡说。——如果对外发言的人不是好人，或根本就不想当好人，其言再巧，技术再高，对事业的损害越大。这时候，我恨不得让这些发言的人成了哑巴才好，因为胡说八道式的发言太让人生气太可恨了。希特勒时的宣传部长戈培尔是造谣大王，他的下场应当是所有造谣者的下场！

新闻发言最大的失败是造谣、说谎和不顾基本事实的抵赖，这是底线。新闻发言最大的悲哀是不发言，集体趴在底线上。发言，站起来！别倒退、别趴下，勇敢地向前冲，因为新闻发言，一个多么美妙且充满生命力的词语，伤不起！

我们为什么爱香港

黄 永[*]

我觉得很多内地人都对香港有过想象，美好的想象，向往的想象。有两首歌印象特别深刻，几乎一想起香港，就会想起来：一首是邓丽君的《香港之夜》："……Hong Kong，Hong Kong，和你在一起……"一首是艾静的《我的1997》："……香港香港怎么那么香，听说那是老崔的重要市场……"

2012年给《话题2012》写一篇关于内地和香港关系的文章《志明为什么爱春娇?》，做了很多调研，看了很多资料，结果还是写得七零八落。2013年有机会在香港住了两周，试图通过比较亲密地接触其人其地，而对香港有个清晰一点的印象。

与之前几次来香港比较，第一感觉是人真的多了很多。这次特意选择住在陆客比较集中的尖沙咀，很明显当地人消费的小铺越来越少，

---

　　* 黄永，为《话题》系列著有《神仙? 妖怪? ——西方媒体报道的中国》（《话题2006》）、《"这个问题与奥运无关!" ——2008，中国面对境外媒体》（《话题2007》）、《错位的想象——奥运：西方媒体报道VS中国民众心态》（与杨早、陈梦飞合著）（《话题2008》）、《谁高兴? 谁不高兴?》之"附录"《外媒是这样评论的》（《话题2009》）、《少林寺有多少和尚? ——一座寺庙的当代世俗化生存》（《话题2010》）、《志明为什么爱春娇?》（《话题2012》）等。

都变成了卖名牌、珠宝首饰、表、化妆品和药的大店了。还看见好几家关了门招租的小铺子，以前很少见。不遵守交通信号的确实讲普通话的多。可能令香港人反感的是没素质还有钱——按一般经验来讲应该是素质越高越能挣钱。没素质却可以很有钱，这的确是一大中国特色。而且内地人牛得来，什么店的优惠卡都有。真的是从周一到周日，从早到晚摩肩接踵，人声嘈杂。几乎见不到老外的身影，除了在重庆大厦转悠的南亚、中东人；空气中飘扬的除了台风登陆前湿热的气浪，就是各种口音的普通话。

第二感觉则是香港人对内地客的不耐烦是越来越明显了。我坐地铁，买了张临时卡，学别人的样儿刷卡，没刷过去，反应过来临时卡是用插卡的，由此在闸机耽搁了几秒钟，耳后便听见了啧啧声。这种不耐烦可能来自行人、售货员、餐厅服务员……几乎随处可见，已经不一定是针对某种具体行为，而是表达一种情绪——造成现在内地、香港两边各说各话鸡同鸭讲关系紧张背后人们的情绪——事实往往只是导火索，情绪是多年的积累。

内地与香港之间从 2012 年年初开始发生的一系列龃龉，说实话一开始挺出乎我意料的，觉得怎么就至于搞到群情激奋、恶语相向？到 9 月"国教"风波逐渐平息后，以为就这样了，无非是一些巧合的发生，一些情绪的借题发挥。没想到 2013 年年初的奶粉抢购与限购、"双非"孕妇到港产子的零配额政策、香港政制改革等又再次掀起两地舆论的层层波澜。

奶粉触动了底线

在春节前后香港出现"奶粉荒"的背景下，香港政府在 26 天时间里快速立法，罕有地未经立法会通过就直接生效奶粉限制出境令。根据 3 月 1 日起开始实施的香港《2013 年进出口（一般）（修订）规例》，每名 16 岁以上人士每天只可携带不超过 1.8 公斤（大约两罐）的配方奶粉离境；16 岁以下人士则禁止携带奶粉离境。违例者一经定罪，可被罚款 50 万港元及监禁两年。

本来内地产品质量低下，尤其是食品药品的质量得不到保证，假冒伪劣产品泛滥，监管不负责任，关税及流通环节成本高昂，是内地人对香港（以及其他国家产品）需求旺盛、水客盛行的原因。但有些内地网络言论却质疑香港乃是中国的，中国人为何不能去香港买奶粉？进而又上升到香港人是否爱国爱党的高度。

"以前我一直被视为右派。在去年香港跟内地之间的网络口水战中，我又被认为是经常向着内地人说话，以致又被右派归到'左派'阵营去了。到今年奶粉战，右派们又发现，咦，原来他还是我们的人。"在跟我的交谈中，我觉得廖伟棠其实比较小心地把立场摆在中间，尽量不偏不倚地评论香港和内地。"但我的小孩买不到奶粉，这实在是触到了我的底线。而且据我观察，这不是个例，奶粉荒在一定程度上是普遍存在的。"

1997 年廖伟棠以港人内地所生子女的身份成为 001 号获准来港者。作为诗人和摄影师的他，亦积极参与社会活动。2013 年 8 月笔者在港期间，他特地从大屿山赶来与我会面。我们的谈话，便在一位本地音乐人租住的唐楼阳台上进行。对面的唐楼里有武馆、廉价旅馆、妓院、一楼一凤。这个音乐人朋友的家里经常收留外地或外国来的过客，去时他家里就住了一个澳洲来的小伙儿，本来是来旅游的，却一住半年。之后我还在这里参加了一个本地"文青"的小型聚会，就是这个澳洲小伙儿举办的家庭音乐会。其间他演出了几首自己创作的歌曲，听者则有本地的音乐人、画画的、写作的、搞影视的。我当时在微博说香港的"文青"比内地的"文青"温柔，大约是指女画家对瓶吹红酒就是他们最豪迈的放纵了。

"香港只能尽可能保护自己，这中间也包括一些屏蔽措施。我明白作为自由贸易港，不应该限制人流和物流。但是香港实在是因客观原因承受不了。内地人的购买力和需求实在是恐怖，香港的软硬件设施在全球来说都算是好的了，但还是应付不来。那这种需求造成本地短缺，我觉得当然还是要首先满足香港本地人的需要。你们可以到香港来买东西，我们又能去哪里买？"廖伟棠说。

一个开放的城市，可以用经济杠杆来调节生活成本和人口结构。但香港是个岛，它没有地方可以扩张。北京总面积 16410.54 平方公里，1997 年人口 1240 万，当时四环还没建好，到 2012 年末人口 2070 万，已经在建设"七环路"；香港 1997 年人口 600 万，现在人口 718 万，而香港总面积只有 1070 平方公里，实在是已经开发得差不多，没地方再往外扩了。香港人的可怜之处在于他们找不到一个政治制度、文化环境和生活方式相同而生活成本较低的地方移民——换句话说，香港版的"逃离北上广"无法成为选项。所以无论香港变成什么样，大多数人离不开，只能忍。我想这也是怨气积累的原因之一。

不仅仅是奶粉，更不仅仅是名牌、化妆品、电子产品等传统意义上由于香港免税或走私进口而价格低廉的商品，现在内地人简直把香港当成了大后方。药品、日用品，林林总总，只要是价格比内地便宜，同时质量被认为比内地好，或比内地安全的东西，都会被抢购。笔者的一个朋友开车来香港接我过深圳，顺便买了两大口袋卫生纸、卸妆棉和洗发水。在尖沙咀街上常常看见有人用行李车推着码得跟小楼似的铁盒装丹麦曲奇饼干、月饼、婴儿纸尿裤，还有各种厨卫用品。

2013年4月国际金价大跌，中国大妈出手抢购，香港入境处资料显示，4月28日约12.1万内地旅客抵港，较2012年同期的约9.7万上升24%。4月29日这一数字增至16.2万人。香港媒体报道称，多个金铺门口出现排队等候开门的场景，其中多是内地游客。不少内地游客大手笔买入几万元甚至十几万元的金饰。

廖伟棠还曾在微博上抱怨：许多内地同胞信不过国产水痘疫苗的品质，带小孩来香港接种疫苗，导致私立医院疫苗缺货；他已经向医院预约接种三个月的儿子初初，至今排不上号。与许多其他香港人一样，廖伟棠觉得限购实在是无奈之举，"你硬要一个700万人口的城市应付十数亿人口国家的需求，这是不可能的"。

"在当今特定的体制环境下，所出问题的性质是经济的，传到香港，导致本来好好的香港市场机制失灵。"《南都周刊》引用香港评论员练乙铮的话说。

关于开放内地游客自由行和旅游业给香港带来的利与弊，持续争论不休。官方有官方的数字，百姓有百姓的感受。据《人民日报》称：过去十年，内地赴港旅客累计超一亿人次。按当地经济学家关焯照的说法，自由行至少带动香港一至两个百分点的经济增长率，相当于为港人贡献了人均1/3的薪酬。而7月15日的《解放日报》报道说：港九药房总商会理事长刘爱国在接受采访时透露，"限奶令"生效后，奶粉商的销量下降约两成；而超市药店因内地顾客减少，不仅奶粉营业额大幅下降，整体营业额亦跌一成。

但《苹果日报》上李怡撰写的评论却说，政府统计，现时自由行旅客中，逾六成是不过夜的。这些不过夜客来港做什么？曾担任旅发局主席六年的田北俊说："深圳嘅一签多行，变咗一日多行，佢哋唔系游客，系黑工，系水货客。"其中包括在扫黄中落网的北姑。据香港统计处的数字，香港旅游业及其带动的 GDP，只占香港 3.3%。于是有香港网友提出问题：你是否愿意工资/财富减少 3.3%，去买回自己的广东道，买回迪斯尼，去买回宁静、清洁、有序的香港？你是否愿意工资/财富减少 3.3%，去买回不被别人骂为狗的尊严，免却教人公共道德反被骂的麻烦？不少网友的回答是：我愿意，加多 10% 我都愿意。

我在港期间结识了本地土生土长的 Tonny 宋（化名），他带我逛了几处内地游客不大会去还保有香港本地人生活特点的地方。"自由行消费没有给普通人带来好处，钱都让房地产商、名牌店挣去了。'双非'孕妇等来香港的内地人分了香港人的资源，公园人太多，政治民主化没有推动，我们本来旅游就做得很好，每年世界各地的人都来，现在反而只有内地人来，其他地方的人都不敢来了，太乱。酒店价格也太高。"三十多岁的 Tonny 做会计工作，收入稳定，大热的天还坚持穿衬衫、西裤。

Tonny 家住在深水埗，住处紧邻摆满街道的电子产品市集的背后还有很多街坊食肆，他特意指一间烧腊店给我看，说这间提供很便宜的饭菜给综援老人，特首还来"亲民"过；又给我指靠拾荒为生的老人；这里还有很多鸽子窝似的旧居民楼，楼下的门脸也都贴出拆迁告示，还有抗强拆的标语。经济对普通人的影响主要在于房价房租涨了，同样的钱只能租到更小的房，感觉生活质量就下降了。铺租涨了，当然物价也就跟着涨了。对酒店的需求多了，所以很多开发商就把公寓改酒店，很多老区也在拆迁，开发商盖新房子吸引内地买家，很多铺面也改成卖内地人爱买的东西，当地人消费的地方就少了，这些都给当地人的生活带来了不便。现在内地人买房的区域正在从港岛、九龙等黄金位置向低端地区渗透。

香港政府因自由行旅游、购物带来的收入并没有重新分配给百姓，香港人绝大部分都不拥有土地，所以租金上升意味着所有生活成本的上升。因为生活的每一部分，从办公室、店铺、住宅到仓库，它背后都是租金。而这十年，租金涨了大约二至三倍。这些经济政策导致的是社会利益的倾斜，直接威胁着所有无法从中获得利益的香港人已有的生活和事业。

由此可见，自由行给香港人带来的负面影响，即便如普通香港市民所感受的那样严重，责任也不能归咎于内地游客。"香港经济的最大问题是地产霸权，香港政府、官员不敢得罪他们，内地政府也喜欢他们，内地经济发展也靠地产，所以香港官员就更依赖他们。"廖伟棠的观点得到很多居港内地人的认同。"香港人是很实际的，大多数人只看眼前利益。香港与内地的矛盾，很多是香港自身矛盾的转嫁，比如说房价，明明是本地开发商和业主坐地起价，却赖内地投资客和游客炒高香港房价；奶粉紧张有一部分原因是香港奸商造成的，总之现在香港人有什么不满的地方，不管有关系没关系，都怪内地客。"已在香港工作三年的某内地国有银行香港分行职员刘洪博（化名）说。

普通话、广东话与英语——语言困扰

关于香港人为什么不讲普通话，该不该讲普通话，也是一个容易引起两地民众聚讼不休的话题。以前笔者访港，多是说英语，因为彼时香港人还没有那么多会讲普通话的，英语反而容易沟通一些。这次来港，因是分两次入境，分别逗留一周，于是故意第一次逗留期间只讲英文；第二次则尽量说普通话。感觉是：说普通话在有些地方确实是不方便，如向老人家问路，如在某些内地游客不问津的食肆和地区，尤其烦商场里对方知道你并不买东西时瞬间变换的脸孔；而说英语的尴尬则在于，当你暴露了内地人的身份之后，对方要么觉得你装，要么会：哇！你是内地来的呀？英语说那么好?！

在到港的第一天晚上，我就去了酒店对面一家菲律宾人开的酒吧。来自菲律宾的酒保一直用英文跟我聊天，当得知我来自北京之后，倒没有 Wow！而是 Funny！我问他为什么觉得 funny？他答说没听见过内地人说这么好的英语。旁边一个新加坡籍中非混血黑人货柜司机用普通话跟我说："听香港人说自己是香港人才很 funny，他妈的哪儿有'香港人'？你就是中国人，你祖先都是中国人，你现在国籍也是中国，'香港人'算是个什么概念？"

Tonny 宋不会讲普通话，我又不会讲白话，我们在尖沙咀国际广场 30 层的南海一号餐厅酒吧的一群老外中很自然地用英语交谈，在深水埗的电子一条街上，或北河街农贸市场里，用英语对聊的两张华人面孔经常引起路人侧目。

7 月，黄秋生在微博上写道："在中国写中文正体字（即繁体字）居然过半人看不懂，哎，华夏文明在大陆已死。"此言一出，随即引发争论：有人称繁体字是抱残守缺；有人认为写不同字的人应互相尊重；有人批评黄秋生认识过于肤浅；有人甚至"吐槽"黄秋生曾接拍多部主题跟"色情、变态、暴力"相关的电影。15 日，黄秋生将该条微博删除，但 16 日他又发表新微博："干脆注音好了，罗马注音，反正看得懂。"后面还附注一串粗口的香港拼音英文字"chau Lee ma"。此举引发更多网民不满，论战内容包罗万象，从历史文明到政治议题，甚至有网民批评黄秋生演的电影不符合华夏文明的素养。

在香港电台兼职的港大中文系老师施志咏给笔者发来一个香港网络论坛里的帖子，题为《广播业界使用内地译名及措词情况》，其中说道："Mandarin，台湾称为国语，内地称为普通话，对港人来说，国语只是把书面语念出来的发音不同而已。广东话的口语写在书面上会失去一些严肃的感觉，所以我们口说的和手写的用词亦有不同。而在国际文化集中的香港，言语间还会夹杂不少英文字眼。口语及书面语有所分别，这就是广东话，甚至是'港式广东话'的独有特色，但今天这个独有文化将慢慢地被侵蚀。"

"现在不少内地用语慢慢出现在日常生活中，比如在伦敦奥运期间，笔者听到电视新闻'美国选手费尔普斯再夺一金，成为美国史上夺金最多的人'。我就很奇怪，怎么没听说过这人。后来看电视，才知道原来说的是'菲比斯'，不禁慨叹'CCTVB'之名当之无愧。现在电台电视里经常会出现很多香港人根本就不知所云的内地发明的词汇，诸如什么伊妹儿、优盘、神马、博客、达人、鼠标……这些用词都不是港人写得出来的。"

"很多报章也会引用一些'调查'结果说，香港人的国语很差劲，更会冠以'港式国语'、'港式普通话'之名给港人；到底这些'调查'的用意何在？会不会是给予港人一些危机感，从而令港人'自发'地学习国语呢？本来学多一种语言也没坏处，用国语写歌词很优美，音域也较阔，是一种不错的语言。但在香港就得用香港人的用词，这是一份自尊！也是香港的核心价值！若这是帮助内地和香港交流，要交流就得有差别，如没差别，则叫做'同化'。两地文化不同时，交流比起'教育'更有意义，强把莫名的文化放到一个地方，只会引起斗争。"

笔者以为，内地人并非讨厌香港人不讲普通话，而是讨厌自己在香港不讲白话而被歧视。"你知道香港人有多么不了解我们？香港同事不相信北京也能吃到海鲜，香港同事要去北京出差，就问我在北京打的会不会被抢劫？在北京有 Pizza 吃吗？一系列很幼稚的问题"，刘洪博跟我聊天时简直有点话痨儿，他解释因为平常在香港实在找不着人可以这么说话。他要是跟香港同事说这些，同事听不懂，要么认为他亲共，为内地人辩解。

更有在香港工作的内地人觉得香港人根本就有种族歧视，听到你说普通话就一脸鄙夷。某些报纸也经常发表"蝗虫"之类的种族歧视性言论。

香港人的危机感

越来越多内地人涌入香港，已经让香港人吃不消，现在越来越多的港女嫁给内地男人，就更让香港人郁结惆怅了。内地与香港的婚姻过往多是香港寡佬娶过埠新娘，现在趋势变成中产和专业化、优质港女"北漂"。据香港政府统计处数据显示，1997 年至 2012 年，港女嫁内地男子数字升了九倍，由 675 宗增至 2012 年历史新高 6785 宗。其实自由行、旅游业、新移民、文化侵蚀、港女北嫁等给香港人带来的更深层次影响是危机感，而危机感又触发身份认同——香港还是不是香港人的香港？

2001 年，香港终审法院根据香港《基本法》第 24 条裁定，父母双方皆无香港居留权的中国内地居民在香港所生子女可以享有香港永久性居民身份。当时全国人大就建议释法，提醒港府此例不可开，否则后患无穷。但是此建议却引发香港公众舆论反弹，认为这是中央政府干预香港司法独立。之后香港法院顺应民意，作出终裁。就如 2003 年自由行政策出台之前，根据亚洲周刊江迅所写的《梁振英香港特首之梦迎接普选阳光》，中国内地的官员曾向当时负责商讨此计划的梁振英提出警告："梁振英，你好好考虑清楚了。中央不是不愿撑香港，只是担心我们这边门一打开是关不上的。日后那么多内地游客去香港有可能引起逾期居留、治安等问题，香港承受得了吗？"

2003 年开放自由行之后，当初香港终院的这一裁决成为所谓"双非"孕妇赴港产子的始作俑者。而今早期的"双非"儿童已到了入园入学的年龄，其中很大一部分都在香港的幼稚园和小学入读。据《新京报》报道，在深港口岸，经常可以见到这样一群孩子，他们背着书包，身穿学校制服，佩戴通关证件每天出入边境。这些孩子拥有香港居民身份，他们白天在香港上学，晚上回到深圳的家，他们被称为"跨境学童"。据香港教育局提供的数据显示，2012 年至 2013 年度，1.6 万余名跨境学童在香港就读。

面对记者的提问，这些小孩多半以"我是住在深圳的香港人"作答。香港上水惠州公立学校的张影玉老师认为，跨境学童熟悉两地文化，将来会更有竞争优势。就业时，他们可以回到内地，比香港孩子能更快地适应；他们有更开阔的眼界，而且有很好的语言基础，留在香港也是容易适应竞争的。

然而，香港市民 Willis 却不这么认为。他觉得，一个孩子到成年之后，是需要有文化认同感的。家庭教育、社会文化、传媒对他们的认同感都有很重要的作用。对于"双非"儿童来说，他们在香港读书，能接触到的仅仅是香港文化的很小一部分，而八小时的学校生活之外，他们的家庭生活又完全转换了环境，因此他们会觉得缺少归属感，将来，他们也会缺少集体记忆。

对于香港人来说，更现实更直接的竞争，来自于在香港的大学就读的内地高考"状元"和优等生们。北京大学中文系教授、香港中文大学讲座教授陈平原在《新京报》的专栏中写道："那年中秋，我在中大有课，晚九点，下课铃响，请学生们品尝月饼，'千里共婵娟'。师生间谈话，难得如此放松。涉及'未来'时，内地学生'遥襟俯畅，逸兴遄飞'，而香港学生则不太吭声。一位被我点到名字的女生，淡淡地说了一句：'我们没有未来，也不想。'"

"香港入境事务处近日发布消息，称三项人才政策十年来为香港吸纳了约九万名境外人才，而这些人绝大部分来自内地。……再加上跨国企业希望拓展内地市场，往往优先录用既懂英语、粤语，又讲普通话，且'熟悉国情'的内地生。这样一来，年轻一辈的香港人，确实面临很大的挑战。"

香港的大学升学率本就不高，中六学生的升学率在20%左右，而据 Tonny 讲，现在更有一些人觉得读书多也不能令你很富有，比起以前，向上游的空间少很多，而高中毕业也能找到工作，薪水可能比大学毕业要少，但少不了多少，多四年的工龄也就把这个损失补回来了。刘洪博也提到：拿我们公司的香港同事来说，一些没受过很高教育的老员工做起事来倒是兢兢业业，非常认真，活儿也靠谱；但有些年轻员工也很二五眼，活儿不好好干，还到点就要下班。现在香港年轻人还反对内地学生来香港上大学，说是要保护本地生源。这样下去，他们如何参与全球化竞争?!

Tonny 的父母"文革"期间从东莞逃来香港，没有受过很高的教育，也没有什么专业技能，当年 Tonny 的父亲能靠辛勤工作养活全家，在深水埗全款买了房子，并供养两个儿子上大学。现在，港府所说的自由行和内地游客带来的所谓服务性行业的就业机会，多被年轻的低学历者占据，但他们连付房租都困难。用陈平原的话讲，"内敛而内秀的香港大学生，只能说一声'好时光已经过去了'，借以感叹其'生不逢时'"。

结　语

　　跟廖伟棠的谈话，激起了我对香港的一种莫名其妙的好感。我试着把这种感受记录下来，可能就是这篇文章的主题。廖伟棠之后发了一条微博@我，说"回到家才想到香港为什么好：因为这是一个可以托孤之地"。"托孤"？我一开始没反应过来，后来也没想明白，现在突然觉得很感动。香港的事情是不容易说明白的，香港的魅力也恰在，无论你采访多少香港人，也得不出一个"香港到底是什么"的结论，香港是每一个人的香港。在我们满世界寻找原生态的时候，香港其实是一个不可多得的样板。

　　"很多老年人攒了点钱试图回内地安家，但是钱花光了还是得回香港来。很多住惯香港的人不愿离开。""1989 年到 1997 年之间很多香港人移民国外，但是后来回港的也很多。不是他们在国外过不下去，也不是他们爱国，他们就是舍不得香港的生活。""更重要的原因是香港人对香港生活认同感强，不舍得离开。很多 1989 年之后移民的人后来回到香港了，就是因为他们离不开香港的文化、生活方式。"这是我在香港听到的最普遍的说法。

　　那么香港人为什么离不开香港？香港到底有什么好？"我的感受是香港好就好在要静有静，要闹有闹，要都市有都市，要郊野也有郊野，而且都不用花很长时间就能到。不管任何人，喜欢什么样的生活方式，都可以在这里找到合适的地方。这里生活方便，衣食住行都不用走几条街就可满足。这里很有街坊味，很多茶馆是街坊泡了一辈子的。你不用约，就知道在什么地方会碰见哪些朋友"，说这话的是一个在香港中学教篮球的娶了香港老婆的西班牙美国混血，"香港女人很有条理，这是她们烦人又可爱的地方。"在石澳海边，他老婆一边收拾他的泳装，一边给典型的混血那种漂亮的女儿点餐，丝毫不以她老公在边上跟一个内地人边喝边抽边用英文议论他老婆为意。

香港有很多面，绝不仅仅是内地客自由行的香港。这也是为什么每个人，无论是内地人还是香港人，描述的、所爱的香港都不同。这也是香港的魅力所在。刘洪博说："我来香港之后第一个感受最明显的差异是这里没有网禁，想看什么都有。但是看了很多以前在内地看不到的网页信息以后，也并没有改变我的观点，反而使我眼界更开阔了。我不喜欢香港政府之前的那种把香港宣传成为一个大商场的方式。在香港，S. F. 不只是奢侈品的缩写，更是天星小轮的缩写——我希望所有来香港的游客都能意识到这点。香港不仅是购物天堂，这里有文化、有风俗、有内涵。对于香港，我更爱的是天星小轮和港岛的电车（叮叮），而不是更多游客看重的商场。"

"以前粤语有句话叫：鬼叫你穷呀，顶硬上吖！现在，如果我穷，那是社会的责任。买不起房，那是政府欠了我的……整个社会，充满了怨气。高官做什么说什么，永远有反对声音，这样决策难行，社会更乱了。不过，香港……还是可以发声的。我喜欢这里。"施志咏1989 年随父移民香港，中国社科院文学所在读博士研究生，港大教师，基本上是个"内地客？跟我没关系；政治？不感兴趣；基本法？没看过；香港选举？不关心"的人。

周日通常是菲佣休息日，在这一天，你会发现，从深水埗到中环，从黄大仙到广东道，从地铁站到海港城，从海洋公园到迪斯尼，处处有他们的身影，或姐妹同行，或夫妻成双，未必消费，树下相倚，优哉游哉。于是我也从黄大仙祠沿东头村道走到九龙城，又沿联合道走回九龙塘，沿路都是住宅和公园，逛了九龙寨城公园，几公里长的东头村道没有一家店铺。又或乘船去南丫岛，小巴往石澳，再在湾仔鹅颈桥街市买虾仔、碱水面。这种大城市中的坊市里巷生活，是我最喜欢香港的地方。

据我所知，对香港的这种感情，在内地是大有人在的。生于60—80年代的现在内地社会中坚们，谁不是伴随着香港的影、视、歌长大的？

我看2013年大陆图书出版

绿 茶

已经不做书评编辑多年，但以前做书评编辑养成的习惯，还在持续关注书，关注出版界的种种，同时编着《绿茶书情》。

2013年的出版业略显平淡，更多的依然是各种对传统出版的唱衰，以及周边很多朋友跳出传统出版，尝试电子出版或新媒体出版。作为纸质书的脑残粉，我依然习惯阅读各种纸质读物，也参与主持一本纸质杂志的出版，但对于当下的传统出版，正如不久前被叫停的一个沙龙的名字一样——动荡与坚守。

2013年，对我个人而言，有着非凡的意义。升格为父亲的我，同时转型为全爸（全职奶爸）。照顾小茶包，对我是莫大的挑战，最大的挑战其实是对阅读时间的挤占。阅读，只能争分夺秒在他睡觉的间隙。还好，阅读在继续！

知识分子

很少在豆瓣建豆列，2013年却好奇地在豆瓣建了一个"知识分子"豆列，也是唯一一个，已经添加了上百本关于知识分子的书，其中，有好几本系 2013 年新出版。

从 2012 年关注俄国知识分子命运的《倒转红轮》（金雁）获得众多媒体青睐，赢得多家机构的年度好书开始，关于知识分子的书逐渐成为媒体关注的小小热点，甚至有媒体预测，2013 年将会迎来一股知识分子图书热。2013 年，的确出版了好几本关于知识分子的书，也引发一些争议和话题，但远没有形成多大热度。

这里必须厘清一个认识，这里所说的知识分子，是写知识分子的书，而不是由知识分子写的书，知识分子在这里是作为一个研究对象出现的。

在《知识分子论》中，萨义德提出，知识分子必须理性地介入政治，应该把自由平等的观念应用到实际行动当中，对权势说真话以及身体力行，只有这样，知识分子才不会成为负面意义上夸夸其谈的知识分子。

"知识分子到底应该用怎样的态度和行动来面对政治？"马克·里拉在《当知识分子遇到政治》中举了几个例子。列举的六位知识分子分别是：海德格尔、施密特、本雅明、科耶夫、福柯和德里达。这六个人都是大牌学者，我们都比较熟悉。海德格尔、施密特选择了纳粹；本雅明成为马克思主义者；科耶夫为斯大林暴行辩护等等。马克·里拉说之所以将知识分子置于政治的聚光灯下，是因为他失望地发现，这些思想者在政治上存在着严重瑕疵，而这些瑕疵对于知识分子肩负的使命而言可谓是致命的。

法国哲学家朱利安·班达在他的《知识分子的背叛》中，也讲述了知识分子与政治的几层关系。首先，知识分子接受了政治激情。不再满足于书斋里的思考和袖手旁观，而是施展着政治激情、主动地与激情的民众共舞，努力成为一个"公民"；其次，知识分子把政治激情带进了诗歌、艺术、哲学、历史等领域，利用他们的学说玩弄政治激情。班达最后这样定义：当一个知识分子成为一个行动者、实践者时，他就形成了对"知识分子"的背叛，遇到了"乌托邦死结"。

一介书生，放着自己喜欢的学问或擅长的文学不做，放着自己爱的人不能去爱，为什么非要跨界去搞什么政治呢？对于20世纪中国的知识分子来说，一个最大的历史悲剧就是，他们是最早投身于救国救民，自认为最了解政治大势的一群；最后，他们却成了政治场中最不知所措、受人轻视的一群。

杨奎松的《忍不住的"关怀"》和陈徒手的《故国人民有所思》是2013年比较热的两本关于知识分子的书，他们不约而同选择了近代一些知识分子为研究对象，研究的重点也逃不出知识分子在近代中国政治中的个人命运与自我选择。

杨奎松是中共史研究专家，近几年产量惊人，几乎每年都有新的研究成果出版，《西安事变新探》、《"中间地带"的革命》、《国民党的"联共"与"反共"》、《毛泽东与莫斯科的恩恩怨怨》等，均取得好的口碑和大的反响，2012年，这几本著作再次合集为《革命》，引起新一轮热读。甚至他学术研究之余写作的历史随笔《读史求实》、《开卷有疑》也受到读者的好评。

2013年出版的《忍不住的"关怀"》，从一开始就引起质疑，认为这非他的研究领域，这么高调的情况很不像他的风格，于是，有人就开始各种解读，指出了书中很多的硬伤和问题，让更多人欷歔不已。然后，杨奎松写了回应文章，再次引起围观者好奇。

抛开这些争论不说，这本书中写的三位知识分子张东荪、潘光旦、王芸生，是我们对中国知识分子命运的共识，他们在面对政治，做出的选择在现在看来符合他们当时的思想状况和个人抉择。

陈徒手是非常沉得住气的学者，从他第一本《人有病，天知否》一炮打响开始，这么多年他总泡在档案馆里，从档案出发，继续研究中国知识分子的命题。新作《故国人民有所思》讲述了 11 位知识分子的思想改造过程。

知识分子介入政治，有些是主动的，更多的是被动的。共产党政权在对待知识分子这个问题时，也方法各异。早在延安时期，就有大规模的整风运动。政权确立后的 1951—1952 年，又开展了大规模的知识分子的自我教育和自我改造运动。本书讲述 11 位有代表性的学者，在思想改造运动中的生存处境，他们是北大的俞平伯、王瑶、傅鹰、周培源、贺麟、马寅初、汤用彤、冯友兰、冯定，北京农业大学的蔡旭和北京师范大学的陈垣。他们的故事反映了中国知识分子的命运，也是中国历史悲剧的一幕。

在中国学界，对知识分子命题研究比较早而系统的是华东师大许纪霖、刘擎等学者，他们主编的《知识分子论丛》比较系统地研究知识分子的不同命题，已出版十册。

记忆小屋

喜欢这个名字，也喜欢托尼·朱特的《记忆小屋》。

我们的记忆如此短暂，有时候昨天的事都已经被我们选择性遗忘。但每个人内心，都有一个不被遗忘的"记忆小屋"，那里有丰富的记忆素材，在我们整个人生中，随时回味都幸福满满。托尼·朱特所说的就是这样的一个记忆小屋。

那是瑞士法语区沃州滑雪区山脚下谢希尔村庄里的一栋民宿，十岁的小朱特随家人来这里滑雪。小屋里住着一些同是来滑雪，但言语粗俗不堪的人，朱特夫人不能忍受这些人在孩子面前说这么污秽的语言，站起来要求他们闭嘴。餐厅里除了小朱特，还有仅 18 个月的小朱特的妹妹。朱特夫人的愤怒显然奏效了，他们道了歉，还邀朱特全家一起用甜点。

虽然，朱特夫人不喜欢他们，但小朱特觉得这帮人太妙了。尤其是负责关照小朱特的瑞秋·罗伯茨，她在朱特耳边，用充满威士忌酒气的声音说了许多常人不敢出口的粗话，还教会了小朱特如何打扑克，如何用纸牌玩各种小把戏。虽然，朱特一家只在小旅馆待了十天左右，但这家小旅馆在朱特心中占据了很深的情感位置，那亲切的氛围至今历历在目。

2008 年，当托尼·朱特被查出患有肌肉萎缩性脊髓侧索硬化症，知道自己时日不多时，这家瑞士小旅馆在他脑海里一再浮现。

《记忆小屋》是托尼·朱特的人生最后一本书，从 2008 年查出得病，到 2010 年去世。这两年多时间，他丧失了独立书写能力，须由他人或机器代为记录思想。一开始，朱特完全被病魔击垮了，他的行动越来越跟不上思想，让他沮丧无比。几个月后他发觉，自己半夜会在脑子里写故事。然而，朱特已经没有能力把这些故事在第二天记录下来。既然已经造不了记忆宫殿，何不造一个记忆小屋。这本书构成了朱特的记忆小屋。

和朱特那些闻名学界的《责任的重负》、《重估价值》、《战后欧洲史》、《沉疴遍地》等作品比起来，这本《记忆小屋》只能算小品文，而正是这些小品文，让朱特发现了另一种可能性的他。通过这些文学性的表达，迫使自己发掘不熟悉的文字和风格。

关于记忆，一直是书写的重要来源。人人都是自己的历史学家，我们的来处，我们的记忆，可以为自己积累最充分的写作素材。传记、回忆录、口述史、调查性研究等都可以归为记忆文本。

在我 2013 年的阅读中，还有几本记忆之书，特别值得提起：

90 岁的黄永玉，是我们时代难得好玩的老人，去"国博"看他的"九十画展"，发现他近十年的画作越发的生动活泼，色彩大胆。在画展现场有一幅大字"世界长大了，我他妈也老了"，这种乐观是我们时代难得的心态。那天刚好赶上黄老新小说《无愁河的浪荡汉子》首发，现场聆听黄老讲述过去，他记忆中的故乡凤凰，一点都没有变，很多细节在他心中抹不去，也忘不了。就像朱特心中的"记忆小屋"，黄永玉心中的记忆小屋无疑是凤凰的童年。

《无愁河的浪荡汉子》是他的长篇回忆录小说，准备写三部，第一部三卷本《朱雀城》已经写完，写了记忆中家乡凤凰的 12 年生活。黄永玉的好友李辉说这部小说中写的事百分百都是真的，但用了小说的表现手法。李辉给我举了很多黄老记忆力惊人的例子，让我也深信他的记忆无误。黄永玉说："文学上我依靠永不枯竭的古老的故乡思维。"的确，看这部小说，我们发现，黄先生很少受到任何后来语言的污染，完全回到那个年代，他的小说没有文学家的技法，以真实的记忆和永不枯竭的思维勾勒出家乡凤凰的完美画卷，让我这个从来没去过凤凰的人，一下子感受到八十多年前的凤凰图景。当然，如今的凤凰已经不是那个样子了，也没有吸引我再去的魅力，但通过黄老笔下的凤凰，我心中的凤凰是美好的，是不可复制，永远无法抵达的。

台湾学者周志文的回忆录，同样书写大时代中个人和家族的命运史。

周志文 1942 年生于湖南辰溪，离黄永玉的故乡凤凰不远，都在湘西地界。但周志文心中的故乡无疑是台湾东北部的宜兰乡下，他在这里度过童年一直到青年。读《同学少年》（山东画报出版社）完全是偶然，陌生的作者，低调的书封，那天随手抽一本书急着去厕所，就这样一读蹲到被老婆喊出来。此后，逢人就推荐。后来遇到燕舞兄，他也力推周志文，我终于为找到同好高兴。《同学少年》中那个外省小孩在台湾乡下的成长史，对我这个乡下长大的人来说有一种亲近感，淡淡的乡愁、忧伤，对久漂北京的我来说，也有一种熟悉感。也许，一本书有这样几点触动你，就够了。

2013 年，他的另两部回忆录《记忆之塔》和《家族合照》，分别由三联书店和广西师范大学出版社出版。一套"回忆三部曲"由三家出版社出版，也比较少见。但这反而构成了对记忆的立体阅读。《记忆之塔》写他 20 岁走出宜兰乡下，驰骋学海的日子。从东吴大学到台湾大学，周志文基本上完成了从文艺青年到学术青年的转型。聆听大师们的思想，走上自己的文学和学术人生。他的出走路径也和我差不多，一个乡下孩子，突然来了北京，各种新鲜各种补课。

成长和出走后，《家族合照》是一次回归和回顾。六十多岁退休后，周志文回忆自己的故乡和亲人，更多了一份理解和宽容。《同学少年》中外省小孩的苦逼童年，在这里呈现出另一份体验和美好。这是一次追索乡村记忆的过程，人老了，这样的记忆异常重要和难得。

说到乡村记忆，景军的《神堂记忆》给了我们一个很难得的实例。

1989 年，景军在北大社会经济发展研究所从事水库移民研究，指导老师是费孝通。费老建议将西北水利工程移民安置问题做一个研究课题。那年，学校无法正常运行，景军和同学们决定去西北研究水库移民问题。这是他第一次接触大川。后来，景军在哈佛大学攻读人类学博士，导师屈佑天（James L. Watson）建议他继续关注大川。1991

年，景军重返大川。1992 年，蹲点了八个月。1993 年和 1995 年又相继到大川做补充调查。

大川为什么吸引了景军？

大川位于甘肃兰州西南方 80 公里左右，属永靖县管辖。村中孔姓家庭占 80% 以上，曾经是一个大规模祭祖活动的中心。1992 年，在永靖管辖的 23 个村落中，孔姓人有两万多。大约 600 年前，一位在广东出生的孔家人来到甘肃，开始了永靖孔氏。

孔庙，当然就是大川祭祖所在地，有关大川孔庙最早的记载为 1643—1664 年。同治年间，回汉冲突严重，大川孔庙数次遭毁。直到 1935 年，大川孔庙才得以重建。1951 年土改之际，大川孔庙仍用于举办祭祖和村务。1961 年，盐锅峡大坝下闸蓄水，大川被水吞没，大川人被迫迁移。一半人转移别处，另一半不愿离开故土的人搬迁到村背后的坡地，在秃山脚下安家。

这本书共九章，分别描绘了不同的记忆特性。苦难记忆、仇恨记忆、仪式记忆、族谱记忆等，大川人始终忘不掉祖先记忆，孔庙的命运牵动着大川一代又一代人。在经历水库移民、土改、"大跃进"、"文革"等记忆后，大川人终于迎来新的机遇。1984 年，祭祖再次被允许，大川人恢复了仪式记忆，经过很多人的记忆拼图和文献参考，直到 1991 年，一本《祭圣祖仪式》出版，开启了大川人新的祭祖仪式。1991 年末，大川孔庙挑起大梁，重启祭祖。

这是关于一个村庄的移民、祭祖、孔庙和苦难的记忆，几代大川人用自己特有的记忆模式，为当下留下了民族和文化的记忆，这样的记忆在中国很多的村庄可能都存在。学者景军用他执着的学术精神，为我们追索了这样的乡村记忆。

话题 2013

我以前在报纸编文化版，每天的选题会都会讨论今天要做什么话题，近期要做什么话题，久而久之，话题就成为报纸编辑记者最敏感的词。一年下来，再回头看，发现我们当时所谓的话题，其实都不成其为话题，但报纸有自己的出版节奏，没话题也要找话题。

其实，在每天的话题中，出版是个大话题。文化记者也喜欢从出版中找话题。大牌作家、学者出新书；国外著名作家、学者访华；有些类型的书渐成出版现象；各种抄袭、炒作等等。

不从事书评编辑后，对出版话题已经不太敏感了，只能就自己的观察大致说几种现象。

1. 打工女孩

打工女孩引关注，主要因为两本书，一本是张彤禾的《打工女孩》，另一本是丁燕的《工厂女孩》。这两本书，不约而同关注东莞的打工女孩。

张彤禾是《华尔街日报》前驻京记者，她和老公彼得·海斯勒（何伟）（《纽约客》前驻京记者）在中国生活了十多年。彼得·海斯勒写了"中国三部曲"《寻路中国》、《江城》和《甲骨文》，张彤禾则关注中国的打工女孩群体。2004 年，她在广东东莞住了下来，结识了打工女孩吕清敏和伍春明，她们的故事和所有打工女孩的故事一样，呈现出一个群体的追求、迷惘和梦想。

还是东莞，2011 年，诗人丁燕先后深入东莞两家电子厂、一家注塑厂打工，让自己亲历工厂生活，和那些工厂女孩一起做工、吃饭、睡觉，记录她们的青春、爱情与梦想。

关注底层，打工女孩作为城市的弱势群体之一，她们的故事的确值得我们书写和记录。对她们而言，梦想遥远，流水线上的青春，更多的是迷惘和无奈。

2. 记者写史

记者是时代的记录者，也是历史的书写者，近代以来，由记者书写的历史是历史领域重要的分支，很多著名的历史学家系记者出身，以独特的记者视野给历史书写注入全新的元素。2013 年，记者写史让我读出惊喜。一是《新京报》前同事陈远的《燕京大学 1919—1852》；二是老乡，《温州晚报》前记者沈迦的《寻找·苏慧廉》；还有一位就是前面提到的陈徒手和他的《故国人民有所思》。

陈远是我前同事，当时，报纸有一个"个人史"版面，陈远负责"燕京大学"系列采访，从那时候开始，他就开始搜集燕大材料，拜访和采访燕大老人，这一转眼十来年过去了。这些年他一直没有间断对燕京大学的研究，随着研究的深入，越发对燕京大学以及燕京人多了一份感情。燕京大学已消逝六十多年了，最后一批在校生，也已是八旬老人。所以，近十年来，陈远几乎是抢救式采访，为我们保留了很多珍贵的燕京历史当事人史料。

沈迦是我老乡，他的《寻找·苏慧廉》是我 2013 年阅读的又一惊喜。我的家乡温州，有很活跃的信教传统，每个村庄乡镇几乎都有教堂。我从小就跟着大人去天主教堂，对教会传统有很深的感受，并且，我喜欢在教堂时的童年。

温州之所以有那么浓的信教传统，相信和英国传教士苏慧廉有很直接的关系。我认识苏慧廉，是从温州好友方韶毅的《民国文化隐者录》中一篇"传教士苏慧廉的人生索引"开始的，后来陆续看过一些关于苏慧廉的文章。

1883 年，清光绪九年，年仅 22 岁的英国青年苏慧廉孤身一人来到温州传教，两年后，他的妻子苏路熙也来到温州，两人在温州扎下根，生儿育女，一待 25 年。他对温州的文化、教育、医学等都做了很大贡献，创办了温州二中、温州二医、城西教堂、温州艺文学堂等。关于苏慧廉在温州的见闻，可参考苏慧廉的《中国传教纪事》和苏路熙的《通往中国的护照》两书。

《寻找·苏慧廉》沿着苏慧廉的足迹，走访他曾工作和生活过的地方，从温州到太原，上海到北京，香港到澳门，牛津到剑桥，翔实地再现一位传教士给近代中国留下的浓浓文化脚印。

3. 一线作家

一线作家全线出书，只是我一厢情愿的观察，其实不算特殊现象，因为，中国的作家们，每天都以这种方式出书，只不过今年可能更集中一些。

蛰伏七年，余华推出了《第七日》。争议不断，恶评如潮，被视为"新闻杂烩"式小说；离上一本小说《河岸》已经四年，苏童新出怀旧之作《黄雀记》，讲述命运轮回的故事；叶兆言也带来怀旧小说《一号命令》，在小说里，叶兆言用一个经历过抗战、内战、起义的黄埔生的视角，写了接到"一号命令"后的故事；而金宇澄的《繁花》则是另一种味道的"旧"，小心翼翼的嘲讽，咄咄逼人的漫画，暗藏上海的时尚与流行。

阎连科近些年创作惊人，几乎每年都有作品面世，新作《炸裂志》以荒诞、夸张、魔幻的手法呈现了"炸裂"由百人之村巨变为超级大都市的故事；王蒙 2013 年没新作，却拿出一部尘封了 40 年的手稿，这部小说以新疆"文革"为题材。1963 年，时年 29 岁的王蒙下放到新疆，在新疆度过了风华正茂的 16 年，《这边风景》是他在这 16 年里创作的唯一一部小说。韩少功离上一本小说也是有年头了，这次带来的是知青小说《日夜书》，通过几位"50 后"从知青年代到转型时期的人生轨迹和恩怨纠葛，折射出人性的光辉和时代的变迁；梁晓声继《知青》之后继续知青题材，新作《返城年代》讲述特殊的大迁徙；《古炉》之后，贾平凹带来《带灯》，小说从一个女乡镇干部的视角透视当下的中国社会，通过她与远方人的通信展示基层干部的精神和情感世界。

林白已经游离大众视野多年，2013 年回归，带来她耗时三年写成的《北去来辞》，讲述了两代、不同知识层次的女性由南方到北京打拼的坎坷经历，尤其是在社会变革大潮冲击下各色人等的浮沉悲欢；池莉带来的不是小说，是她历时五年写成的长篇叙事散文，讲述与女儿 24 年的共同成长经历，饱含母女深情；迟子建的《晚安玫瑰》，讲了哈尔滨的另一段历史——流亡到哈尔滨的犹太人的故事；《众声喧哗》是王安忆的短篇小说集，收录六个短篇。写的是市井小民，延续王安忆在《长恨歌》中写实的细腻笔触。

还有很多一线或二线的作家都在 2013 年出版了新作，这么看来，2013 年是纯文学年吗？估计没人会同意。

【微话题】

一、疫情丑话为何不说在前头

　　从 2013 年年初开始，就陆续有媒体接触我，希望采访我在"非典"期间的经历，彼时我是美国《时代》周刊北京分社记者，全程参与了踢爆"非典"疫情的报道。可是，采访时他们反复问的一个问题，我却无从作答，他们很关心当时我采访过的人，包括病人、医生、爆料者，现在怎样了。我的经验是，驻外的外媒通常不追踪关注采访过的人，这也是我当时对工作失去兴趣的原因之一，不能真正帮到谁，反倒经常给被采访对象带来麻烦。

　　但是我在每次采访中都有强调，当时政府对疫情真实情况的隐瞒，也不能全赖政府，更不能全赖孟学农和张文康。原因是据我们了解，根据当时有关公共卫生事件的有关规定，"非典"疫情不构成地方必须上报中央的严重程度；而以北京为例，由于刚开始发现疫情的多是军队医院，而军队医院也没有向地方政府报告疫情的义务。这导致当时卫生部和北京市政府都不掌握真实具体的病例数字。而我的这一强调没有被采访过我的任何一家媒体在后来的成文中提到。

　　之后又有其他平面、电视媒体来访，角度各有不同，但我说的当然没法有什么不同。我也明白这一公共卫生事件对中国体制的触动，以及十年之后媒体重提的动机，无非是想叩问十年过去了，我们真的从"非典"吸取了教训，有所改变吗？我不知道这些媒体得出的结论是什么，但是我持怀疑态度。

好巧不巧，几乎是在十年前"非典"成为疫情的同一季节、同一月份，一种变异了的禽流感——H7N9 病毒开始在中国内地传播。虽然传播速度、感染人数远没有当年的"非典"严重，媒体在第一时间就开始关注，政府从一开始也没有采取捂盖子的态度，但是每天看报纸上的有关报道，却总觉得政府、媒体的态度依然暧昧，犹抱琵琶半遮面。

虽然每天都有新增病例，且发病地区明显呈现扩大趋势；至今病源、病毒宿主、传染途径仍然未知，报纸上的新闻却还多半是以"公众感染 H7N9 病毒风险仍较低"、"目前尚不足以判定病毒人传人"、"达菲＋银翘散白虎汤　效果不错"等为题的，明显乐观、安抚甚至不靠谱的报道。"非典"十年之后，国务院依然需要三令五申有关禽流感疫情必须"信息公开透明"，不得瞒报。

反观以美国为代表的西方国家，在遇到类似情况时，宁可夸大可能的严重性，使民众有充分的心理准备，也给可能采取的必要公共政策留下足够的空间，并提醒民众及相关部门保持足够的警惕性。到时候结果没有预计的那么严重，皆大欢喜；即便结果比预想的还坏，大家也不会惊讶、恐慌，应急预案已经做好最坏的打算。

其实中国文化里也并不是没有这样的智慧，比如我们通常要提不合理要求或传达坏消息时用的所谓"打预防针"；从心理学来说也都明白"先把丑话说在前头"的好处。可是，选择哪些话来丑话丑说，似乎就得决定于媒体的政治敏感度了。许多记者首先自己把自己当成了政府新闻发言人，为了维稳，"丑话美说"是最常见的现象。

本来文章已经写完，突然又看到由第四军医大学军事预防医学院军队流行病学教研室撰写的《现在自然界和人群中已不存在"非典"病毒》称：SARS 冠状病毒（SARS CoV）经历了逆向进化；自然界根本不存在 SARS CoV 的直接祖先和贮存宿主，故其流行后即从人群和动物界消失。其未明的推论似乎是在暗示：SARS CoV 有可能是实验室病毒；人类已经掌握将动物病毒改造成人类病毒的方法（如基因改造技术）；其引用的论文甚至暗示不能排除 SARS CoV 是基因武器的可能。

（黄　永）

二、汽车驾驶如何做到不闯黄灯

被称为"史上最严交规"的《机动车驾驶证申领和使用规定》修订版 2013 年 1 月 1 日起开始实施。其中最受关注，也引起很大争议的一条是加重了对"闯黄灯"的处罚——罚 200 元扣 6 分。

首先在新《规定》发布后实施前，此条交规因表述不够严谨就引起了法律层面的争议，《道交法》明文规定黄灯是警示信号，而非禁止信号，在表述中只说"黄灯亮时，已越过停止线的车辆可以通行"，而并未禁止未越过停止线的车辆通行。按照法无禁止即许可的原则，闯黄灯行为是不应该被视为违法而受罚的。

但对于驾驶员来说，更大的争议则在如何做到不闯黄灯？因为很多情况下，违规者并非故意闯黄灯，而是接近路口时无法判断黄灯何时会亮起，自己是否有足够的制动距离。如果黄灯亮时车辆未过停止线但是已非常接近停止线，即使紧急制动，车辆停止时也将越过停止线，甚至会停在路口中央。

果不其然，在新规实施后，要么是由于前车在路口紧急制动造成后车追尾事故频发，要么是明明绿灯亮但车辆离路口还很远时就开始减速，造成本已拥堵的路口更加拥堵。于是怨声载道，还有人专门测量实际制动距离来佐证此条交规的不可操作性。

其实设立黄灯这一过渡性交通信号还有一个目的，就是交通信号灯变换时净空路口。这个是中国驾驶员不太注意的一个问题。在中国经常会出现车辆在设有交通信号灯的十字交叉路口叉死，按说设立了绿黄红三种信号灯的过渡，不应该出现这种情况。但是实际经常出现的情况是绿灯方向由于前方堵车，已无法通行，但是车辆依然驶入路口；而当变灯后，进入路口的车辆还未通过，交叉方向绿灯放行的车辆又驶入路口，使得四方车辆争抢通行权而造成叉死。此时交通信号灯就完全失去了作用。

设立黄灯，使黄灯亮时已驶入路口的车辆有时间在红灯亮前通过路口，而不会影响交叉方向绿灯放行的车辆通过路口。

净空路口对交通顺畅、减少堵车，尤其是争抢通行而造成车辆在路口叉死，是非常重要的。但是由于国内有些路口拥堵严重，黄灯的过渡时间仍然无法保证已进入路口的车辆通过，不堵车的路口大家又觉得黄灯只增加了等待时间，没有必要，造成大家对黄灯视而不见，黄灯形同虚设，甚至看见黄灯反而加速。

其实更重要的是要培养国人良好、文明、礼让的驾驶习惯。有良好驾驶习惯的人，应该做到即使本方是绿灯，但看到前方车辆已无法通过路口时，自觉在停止线停车等待，等到路口净空之后再驶入路口。

一次绿灯无法通过就等待下一个。

但是，一谈驾驶习惯，国人就喜欢上升到国民素质的高度，说"中国式"什么什么。其实我觉得也没有那么严重。美国也不是所有地方的人都有良好礼让的驾驶习惯。加州是出了名的好开车的地方，地广人稀，人人规矩礼让。我驾照路考时，第一次因为在设有停止标志的十字路口未让行，直接被考官折了；而第二次路考时，因为在一个十字路口绿灯亮时，一个老太太还没过完马路，虽然后车按喇叭催促我也没动，考官就给了我一个 Excellent job of driving 的评语。但是到了纽约，路况就很像北京了。按喇叭的，右侧超车的，加塞儿的，没有红绿灯的十字路口抢行的，尤其是过桥或过隧道时，场面跟杜家坎收费站有一拼。

所以我个人以为，在人多地少生存空间狭窄的地方，就不可能培养出良好、文明、礼让的人，或原本有素质的人也会变得急躁粗糙。因为这样的人会发现，若总是让他人先，就永远也轮不到自己，或者轮到自己的时候，就什么都来不及或什么都没有了。

（黄　永）

三、毕业生为什么找不到工作

2013 年的高校学子特别悲催，"谢舍友不杀之恩"的惊魂未定，又一头撞上了"史上最难就业年"。669 万的总数量，不足三成的签约率，同学们这心啊，拔凉拔凉的。

毕业生为什么找不到工作？有近因，有远因。"GDP 增速放缓"是最容易的结论，"学生们择业标准太高"是最方便的怪责，"扩招遗毒、文凭泡沫"更是最耐用的理由，毕竟蛋糕就那么大，吃的人越多，越多人吃不着。

我们都知道民国那会儿就有"毕业即失业"的说法。按说那会儿大学生才多少？找工作也这么难？1931 年中央大学毕业生才 200 多人，有一半找不到工作；1934 年山西省报告，30 余年山西专科以上毕业生8905 人，失业者超过 4700 人。

中国社会传统的教育观念，总觉得书念得越多越好。从社会角度来说，未必。套用"恰当技术"的说法，一个社会的"恰当高学历人群"是随着社会的发展程度浮动的。最近读《洪业传》，写到洪业担任燕京大学教务长，规定学生成绩平均不够乙等，就得退学，实施第一年，400 多学生中就有 93 人被迫退学。很多人来替子女求情，洪业说："一个人没受大学教育的话，还可从商做生意，受了大学教育，他就觉得从商是降低自己的身份，如果成绩不好的学生留在学校继续读书的话，以后会成为对自己对社会都无用的人。"

洪业这话听上去冬烘得很，现今时本科学历算什么？但事实上，当学历标准被强行调高，就意味着学历对应的学力被稀释了。而社会对于学历象征的能力也开始出现判断混乱。到底一个研究生是不是比本科生能干？每个 HR 都会告诉你说不一定。可是研究生比本科生多读了三年，他的时间成本与学习成本都大大超出，他当然觉得自己有理由要求更高的位置与薪酬。

这种社会需求与学历追求之间的错位，又被地域的巨大落差进一步放大。据说2013年上海的毕业生有七成要求留沪，想来北京的比例也不会差太多。不能怪毕业生好高骛远，不肯下放，他的专业、他的学识，到别的地方有用吗？有发展空间吗？每个人心里都有一杆秤。如果解决就业危机只需要改变毕业生及家长的心态，那教育部派于丹老师巡回演讲不就行了？

民国为什么也有"毕业即失业"？其实这正是一个社会畸形发展不平衡的产物。1937年之前在《中央日报》登出求职信息的1467位大学生，对于薪酬的要求几乎没有低于100元的。而这样的期望只有在上海、南京这样的商业发达城市才有可能实现。现在也是一样，离不开的北上广，回不去的故乡。

GDP增速放缓了，失业率提高了，"急中国"也该停下来想想了：我们究竟需要多少大学，多少大学生？

（杨　早）

四、谁有资格评价业务水平

2013年有两件关于业务水平评价的事件。一是协和医院急诊科那位声名赫赫的"急诊科女超人"于莺宣布辞职，自述理由是受不了重论文轻医疗的公立医院评价体系；一是华东师大中文系2012届毕业生汪奎的硕士学位论文题为《网络会话中"呵呵"的功能研究》，有不少网民批评说是"白交了三年学费"。

我们每个人都有一个职业，不一定用来养家糊口，却是个人标识与身份认同的基础。上述两件事中，"急诊科医生"是于莺协和医学院毕业后的职业，"中文系研究生"是汪奎此前三年的职业（民国时有"职业学生"一词，今反其意用之）。那么，谁有资格来评价他们的职业水准？

评价于莺本来很简单，她是医生嘛，患者的反响难道不是最好的评价？可是偏偏有另一套标准凌驾于患者反响之上，那就是所谓"科研成果"。这好像也有道理，科研成果代表她在"职业共同体"中的位置嘛，我也说过，一个鞋匠做鞋好坏，顾客不一定知道，但是别的鞋匠肯定知道。只是，于莺本人也好，凡了解这套学术评价体系的人也好，有谁不知道，所谓科研成果，难道真的能代表"学术共同体"的看法？

本人在研究机构工作，一向认为不应该拿本单位的成果与高校简单比较，因为高校的第一天职是教书育人，就像研究机构的第一天职是学术研究。可是如果光看所谓科研成果，研究机构往往拼不过高校，症结何在？是不是高校里的教师都是超人，教书教得好，科研方面还能胜过专业的研究机构？

众所周知，科研成果并非可以等同于科研水平，数量跟质量之间也没法直接换算。但这事的症结更在于：职业的第一要求跟第二要求没有分清，教师首先不是教好书，医生首先不是治好病，论文发表数量与"档次"（CSCI）成了一根放之四海而皆准的尺子。

这样做有啥好处？好处就是衡量方便，管理简单。正如燕瘦环肥，谁是美女见仁见智，我们规定一个三围比，一下子就能选出"最美50人"，或者根据肌肉占体重比例来选伟大球员，哪管孙继海会因此超越马拉多纳。

于莺从协和医院离职，与此前西北政法大学副教授谌洪果声明自己终生不评教授，都可以视为某种征兆。尽管中国社会"职业共同体"整体状况甚不乐观，但还是有人试图撬动这块坚硬的巨石，或干脆无视这种可笑的错位。你可以把他们称为"逸才"，而逸才之多少，他们活得好不好，是一个社会是否宽容、价值是否多元的最重要标识。连古人都会说"古之大有为之君，必有不召之臣"，于莺、谌洪果的存在，他们得到很多人的理解，说明中国社会正在竭力摆脱单一价值的困境，怎不叫人乐观其成？

而汪奎论文的意义，则是展示了职业共同体对创新、多元的保护。在网络调查中，支持者批评者各占一半，但华东师大的老师们，还有大多数学者，都能肯定这个论文题目的意义。那些说"白交三年学费"的批评者，其实也不具备评价汪奎职业的资格。在这个案例中，旁人的讥笑毫无意义。是不是白交三年学费，本该是教了汪同学三年的老师们，最有发言权。

（杨　早）

五、大学如何选校长

浙江大学全球校友会6月23日发表联合声明，公开表达对新任校长任命的诉求及期望。同时，网上另有一份以浙大校友名义发布的公开信（未经证实），反对上级部门调任重庆大学林建华先生担任浙江大学校长。

从网上的反应来看，大部分意见支持浙大校友对校长任命的介入，也有人提醒说，应当从制度方面去反思"校长产生方式和路径"，才能"对早已偏离的大学校长角色定位有所矫正"。

很多人又会由此联想到民国大学的校长们。倒不是非得厚古薄今不可，民国大学的校长任命也多有争议，2013 年南北热演的南京大学话剧《蒋公的面子》，三位教授纠结要不要去赴蒋公的宴会，针对的就是蒋中正即将就任的"中央大学校长"一职。话剧书写的虽是虚构的历史，类似的事件与情绪在民国一直存在，抗议与驱赶校长的事件也不断上演。

早在清末的 1909 年，浙江两级师范学堂就发生过"木瓜之役"，以周树人、许寿裳为首的 20 多名教员，集体辞职，以撤离浙江教育总会会长夏震武接替沈钧儒任两师校长。此役历时两个星期，终于获胜。五四运动之后，学生势力大涨，驱赶校长的发生率与成功率都大为提高，其中以"纪律严明"的清华学堂尤为火爆，学生会领袖罗隆基曾自诩"九年清华，三赶校长"，一位叫罗忠诒的尚未到校便已被迫辞职。

应该说明，只要是国立大学，教育部派任校长有着充分的合法性，教师或学生发起驱赶校长，也不见得一定对学校发展有利。但这并不是说教育部可以罔顾校情，随意指派国立大学校长，教师与学生没有选择或抗议委任校长的权利。

北伐成功后，曾经的北大学生领袖罗家伦被任命为首任"清华大学"（之前是清华学堂）校长，两年任期内，罗家伦推动将清华大学从外交部改划归教育部管辖，实现男女同校，聘请大批知名教授，为清华大学后来居上打下基础。但因为与教授会、学生会关系不好，加之政治环境变动，两年后仍被迫去职。

后来罗家伦任十年中央大学校长，成绩斐然，佳评如潮。因此不能说罗家伦不适合当大学校长，只是他跟清华大学"不合"，这里面大概就有"渊源"上的关系。后来梅贻琦成为清华的"终身校长"，他的制度创新并不多，然而严选师资、教授治校两大特色，让清华在梅贻琦手里稳步发展，没有出现因人设政、人亡政息的弊端。

综观这些历史经验，会发现而今大学的各种病征，最后大抵还是要归结为"行政化"这一绝症上来。具体到校长人选，至少有三点值得当下借鉴。

一是大学校长没有行政级别。所以才会出现蔡元培当过教育部长，又去当北大校长，胡适从驻美大使任上卸职，又能转任北大校长。没有行政级别的羁绊，教育部选校长不会局限在正局或副部的范围内，校长也可以不像官员一样，在各个大学间迁转升降。

二是大学校长并无任期限制。人说梅贻琦一生只做成一件事，就是成功出掌清华并奠定清华的校格。十年树木，百年树人，一所大学需要很长的时间去设计规划它的定位、规模与特色。铁打的大学流水的校长，能办成百年名校才怪。

三是有私立大学的竞争。如果只有教育部下辖公立大学这一套校长评价体系，校长一职很容易趋向均质化、行政化。只有加入私立大学的另类选择，才有可能在比较、竞争中凸显校长的角色、功能、作用。

校园政治是一种特殊的政治形式。上自校长的遴选，下至空调是否安装，同样需要提供议政平台，在各方利益的博弈下完成。现在中国的情况是上层的声音太响，校园的声音太弱，大学是教师谋生的职场、学生就业的跳板，长此以往，"母校"一词，将会如刀尔登所说，当不起，只能是"姨校"、"姑校"，没事串门儿有事再见的借住之地。

（杨　早）

六、怎样减小"社会危害性"

李某某是否强奸尚未定案，网上已经吵成一片。随后，清华大学副教授易延友道歉，删除了几条微博，包括那句千夫所指的话："即便是强奸，强奸陪酒女也比强奸良家妇女危害性小。"而有些评论员还在嘴硬，他们说，易教授只是说出了人们"心中默认的看法"（@黄章晋 ster），还有人将这种看法称为"实质正义"："从实质正义上来说，强奸妓女与强奸良家妇女，对被害人的伤害程度大不同。这无须多解释，只取决于你是个诚实的人还是个装逼的人。"（@评论员李铁）

看了好多批评甚至詈骂易延友的评论，我想再次感慨一下这个社会太缺乏信任，尤其是累积多年泛滥一时的"砖家叫兽过敏症"。结果是凭一句话就开喷，然后是大骂清华，然后是感慨中国高等教育完全失败，最后是自己孩子考上清华也不让去上——最后一句当然是幻想，懒于思考的人哪有如此的节操。

我非常不赞成易延友这句结论。但是我主张先作分析，再看语境，想想为什么一位法律学者会说出如此冒天下之大不韪的话？

"强奸陪酒女也比强奸良家妇女危害性小"这句话，可以认为是一种主张（应然），也可以看作一种客观描述（实然）。鉴于易延友后来将自己这句话说成"真理"，这句话有价值主张的成分。但这种价值主张，也确实基于某种事实，需要分层次讨论。

强奸对受害者生理、心理造成的伤害，当然会有不同，但那是个案、个体的差异，你绝不能说因为这个是陪酒，那个是良家，就肯定前大后小。是的，有人是这么想的，比如@评论员李铁。但我觉得身为法律学者的易延友不会犯这种太明显的逻辑错误。他想说的，应该是确实在从苏联到中国法律中存在过的"社会危害性"。

强奸不是危害公共安全罪行，所谓社会危害性的衡量，其实是强奸案本身造成的社会影响。正如同样是杀人抢劫，如果死者是儿童，如长春劫车杀婴案，一定会引发公众更大的同情与愤怒，以及更多的恐惧。这种情绪基于一种共同道德的假设：人应该更同情弱小的儿童，即使是杀人凶手。反过来说，杀戮儿童之社会危害性，甚于杀害成人。

"强奸陪酒女也比强奸良家妇女危害性小"这个推论，在某种前提下是成立的，这前提就是整个社会的道德标准（尤其是性道德）都比较严苛。在这种道德标准下，陪酒女等性工作者，本身就带有原罪，她们被强奸被杀害，虽然也不合法，却可以视为某种道德审判或因果报应，因此在公众心中不会激起太多的负面情绪，甚至收获如雷彩声也不一定。

易延友的这句话，与其说是男性霸权主义，不如说是功利主义，盖功利主义以社会整体的福祉为衡量标准，像妓女这样的职业，在道德层面上冒犯了大多数人，当然会造成更大的社会危害性，她们受到侵害，属于"坏人打坏人"，社会危害性就小。

说到这里，可以重读王小波的杂文《"奸近杀"》，"奸近杀"正是古代社会的道德观念，道德水准与生命价值建立了连带关系。王小波讲了一个故事：

"小时候，我有一位小伙伴，见了大公鸡踩蛋，就捡起石头狂追不已，我问他干什么，他说要制止鸡耍流氓。当然，鸡不结婚，搞的全是婚外恋，而且在光天化日之下做事，有伤风化；但鸡毕竟是鸡，它们的行为不足以损害我们——我就是这样劝我的小伙伴。他有另一套说法：虽然它们是鸡，但毕竟是在耍流氓。"

王小波由此感慨道："不知为什么，傻人道德上的敏感度总是很高……在道德方面，全然没有灵敏度肯定是不行的，这我也承认。但高到我这位朋友的程度也不行：这会闹得鸡犬不宁。"

在我看来，易延友等辈，包括2012年反对地铁清凉女装的秋风等论者，都是道德敏感度过高之人。这里面甚至包括一些为"陪酒女"辩护的，因为他们使劲强调"很多妓女是为生活所迫"。是不是为生活所迫，不该是应否保护其身体、尊严及性自主权的前提。

中国当下的性道德状况，是有史以来最混乱的时期。严苛者与宽容者并存于世，持戈相争。我无意分辨其中高下，但主张这种价值判定的差异仅限于性领域，一旦涉及到法律领域，既不应当以被害人的职业为考量前提，也不当遽尔认定个人职业、私生活形象等因素会决定案件的"社会危害性"，更别提什么"实质正义"。否则，正如有些法律学者指出的，此闸一开，性工作者就没有被强奸一说了。

我们都是从道德敏感度过高的时代走过来的。小时候如果听闻李某某案，你都能猜出大部分人会怎么说："女孩子也不检点，去那种地方，跟那种人鬼混，被人害了，活该！"其实现在这样想、这样说的人，也自不少。只是，毕竟也有很多人站出来对道德过敏症说"不"了。如果大部分人都不再因受害者的职业，改变对受害者权利的维护与支持，所谓的"社会危害性"自然就小下去了。唯有如此，我们才能回头关注强奸案中的个体，而不是先给她贴上某种符号，先就着符号乱战一场。窃以为，这才是"任个人而排众数"的文明社会。

(杨 早)

七、怎样面对发出噪音的权利

"大妈公园唱歌扰民"又成为热议话题。据报道，近日深圳论坛发起的"公园唱歌扰民该如何管理"的帖子引起热议，"约60.78%的网民认为应限制唱歌区域，另外39.22%的网民表示要一律禁止"。联想到8月8日华人演出团体在日落公园演唱被投诉，与当地警员发生冲突的新闻，颇可一议。

我感到奇怪的，是在深圳这样一个人均素质相对较高的城市，只有六成网民赞同限制唱歌区域，而居然有四成网民打算"一律禁止"公园的歌唱。

替公园唱歌说话的人大有人在，比如就有网友在我微博下评论曰：

"要不上那儿干这事，憋着么？再说这玩意儿没准管起来害处更大，街边小摊贩更乱更吵，结果上了城管，这个难道也要上么？"

我本人喜欢清净，但我不反对别人有放声歌唱的权利。这就好比我认同"清泉濯足"是杀风景之举，可我无权阻止别人在山间清溪或西湖里泡脚。然而，如果这道清泉直通别人家的厨房，那性质又不一样了。

在公共空间里，各种权利是交织在一起的。你在家里有享受清净的权利，他在家里有高声歌唱的权利。一旦你和他步入同一个公共空间，两种权利就产生了冲突，如何调适就成了一个公共问题。

上面那位网友的发言，有两点片面之处：一是他片面强调歌唱的权利及必要性，而不考虑有人要求安静的权利，同样有其必要性——整天被噪音包围，也容易躁郁；二是使用归谬法，一下子就提到了城管的高度。希望我们的城市管理者不要像他，出了任何乱子，第一时间想到城管。

其实公共空间内的权利争夺与让渡，永远只有一个法门：博弈。这就需要双方的心态调整好，不是非此即彼，你死我活，而是共存共荣，相谅相让。我特别不喜欢都市里的红歌与秧歌，认为那是适合乡村与战争的产物，不过我也承认参与者的欢乐与奔放，绝对有利于他们的健康。这跟邻居装修是一个道理，我总不能为了耳根清净，让邻居住毛坯房吧？但你也不要在休息时间和节假日大兴土木好不？公园唱歌，控制区域、时段与音量，是解决噪音权利的定规。

如果博弈达不到双方满意的结果怎么办？一个方法是赎买，主张方向受损方支付一定的赔偿，以换取他们的忍让。另一个方法是游说，双方向公共管理部门提交自己的权利主张与理由，由公共管理部门作出仲裁。

说到这里有人可能会嚷嚷：公共管理部门，那还不是上城管吗？恰恰相反，我认为这本该是公民自治的范围。也许大家都忘了，"居民委员会"本来就是城市居民的自治机构，也是一级公共管理部门，只是现实中它的自治意味已经被极度削弱，才闹到动不动就上城管的地步。

中国古代有"息讼"的传统，一向被认为是反现代化的做法。其实，"息讼"的本意无非是减少行政成本与司法成本，由自治来承担公共空间内的权利博弈之责。历史证明，不搞自治，结果就是"他治"，而且他治还振振有词：你看你们两伙儿群众都打成啥样了？

（杨 早）

八、学生减负为何不配套

不瞒各位，自从摆脱了应试教育的泥淖，我是对中国基础教育这事儿敬而远之，留给别人烦恼，直到——我自己有了小孩。

有了小孩，我的中国梦就变成了：到几年后他们上学时，会比从前好一点吧？

教育部 8 月 22 日公布了《小学生减负十条规定》征求意见稿，这是一件喜大普奔的事吗？我看不见得。

比较有趣的反对意见来自一篇网文，作者自称在中国接受基础教育，又跑到美国教了多年小孩。在作者看来，教育部的"减负十条"简直是胡闹，美国小孩就是不留作业，也不实行百分制，才导致他们的基础教育一塌糊涂，不得不将自家孩子送去搞商业或政治，而靠第三世界外来人员完成基础研究。

这篇文章流露出的自得之情，充分说明作者洋装虽然穿在身，心依然是中国心。盖自近代以来，中国被列强打得丢盔卸甲，危机与危机感同样深重，恨不得一夕之间超英赶美，跻身强国之列。所谓教育救国，自然是从娃娃抓起——这里的"现代教育"，有时几乎可以等同于实用教育。比如清末学堂的"上午诗曰子云，下午声光化电"，说起来前者是传统教育，后者是"西式教育"，其实不然，前者是惯性，后者才是从天帝那儿偷来的火。从"教育救国"到"科学救国"，再到"学好数理化，走遍天下都不怕"，再到"大学还是要办的，我指的是理工科大学"，教育之路越走越窄，蜕化成一条"国家功利主义"的道路，在这个过程中被磨蚀掉的，是"以美育代宗教"，是"儿童的发现"，是"为艺术而艺术"。我国同龄儿童的数理化程度比美帝日帝的小孩高得多，这是我从小就听闻的美丽传说。

你会说：中国教育不是早就鼓励全面发展了吗？是，德智体美劳，又是一套美丽传说。然而中国教育的所谓全面，是在每一个维度上，都发展出了无穷无尽的竞争，学习是百分制，品德是百分制，体育还是百分制！标准不考虑个性的不同与价值的多元，也不考虑天资的差异与体质的优劣，不以合格为目标，而是将每一条标准都变成一个战场！所以轰的一声，全社会都学奥数，轰的一声，全社会都学钢琴，轰的一声，全社会都打篮球……在这种教育体制下，儿童仍然是成人社会的产品，"输在起跑线上"成为最大的恐惧。这叫什么全面发展？我看只是全面开战。

很多人，包括这篇网文，都质疑教育部为啥不改高等教育，不改中高考，只是给小学生减负？对此教育部基础教育司一司司长王定华表示，小学生减负和中高考改革将是"一揽子工程"，目前还只是第一步。分几步走，摸石头过河，这一套耳熟能详。问题是，中国社会是结果主导的，正如很多人提到，如果终极考核不改变，只是小学减负，只会是让家长们抓狂地去请家教和上补习班。中国人的适应力天下无双，你讲政治，他们就拼政治，你讲学习，他们就拼学习，你讲才艺，他们就全民学艺术，还不是又新辟了一块战场？

我想根本的问题，还是在于教育的"非战化"。从百分制改成等级制，甚至像欧洲某些国家那样取消等级，就是一种非战化。说白了，战争与比赛，都是你死我活，你败我胜。可是社会不是简单的战场与操场，社会中的人可以追求互补与共赢。如果目标是打仗，那增负还来不及，如果目标是培养完整的个人，减负就需要一系列的配套，不仅仅是中高考。

（杨　早）

九、"陆台游客斗"谁是谁非

9月9日台湾阿里山，内地和台湾游客斗殴事件，因为双方各执一词，而官方调查还未出台，所以也无法评论曲直。但有些道理是恒定的，不会因真相而改变。

比如当事人陈姓台湾游客在网上发表的声明中，这一段话就挺赞：

> 我想强调的，本事件单纯为外来游客涉及伤人的刑事案件，谴责暴力的同时，也必须了解到任何一个团体、社会与国家，都有可能有这样的人存在……在对方出面，面对司法诉讼与调查前，应避免因部分暴徒的暴行而造成两岸更多的对立或仇恨言论。

将个体行为外扩为整体特质的情绪反应，只能说是一种"整体名词病"，既无逻辑，亦不严谨。但这是当事人或旁观者很容易犯的错误，因为情绪累积多日，遇到有触点的事件，会不自觉地喷发。现在"理客中"变成一个近乎嘲笑的形容词，或许也有这种反理性情绪在后面涌动。

即使去除了政治色彩与地域歧视，类似事件的评判仍容易在"自我为尊"与"欺负外地人"两极之间摇摆。这些话背后站着一个叫做"文明秩序"的东西。你不文明，你才不文明，过家家似的，口水仗满天飞。

照我看来，争执往往不见得就一定归诸"文明/野蛮"的二元模式。在中国（或许不仅在中国），"乡下人进城"是一个永恒的笑话，相声小品电影中俯拾皆是。这是因为讲述者与观者听者都是城里人。如果将乡下人的忆述展露出来，只会更惹城里人嘲笑。

其实不管是"随地吐痰"还是"大声喧哗"，都只能说是"不适当行为"。不适当是因为你没有尊重所在地的习俗。乡村地广人稀，生态循环好，随地吐痰有什么关系？大声喧哗有什么关系？即使在城市中，你在地铁上、影院中让孩子随地大小便，肯定是不适当行为，但在小区里，往无人入内的树丛里撒泡尿，似乎是社区这个小社会默许的行为。

真正的"不文明",是尚不懂得"尊重所在地习俗"这一点。因为你选择进入别人的地方,默认的选项就是尽量不能干扰当地的生活,打破当地的规矩。这大概就是台湾媒体批评某些内地游客的"自我为尊"。其实,美国人当年去欧洲,日本人当年游世界,都遭受过"经济动物"的讽笑,因为他们那时也不太懂得"尊重所在地习俗"。这一点与乡下人进城同理,确乎是风气闭塞眼界狭隘的结果,但也不需要太过上纲上线,不妨视之为某个文明跨入国际社会的过渡阶段,正是在这种多有龃龉的交流互动中,"各美其美,美人之美,美美与共,天下大同"的文明公约数才会慢慢形成。

不管在哪里,暴力总是反文明的。这就是为什么此次斗殴事件,争论焦点仍在于谁先动手。我相信,来往多了,共识会越来越多。

(杨 早)

后　记

萨支山

　　每年的《话题》都会有变化，或栏目编排，或思路写法，虽说作为年度书系，体例的稳定是很重要的，但如果没有变化，写的和看的又都会觉得乏味，缺少新鲜感。在体例上，今年《话题》增加了一个"特约"的栏目。最初的想法是，一些我们觉得对当下很重要的问题，作者有着亲身的体验或深入的思考，但文章又不太合"专题"的体例，就特开一个特约的栏目，以补专题的不足。这就有了贺照田和黄永的文章。这两篇文章可以对照着读，前者谈的是当中国开始深入世界之后，如何处理中国和世界的关系，或者说是中国在处理这种关系的时候，它的"指导思想"应该是什么？"共赢"或"和而不同"这些传统资源在处理现代国际关系时会遇到什么样的困境？贺照田提出要真正把他者作为"他者"来看待，要进入到对方的历史文化脉络中，努力做到在对方的脉络中感觉、理解、把握对方。如果从这样的视角来看黄永的《我们为什么爱香港》，也许可以为文章的困惑提供一个阐释。黄永 2012 年就为《话题》写有关香港的文字，2013 年特地又去香港待了两个星期，可见这个话题对黄永的吸引力。香港和内地的融合是必然的趋势，其中的冲突、伤痛必不可免。但如果我们能够更多地在他们的脉络中去理解他们，有些伤害应能避免。黄永是记者出身，这篇文章发挥了他的长处，感性而富有细节，如果读者能够在无数有意味的细节中把握到许多我们以前不曾知道的香港，那我觉得黄永的目的就达到了。

另一个变化是施爱东的文章《一个县城的春节故事》。爱东是个爱讲故事也会讲故事的人，这个春节故事，他已为我们讲过多次，我们觉得好，就鼓励他把这个故事写下来——尽管和《话题》原有的风格不搭，但挺有意思的。中国的城镇化当然是一个重要的话题，已有许多的理论探讨政策研究和实地调查，爱东这篇文章，似乎哪儿都不靠，说是田野调查吧，也没有多少统计数字；说是问题研究吧，也没有多少理论分析，但读起来却有一种"贴"的感觉。我想，这似乎和他的文学出身有关，比如说其中莫子的故事，那个喜欢在春节招呼同学聚会的大款同学，他的发迹、赌博、地下钱庄以及最后的垮掉，每一个都勾连着城镇化的某一方面。它们都集中在莫子身上，事实上，我们是通过感知莫子这个人来感知这个县城的变化的，这就让这种变化变得异常生动可感。当然，这种可感还来自于爱东对故乡的情感记忆，曾经熟悉的人和物，甚至语言，都变了模样，我想这才是触动他写这个故事的内在动因。

我相信，杨早2013年选择儿童话题，也和为人父后的切身感受有关。做了父亲，儿童问题就变得更体己、更重要了，以至于开篇就说出"2013，这是中国儿童最受伤害的一年"这样的话来。"放大这些事件的，是我们的内心"，尤其是一个父亲的内心。杨早由儿童伤害而谈到如何对待儿童，再谈到儿童教育，是一点关注四面出击，其核心则是如何将儿童作为一个独特和独立的个体来对待，于是，父母社会如何对待儿童的问题，其背后就隐约指向政府、国家如何对待个人的问题了。另一个与我们切身感受有关的话题是李芳的《士不可以不弘毅》，这个话题说的是张晖，其实说的更是我们自己。如何将学问变成我们可以安身立命的东西，而有一种"士"的使命感，事实上也是俱乐部同人做《话题》的一个内心驱动；更让我感动的是张霖的回应，她说："我与其日日执著于张晖的死因，不如去讨论他曾怎样生活来得更有价值。"我想这也是对张晖最好的怀念方式。

如果让我选一个《话题 2013》中最有争议性的话题，我会选择颜浩的《从林徽因到"柴徽因"》，上世纪 90 年代中期在学界曾经热闹过一阵的女性主义，已然不再是热门的话题，然而，现实生活中呈现的问题却一点儿也不比之前少，反而更加严重。性别消费借助市场逻辑的合法性似乎更加名正言顺，这意味着女性主义的道路上布满荆棘，"道阻且长"。就像刘佳在回应中说的："知性貌端的女性需要怎样的成长，能不能有独立的知识性格，我且不跟董路死磕。这种质疑反而让我们发现，一场多重的凝视随时都有可能发生，身为女性，想要绝缘于'老男人'的目光还有可能，而想要拒绝透过性别身份被观看，几乎不可能。"而在这样的"多重凝视"中，无论是"砍柴"还是"挺柴"，未必就不是镜中幻影。

这世上，能够看破镜中幻影的人并不多，陶庆梅是其中一个。她的《〈蒋公的面子〉的戏外戏》正为我们剥去这出戏的面子，暴露出其宣传与迎合的一面。事实上，如果放大了来看，这"公知"、"五毛"、"打酱油"的角色宣传，与其说是应对当下的思想状况，不如说当下的思想状况，也在进行着自我角色化。

2013 年就要过去了。翻阅今年的《话题》，写下上面的几点短评作为后记，好像任务已经完成，但却没有完成的轻松，反而是沉甸甸的。年复一年，有些怀疑这样的工作是否有意义。我也知道这样的情绪要不得。

"年度话题书系"回顾

《话题 2005》

《话题 2006》

关键词

《话题 2007》

关键词

王朔复出—金猪宝宝—杨丽娟—汉服—涨价—黑砖窑—"史上最牛钉子户"—陈晓旭—太湖水污染—高考三十年—纸馅包子—哈七—帐篷剧场—作协扩招—华南虎—高校评估—选秀疲劳—青春版《牡丹亭》—《越狱》—黄金周

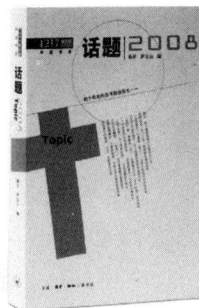

《话题 2008》

《话题 2009》

《话题 2010》

月份观察

背后都是政治—虎年春节"脱衣舞"—头版与花絮—整月都在"地震"—国家牛，个人糗—世界不因世界杯而不同—残缺记忆与残忍现实—做人不要太张扬—给力的网络—如何城市，怎样美好？—"大战"与"大火"

后记   萨支山

《话题 2011》

《话题 2012》